William H. Stephens

ENTSCHEIDUNG AUF DEM KARMEL

William H. Stephens

ENTSCHEIDUNG AUF DEM KARMEL

Leuchter-Verlag eG · Erzhausen

Titel der Originalausgabe: THE MANTLE/ELIJAH
Übersetzung: KH. Neumann
Umschlaggestaltung: Dieter Illgen, Hannover

3. Auflage 1992

ISBN 3-87482-088-2

Gesamtherstellung:
Schönbach-Druck GmbH, Erzhausen

Vorwort

Elia, der Prophet, nimmt in der Geschichte Israels einen herausragenden Platz ein. Etwas Rätselhaftes liegt um ihn. Wir wissen so gut wie nichts über seine Herkunft und die ersten Jahrzehnte seines Lebens. Als er die Szene betritt, ist er schon ein Riese. Elia stand mitten in der größten Machtentfaltung des heidnischen Baalskultes wie ein Held. Doch als Baal dann entscheidend besiegt war, flieht er entmutigt vor einer Frau.

Manches um diesen seltsamen, feurigen und einsamen Propheten versteht man besser, wenn man sich auch mit seinem großen Widersacher befaßt — dem Baalskult. Doch das ist eine üble Geschichte. Der Baalskult ist eine sinnliche und grausame Religion, aber sein Hang zu Sexualität und Macht fand bei den Israeliten offene Ohren. Es kam so weit, daß diese Religion während der Zeit Elias fast das ganze Volk gefangen nahm und kaum noch Anbeter des wahren Gottes übrig waren.

Die Geschichte Elias muß erzählt werden, denn die Paralellen zwischen dem Israel des 9. Jahrhunderts vor Christus und den sogenannten christlichen Völkern des 20. Jahrhunderts nach Christus sind erstaunlich. Es sind gleichermaßen vom Materialismus und der Sexualität beherrschte Gesellschaften.

Manche der Schilderungen des Baalskultes werden für

christliche Leser, welche die biblischen Berichte lieben, schockierend sein. Doch ich konnte diese Dinge nicht auslassen, da gerade sie zeigen, was diese Religion wirklich war. Die Vorkommnisse sind nicht erfunden, sondern sie gehören zur Natur des Baalskults, den ich in achtjähriger Forschungsarbeit gründlich studiert habe. Jede Beschreibung der Götzen und Rituale ist historisch fundiert, ebenso haben die einzelnen Ereignisse so oder ähnlich hier und da stattgefunden. Elia hatte es wahrhaftig mit einem mächtigen falschen Gott zu tun.

Andererseits habe ich mich auch wahrheitsgetreu an die biblischen Berichte gehalten und habe das, was wir aus der Bibel und durch andere Berichte über jene Zeit wissen, in dieser Erzählung über Elia, den Propheten Jahwes, zusammengefaßt. Ich hoffe, daß wir dadurch auch erkennen, wie Gott immer wieder durch Propheten zu den Menschen geredet hat. Wer weiß — vielleicht werden auch in unserer Zeit noch einmal solche Propheten aufstehen.

William H. Stephens

1

Der Palast stand auf dem Gipfel des Berges von Samaria. Vom Dach aus, das flach war und die Ausmaße eines Hofes hatte, konnte Isebel die See sehen. In den seltenen Augenblicken, wenn sie allein sein konnte, kam sie gern hier her, denn der Blick erfrischte sie. Wasser — das war wie die Heimat.

Eine leichte Brise wehte von der Großen See her und spielte mit Isebels purpurnem Umhang, der ihr bis auf die Knöchel fiel. Ab und zu blitzten die silbernen Kettchen auf, die Isebel um ihre Knöchel trug. Ein reichbestickter Gürtel raffte die weite Robe über der schlanken Taille zusammen.

Isebels Schönheit war zerbrechlich, aber eindrucksvoll. Ihr schwarzes, mit einer Tiara gekröntes Haar, war in kunstvolle Flechten gelegt und ließ ihr rundes Gesicht etwas länger erscheinen. Dünne, wohlgeformte Augenbrauen und die großen ausdrucksvollen Augen, die durch schwarzes Puder und kleine silbrige Punkte auf den Wimpern noch betont wurden, gaben ihr eine besondere Note. Sie hatte die Verführungskünste ihrer Augen schon von Jugend auf reichlich benutzt. Doch nun war es wichtig, sich damit immer wieder das Vertrauen eines Mannes zu erhalten.

Isebel zog den Umhang enger um ihre Schultern. Der Frühling begann gerade erst, und der Wind war manchmal noch recht kühl. Sie blickte nach Westen über das Gerstental hinweg, der Blick auf die Große See (Mittelmeer) faszinierte sie immer wieder. Dort war die Heimat. Wie sie sich danach sehnte, die weißen Segel und den felsigen Hafen wiederzusehen. Doch das Schicksal hatte sie hierher gestellt. Und ihr Schicksal hieß — Melkart. Fünf Jahre waren nun schon vergangen seit ihrer Hochzeit mit Ahab. Zwei Könige hatten die Ehe arrangiert. Ahabs Vater Omri, König von Israel, war der eine. Der andere war Ethbaal, König von Phönizien, ihr eigener Vater. Oft dachte sie an den erschreckenden und zugleich großen Augenblick, als sie zum ersten Mal von dieser geplanten Verbindung hörte.

Ethbaal hatte sie gebeten, mit ihm ein Stück auf der Stadtmauer von Tyrus entlang zu gehen. Sie konnte sich nicht denken, was er ihr zu sagen hatte. Sie hatten nur wenige Worte gesprochen, doch Isebel genoß es, mit ihrem Vater sein zu können. Er war eigentlich ein körperlich kleiner Mann, kaum größer als sie. Isebel hatte seine Augen geerbt, wußte aber als Frau besser davon Gebrauch zu machen. Ethbaal war ein Mann, der sich nur schwer unter Kontrolle halten konnte und dem sein Temperament immer wieder durchging.

„Isebel", sagte Ethbaal sanft. Sie blieben beide stehen, und er deutete mit dem Finger auf drei Schiffe, die von See her den Hafen ansteuerten. „Diese drei Schiffe, Isebel, wo glaubst du, daß sie herkommen?"

„Von Ägypten, nehme ich an. Warum fragst du?"

„Ja, von Ägypten und noch weiter her. Und was glaubst du, haben sie nach dort gebracht?"

Isebel versuchte ihr Erstaunen über diese einfachen Fragen zu verbergen. „Die gefärbten Stoffe und die künstlerischen Gegenstände unseres eigenen Landes", antwortete sie.

„Ja", sagte Ethbaal stolz. „Gefärbtes Glas, Juwelen, verschiedene Parfüme, kunstvolle Stickereien und unsere wunderschönen bronzenen Gefäße. Wir haben der Welt viel zu geben. Sieh dich um, Isebel — was siehst du?" Sein Arm beschrieb einen großen Bogen.

,,Nun", sagte Isebel zögernd, ,,ich sehe eine schöne Stadt, die auf einem Felsen an der Küste gebaut ist. Ich sehe viele Schiffe, unsere Häfen und das Libanon-Gebirge. Meinst du das, Vater?"

,,Ich möchte, daß du die Lebensader Phöniziens erkennst, Isebel. Wir sind durch den Verkauf unserer eigenen Waren reich geworden, doch unser größtes Kapital sind unsere Schiffe und die Männer, die auf ihnen fahren."

,,Ich bin stolz auf unsere Seeleute, Vater. Jeder Phönizier ist das."

,,Das reicht nicht, Isebel. Du siehst die Dinge zu idealistisch und lebensfremd."

,,Gerade du solltest eine idealistische Einstellung anerkennen, Vater. Sind nicht alle Priester Idealisten?"

,,Aber Wirklichkeitssinn gehört dazu, meine Liebe. Ich bin nicht durch idealistische Ansichten König geworden."

Isebel schwieg. Sie hatte gehört, daß Ethbaal den vorigen König ermordet und dann seinen Thron bestiegen hatte. Nun war er beides: Hoherpriester und König. ,,Ich möchte, daß du begreifst, wie wichtig unser Handel mit der Welt ist", fuhr Ethbaal fort. ,,Wir haben die größte Flotte. Wenn wir sie gut nutzen, können wir noch mehr Reichtümer nach Tyrus bringen. Isebel, haben deine Lehrer dir von dem früheren Bündnis zwischen Salomo von Israel und unserem eigenen großen König Hiram erzählt?"

,,Ja, und auch von Salomos Weisheit."

,,Wenn man sich mit jemand verbünden kann, der ein großer Mann ist, so ist das auch Weisheit."

Isebel begriff langsam, was dieser Spaziergang bezweckte. ,,Was willst du mir klar machen, Vater?" fragte sie.

,,Ich möchte dir erklären, daß Israel die Haupthandelsstraßen nach dem Osten kontrolliert; zu den großen Städten Damaskus, Riblah, Emesa, Hamath, Aleppo, Karchemisch, Haran und Ninive. Und dafür, meine Liebe, lohnt es sich, einen Preis zu bezahlen."

Isebel wurde blaß. Sie mußte sich gegen die Mauer lehnen.

Sie brauchte einige Augenblicke, um sich wieder zu fassen. Dann fragte sie leise, fast flüsternd: „Vater, willst du mich als Siegel benutzen für dein Bündnis mit Israel?“ Sie bedeckte ihr Gesicht mit den Händen.

„Isebel, Isebel, meine Liebe“, sagte Ethbaal und legte ihr sanft den Arm um die Schulter. „Hör mich erst an. Ich will dich ja zu nichts zwingen.“

Langsam schaute Isebel auf und wischte sich die Tränen aus den Augen. „Gut, Vater. Sprich! Ich höre.“

„Meine Liebe, Omri ist ein brillanter Mann. Er hat Israel wieder stark gemacht und hat Moab besiegt. Das Ansehen Israels wächst, und die kleinen Nachbarkönige wagen es nicht mehr, Überfälle und Plünderungen an den Grenzen vorzunehmen. In vielen großen Städten spricht man von dem, was Omri erreicht hat.“

Ethbaal nahm den Arm von der Schulter seiner Tochter und schwieg einen Augenblick. Dann fuhr er fort: „Omris Sohn heißt Ahab. Er ist zwölf Jahre älter als du und hat seine Tüchtigkeit als Soldat und Führer von Männern schon unter Beweis gestellt. Ich kenne ihn. Er ist so hart wie die Berge seines Landes.“ Ethbaal lächelte. „Ich kenne dich gut, Tochter, mit einem schwachen Mann würdest du nie glücklich werden. Doch ich kann dir versichern: Ahab ist kein Schwächling. Du wirst ihn sicher mögen.“

Ethbaal schwieg jetzt. Nachdenklich blickte Isebel auf die See hinaus. Sie hatte gehofft, einen König aus Mesopotamien oder Kleinasien zu heiraten, aus einem Lande reicher an Kultur, Schönheit und Schätzen. Doch als sie über die Worte ihres Vaters nachsann, sah sie keinen Grund mehr für ihre Wünsche; obwohl sie an Israel durchaus nichts Anziehendes finden konnte. Und erst ihre Religion! Im Namen Melkarts — was hatte dieser Jahwe-Gott schon zu bieten? Doch Königin in einem mächtiger werdenden Land zu sein, konnte vielleicht auch seine Reize haben. „Vater“, fragte sie endlich, „ist das Bündnis schon geschlossen?“

„Wir haben bisher nur Gespräche geführt, Isebel.“

„Dann mußt du zwei Bedingungen für mich aushandeln."
„Und welche wären das?"
„Ahab hat sicherlich schon Frauen?"
„Natürlich. Etliche. Ich weiß aber nicht, wie viele."
„Wenn ich gehe, dann will ich die Königin sein."
„Wäre dies nicht der Fall, würde das Bündnis für Phönizien nur von geringem Wert sein. Diese Bedingung habe ich schon gestellt. Omri hat bereitwillig zugestimmt, denn das Bündnis ist auch zu seinem Nutzen. Was ist deine zweite Bedingung?"
„Ich muß das Recht haben, unsere Priester mitzunehmen und Melkart und Aschera Opfer zu bringen und für sie Gottesdienste zu halten, so oft ich will."
Ethbaal lachte. „Meine Liebe, alle Eheverträge, die ich kenne, werden unter diesen Bedingungen geschlossen. Dann stimmst du also meiner Wahl zu?"
Isebel blickte ihren Vater listig an. Sie legte die Hand auf ihre Brust und antwortete: „Nur, wenn Ahab auch wirklich der Mann ist, wie du ihn mir beschrieben hast."
„Das, meine hübsche Tochter", rief er lachend, „wirst du schon sehr bald selbst herausfinden."
„Kommt er nach Tyrus?" fragte Isebel gespannt.
„Ja. Er muß jetzt etwa in der Gegend des Karmel sein. Und er ist ein schneller Wagenlenker. Ich schätze, daß er im Laufe des morgigen Tages hier eintreffen wird."
Irgendwie packte sie Erregung. Doch sie unterdrückte ihre Gefühle, um nicht wie ein junges, unreifes Mädchen zu erscheinen.
Als sie Ahab dann begegnete, hatte sie sofort Vertrauen zu ihm gefaßt. Natürlich war er ein Mann mit allem Stolz und den Torheiten eines Mannes. Doch in den fünf Jahren, die ihre Ehe nun schon währte, war er immer ein Mann gewesen, auf den sie stolz sein konnte.
Ahab war nicht eigentlich hübsch, doch sein etwas rauhes und hartes Gesicht gefiel ihr. Er war nicht als verwöhnter Prinz aufgewachsen, denn das Leben in den Bergen Israels war hart. Sie erinnerte sich immer noch an den Augenblick, als sie ihn das

erste Mal gesehen hatte. Von einem Palastfenster aus hatte sie seine Ankunft beobachtet, wie er, staubig von der langen Fahrt, von seinem Wagen gestiegen war, den er selbst lenkte. „Kann der Sohn eines Königs nicht auf eine etwas sauberere Weise reisen?“ hatte sie gedacht. Als Ahab ihr dann vorgestellt wurde, hatte er sich gewaschen und ein sauberes scharlachrotes Gewand angezogen, über dem er eine purpurne Robe trug, die an den Rändern eingefaßt war. Fast ein Jahr war dann noch bis zur Hochzeit vergangen. Doch es war eine geschäftige Zeit gewesen. Vorbereitungen für ihren Zug nach Samaria sowie für die Hochzeit hatten die Monate nur so verfliegen lassen.

„Dies alles scheint schon lange her zu sein“, dachte Isebel, als sie jetzt wieder auf die Straße blickte, die sich von Nordosten her der Stadt näherte. Sie konnte bis zu den fernen Hügeln schauen, von denen sie damals den ersten Blick auf Samarias weiße Kalksteinmauern geworfen hatte. „Die Architektur erinnert mich sehr an Phönizien“, hatte sie damals zu Ahab gesagt.

„Natürlich“, hatte er geantwortet, „phönizische Architekten haben ja beim Bau der Stadt mitgewirkt.“

Diese von Nordosten kommende Straße war der einzige Zugang zu Samaria. Doch das einzige Stadttor befand sich an der Westseite der Mauer. Isebel war damals sehr überrascht gewesen, als sie kein Tor sehen konnte, während sie sich der Stadt näherten. Die Straße ging an der nördlichen Mauer entlang zur Westseite, wo der Berg steil abfiel. In vielen Kurven den steilen Hang hinauf erreichten sie dann das Stadttor. Isebel hatte über die militärische Weitsicht von Ahabs Vater gestaunt. Doch dies war wohl von einem König zu erwarten, der früher selbst Soldat gewesen war.

Als sie durch das Stadttor einzogen, hatte sie sich zum ersten Mal richtig als Königin gefühlt. Große Menschenmengen drängten sich zu beiden Seiten der Straße und jubelten dem königlichen Paar zu. Ein Orchester aus Flöten, Pfeifen, Harfen und Zimbeln erwartete sie und zog, Psalmen spielend, vor ihnen her. Die Menschen winkten und hoben ihre Kinder empor. Isebel hatte fröhlich zurückgewinkt.

Die Begeisterung dieses Einzugs in Samaria hatte sogar die eigentliche Hochzeitsprozession übertroffen, die einige Tage später stattgefunden hatte. Isebel hatte gleich an jenem ersten Tag gemerkt, daß die Einwohner Samarias sie freundlich und bereitwillig aufnahmen. „Wie sehr", fragte sie sich jetzt, „kann ich darauf vertrauen, daß ich überall in Israel so offene Herzen für mich finde?"

Isebel war in den fünf Jahren ihrer Ehe reifer geworden. Sie hatte viel über die Zukunft nachgedacht. Während solcher stillen Tage hatte sie das Gerstental lieben gelernt. Im Frühling war es besonders schön. Doch auch jetzt, da die Wasser des Winterregens reichlich flossen, hatte es seine Reize. Später im Jahr würden zu beiden Seiten des Tales die Reben und Trauben der Weinberge hängen. Weiter westlich sah man auf den niedrigen Hügeln Eichenwald, der sich bis zur Ebene Saron hinzog. Doch die Schönheit des Gerstentales war nicht der Hauptgrund für ihre Liebe zu diesem Stück Erde. Vielmehr war das Tal, das sich in ost-westlicher Richtung zur See hin erstreckte, für sie wie ein Symbol der Verbindung zwischen Israel und Phönizien. Vielleicht würde ja aus dem Bündnis zwischen den beiden Ländern in späteren Jahren einmal eine richtige Vereinigung werden.

Isebel hatte den Reichtum des Landes schätzen gelernt. Israel besaß einen Überfluß an guten landwirtschaftlichen Erzeugnissen. Die feinsten Weintrauben und der beste Weizen kamen von Israel, außerdem feine Schafwolle, Olivenöl, Datteln und Granatäpfel, sowie der heilende Balsam von den Hügeln Gileads. Phönizien mit all seinem Reichtum konnte hingegen nur wenige landwirtschaftliche Produkte erzeugen. Ihr Vater Ethbaal hatte recht, Israel hatte Phönizien große Möglichkeiten zu bieten, und Phönizien für Israel ebenfalls. „Aber ich möchte mehr als das, lieber Vater", dachte Isebel, „ich möchte, daß unsere Länder vereinigt werden, so wie ich mit Ahab verheiratet bin."

Ehe sich Isebel zum Gehen wandte, blickte sie noch kurz zu dem großen neuen Grab am Fuße des Hügels von Samaria. Sie hatte Omri so sehr lieben gelernt, daß sie sogar Vater zu ihm gesagt hatte. Obwohl die Trauerperiode nun vorüber war, würde sie ihn vermissen. Doch große Aufgaben lagen vor ihr. Baal mußte Israels Gott werden, wenn es eine Vereinigung der beiden Länder geben sollte. Israels Jahwe war ihr zu schwach. Melkart, der Gott der Macht, und Aschera, die Göttin der Fruchtbarkeit, mußten die Herzen der Israeliten gefangen nehmen. Der erste Schritt dazu würde eine lange Unterhaltung mit Ahab sein. Und das heutige Abendessen schien ihr der rechte Zeitpunkt dafür zu sein.

★ ★ ★

Der größte Raum in Ahabs Palast war der Speisesaal. Viele Personen versammelten sich hier meist zum Mahl in dieser riesigen, mit Zedernholz getäfelten Halle. Hochstehende Priester der verschiedenen Gottheiten, die mit den Frauen, die Ahab und Omri aus politischen Gründen geheiratet hatten, nach Israel gekommen waren; Jehu, Ahabs General und seine Stabsoffiziere, Besucher, Favoriten des königlichen Paares und Mitglieder der königlichen Familie hatten ihren Platz an der Tafel des Königs. Auf niedrigen Sitzkissen saßen sie an langen niedrigen Eichentischen. Die niedrigen Armsessel des Königspaares und die der höchsten Priester Jahwes waren besonders kunstvoll angefertigt und geschmückt mit Einlegearbeiten aus Elfenbein.

Diener bewegten sich eifrig zwischen den Tischen und boten viele verschiedene Speisen an. Geröstete Gänse und gegrillte Gazellen, Hammelfleisch und zarte Kalbssteaks, alle mit feinen arabischen Gewürzen zubereitet. Dazu wurden dünne Fladen von heißem Brot gereicht, Feigenkuchen, Granatäpfel, Oliven, Käse, Salzwasserfische, Melonen und verschiedene Gewürze. Außerdem wurden die besten Weine der Welt angeboten. Die einzelnen Tische wurden genau nach der Rangordnung bedient, aber auch die Gäste an den letzten Tischen bekamen noch genügend von allem.

Isebel hatte dafür gesorgt, daß der Tisch, an dem sie mit Ahab saß, ein wenig Abstand von denen der Gäste hatte. Ahab wußte schon aus Erfahrung, daß Isebel eine besondere Unterhaltung mit ihm plante, wenn sie diese Anordnung traf. Er kannte mittlerweile die Taktiken seiner Königin. Trotzdem erhob er keine Einwände.

Isebel kannte die Gewohnheiten der Männer und wartete mit ihrem Anliegen, bis Ahab seine Arbeiten dieses Tages genügend besprochen und ins rechte Licht gerückt hatte. „Ein Mann muß von seinen Erfolgen reden können, sonst ist er nicht recht bereit, nachher zuzuhören", dachte sie. Deshalb hörte sie Ahab sorgfältig zu und wartete darauf, daß die richtige Zeit für ihre Sache kommen würde. Deshalb fand sie auch den rechten Zeitpunkt, der Unterhaltung die von ihr gewünschte Richtung zu geben, als Ahab begann, einige der Dinge nochmals zu erzählen, von denen er schon berichtet hatte.

Sich bequem in ihrem Lehnstuhl zurücklehnend, schaute sie Ahab fragend an und sagte: „Ich habe heute ein wenig in der Chronik der Könige Israels gelesen."

„Wirklich? Ist dir etwas Besonderes aufgefallen?" fragte Ahab, der sich freute, weil Isebel an der Geschichte seines Landes soviel Interesse zeigte.

„Ich habe mich besonders mit Jerobeams Politik beschäftigt. Er war ein sehr guter König", antwortete Isebel.

„Ja", stimmte Ahab zu und strich seinen wohlgepflegten Bart. „Er war genau der Mann, den Israel brauchte, als es sich gegen die Herrschaft Rehabeams, des Sohnes Salomos, auflehnte. Es ist gut, wenn es gelingt, in solch einer Stunde das Volk hinter sich zu scharen."

„Besonders hat mich interessiert, daß Jerobeam Altäre und Tempel in Bethel und Dan errichten ließ, die mit dem Tempel in Jerusalem rivalisierten", warf Isebel ein und heuchelte Unwissenheit. „Warum glaubte er, so etwas tun zu müssen?"

„Er hatte keine andere Wahl. Die Priester Jahwes in Jerusalem lehrten nach der Tradition, daß nur ein Sohn aus dem Hause Davids König über ganz Israel sein könne. Da Jerobeam nicht zur Familie Davids gehörte, konnte er sein Volk also auch nicht ermutigen, zum Tempel nach Jerusalem zu gehen, wo sie von diesen Argumenten beeinflußt wurden. Jerobeam mußte das Gefühl der Zusammengehörigkeit der Menschen in Israel und Juda zerstören; und dazu gehörte, daß er es unnötig machte, daß die Israeliten mindestens einmal im Jahr zum Tempel nach Jerusalem zogen.“

Isebel lächelte. „Dann werden also Menschen, die dem gleichen Gott dienen, im Laufe der Zeit auch zu einem Volk?“ fragte sie.

Ahab blickte sie interessiert an. Er merkte, daß die Unterhaltung an Wichtigkeit zunahm. „Ich glaube, das ist so“, nickte er.

„Ahab, wie viele Israeliten beten zu Jahwe?“

„Ich weiß es nicht genau — die meisten wohl, schätze ich.“

„Aber beten sie nicht auch noch zu anderen Göttern?“

„Isebel“, antwortete Ahab ein wenig irritiert, „warum fragst du, wenn du doch die Antwort selbst kennst? Sage offen, worum es dir geht.“

„Gut. Wir haben oft darüber gesprochen, welche Vorteile Israel und Phönizien aus dem Bündnis ihrer beiden Länder ziehen. Wäre es nicht noch viel besser, wenn die Menschen langsam zu einem Volke würden?“

„Das stimmt ohne Zweifel, und ich sehe nun, worauf du hinaus willst. Doch könnte Phönizien nicht genausogut Jahwe annehmen, anstatt Israel euren Melkart?“

„Dafür, Ahab, gibt es mehrere Gründe, und du kennst sie genauso wie ich. Euer Volk dient neben Jahwe noch vielen anderen Baalen (Göttern). Sie haben ihre Baale der Täler, Baale der Flüsse, Baale der Bäume und Höhlen, Baale der Hügel und Berge. Warum sollte da nicht auch Baal-Melkart noch Platz haben? Es ist kein großer Unterschied zwischen den anderen Baalen, die sie anbeten, und ihm, außer daß Melkart viel größer und mächtiger ist. Dein Volk wird Melkart ohne große Schwierigkeiten annehmen, doch die Leute von Phönizien werden euren Jahwe mit seinen strengen Geboten nie akzeptieren.“

Ahab runzelte die Stirn. Er wünschte, ein Priester Jahwes könnte Isebel jetzt statt seiner antworten. Er wußte, daß die

Priester sehr engstirnig und die Propheten unmöglich waren. Isebel hatte teilweise recht, doch andererseits auch wieder nicht. Doch er war nicht so in Religion geschult wie sie und konnte ihr deshalb nicht die rechten Antworten geben.

„Ich glaube nicht, daß man irgendeinen Gott zornig machen sollte, Isebel", antwortete er. „Ich selbst habe eine starke Zuneigung zu Jahwe. Außerdem hoffe ich, die Verbindung zwischen meinem Land und Juda eines Tages wieder zu stärken. Deine Pläne würden dabei nicht gerade hilfreich sein."

„Ich möchte ja gar nicht, daß dein Volk aufhört, zu Jahwe zu beten. Ich bitte nur darum, daß du denen, die es wünschen, eine Möglichkeit gibst, in einem Tempel zu Melkart zu beten."

Ahab zog die Augenbrauen hoch und setzte den Becher mit einem Ruck auf den Tisch. „Du bittest also um die Genehmigung, für Melkart einen Tempel zu bauen?" fragte er ein wenig streng.

Isebel war etwas verwirrt über Ahabs strengen Ton. Sie überlegte kurz und beschloß, Offenheit sei jetzt das beste. „Ja", antwortete sie deshalb nur.

Ahab streckte seine Hand wieder nach dem Weinbecher aus. Einen Augenblick herrschte Stille. „Warum sollte ich dir deine Bitte gewähren, Isebel?" fragte er endlich.

Isebel überlegte sorgfältig und sagte dann langsam: „Weil Melkart stark ist, sehr stark ... und weil er Israel helfen kann, und ...", sie überlegte wieder und lehnte sich dann vorwärts, „... und weil er auch dir helfen kann, Ahab."

„Jahwe kann mir helfen", antwortete Ahab.

„Dein Jahwe hat dir bisher gut geholfen, mein König." Isebels Worte klangen aufrichtig. „Doch Jahwe ist ein Gott der Hügel, Ahab. Melkart ist der Gott der Macht, er kann dir überall helfen. Und seine Göttin Aschera kann machen, daß sich das Vieh in deinem Lande um ein Vielfaches vermehrt und daß deine Weinberge und Kornfelder noch fruchtbarer werden."

Ahab kicherte leise. „Eine phönizische Göttin? Was hat sie denn bisher getan, um aus den Bergen Phöniziens fruchtbares Ackerland zu machen?"

„Aschera hat viele Namen“, antwortete Isebel hartnäckig.

Fragend blickte Ahab sie an. „Zum Beispiel?“

„Sie ist die Ischtar der Assyrer. Atargatis heißt sie in Syrien, Isis in Ägypten, und in Mesopotamien nennt man sie Aphrodite.“

„Und sie alle sind die gleiche Göttin wie eure Aschera?“

„Nur die Götter wissen das genau. Doch mir scheint es so zu sein. Sieh doch einmal, Ahab, die mächtigsten und reichsten Nationen beten alle zu der Göttin der Fruchtbarkeit.“

Ahab war bekümmert, weil er Isebel nicht die rechten Antworten geben konnte. „Wer bin ich, um so über die Götter zu reden“, meinte er achselzuckend.

„Doch du glaubst, daß sie den Menschen helfen“, stellte Isebel fest.

„O ja, ganz sicher. Aber ich weiß nicht, wieviel oder wie wenig.“

„Wenn sie nur wenig helfen, können sie auch nur wenig schaden. Auf der anderen Seite mag es ganz gut sein, sich der Hilfe eines so mächtigen Gottes wie Melkart zu versichern.“

„Die Propheten Jahwes sagen, daß Israel nur Jahwe allein dienen soll.“

„Komm, Ahab, das glaubst du selbst nicht; und wie viele aus deinem Volke glauben es? Ich zweifle daran, daß Jahwe so eifersüchtig ist, wie eure Propheten behaupten.“

Ahab schwieg. Er wäre gern auf ein anderes Thema ausgewichen, doch Isebel bemerkte, daß sie einen Vorteil errungen hatte und ließ nicht nach: „Ahab, erfülle mir doch meine Bitte, ja?“

Ahab griff wieder zum Weinbecher. Müde und ein wenig gleichgültig antwortete er: „Gut, Isebel, du magst recht haben oder nicht, was Melkarts Macht betrifft, doch ganz sicher hast du darin recht, daß der Baalsdienst unsere beiden Völker enger zusammenbringen kann. Du kannst deinen Tempel haben.“

Isebel lächelte.

Ahab blickte sie an. Ein harter Ausdruck trat plötzlich in seine Augen. Er packte ihr Handgelenk und sagte: „Doch höre,

Königin, mische dich nur nicht in den Gottesdienst für Jahwe ein. Ist das ganz klar?"

Überrascht versuchte Isebel ihre Hand zurückzuziehen. Doch Ahab hielt sie fest. Sie gab nach und sagte: „Ja, Ahab, ich habe dich verstanden."

Langsam löste Ahab seinen Griff. Ruhig sagte er: „Es tut mir leid, wenn ich dir weh getan habe. Aber sei sicher, ich meine, was ich gesagt habe."

Er schob den Teller und den Becher zurück und fragte: „Hast du zu Ende gegessen, meine Liebe?"

Isebel nickte schweigend, und beide erhoben sich langsam und verließen den Saal. Die anderen Gäste folgten einer nach dem anderen dem Beispiel des königlichen Paares, und bald war die große Halle, in der sich die hereinbrechende Dunkelheit auszubreiten begann, leer und verlassen.

2

Isebel saß aufrecht auf ihrem Thron. Sie war heute zuversichtlicher als gestern. Wenn Meor-Baal in ihrem Empfangsraum eintraf, würde für Israel eine neue Zeit eingeläutet werden. Meor-Baal würde bald hier sein.

Der Thron der Königin war das einzige Möbelstück an der Mauer, die dem Fenster gegenüberlag, das sich zum Hof des königlichen Palastes hin öffnete. Es war mit bronzenem Gitterwerk verziert. Vom Hofe her hörte man ab und zu das Wiehern eines Pferdes und Stimmen von Männern. Rechts und links von dem Fenster standen je eine Statue. Eine war Melkart, der phönizische Hauptgott. Seine strengen, blutdürstigen Augen blickten aus einem harten Gesicht. Er war nur mit einem Turban und einem Lendentuch bekleidet. Quer über seine Schulter trug er eine große Streitaxt. Die andere Statue war Aschera, deren Fruchtbarkeitsriten den Hauptteil des Baalskultes ausmachten. Sie stand nackt und einladend da, als wolle sie die Menschen auffordern, sich den Fruchtbarkeitsriten ihrer Religion reichlich zu ergeben.

Isebel liebte diese freien Augenblicke der Meditation, wie jetzt, während sie auf Meor-Baal wartete. Sie war erregt. Melkarts steinerne Augen erwiderten ihren Blick, und die Begeisterung in ihrer Brust schien ein Versprechen seines Segens zu sein. In ihrer Phantasie sah sie eine siegreiche Armee. Sie sah Ahab als Heerführer auf einem Hügel stehen und das Schlachtfeld überblicken. Hunderte von Streitwagen rasten über die Ebene; ihr war, als könne sie das Stampfen der Hufe und das Dröhnen der Räder vernehmen. Bogenschützen standen in zwei Reihen hintereinander auf halber Höhe des Hügelhangs. Die erste Reihe kniete nieder, um es den Kameraden der zweiten Reihe zu ermöglichen, abwechselnd mit ihnen zu schießen. Auf einen Ruf hin wurde der Himmel von einem Pfeilhagel verdunkelt. Und dort standen in dichtgedrängten Reihen die Fußkämpfer. Speere und Bronzeschilde funkelten in der Sonne. Bärtige Männer in Lederrüstungen warteten auf das Kommando, sich auf den Feind zu stürzen. Israel, angeführt von Ahab und inspiriert von Melkart, würde das kleine Juda wie eine Flut überrennen. Edoms Bergfestungen würden fallen. Die Häuptlinge der Wüstenstämme würden Unterwerfung und Tribut anbieten, und die Wälle von Damaskus würden unter den Rammstößen der israelitischen Widder erzittern und zusammenfallen.

Aschera schien zu lächeln, und Isebel träumte von unzähligen Herden auf den Gefilden von Basan und Gilead. Große Felder von Weizen und Gerste bedeckten die Täler und Ebenen des Landes, riesige Weinberge zogen sich terrassenartig die Hügel hinan, und Israels junge Männer und Frauen wuchsen stark und schön heran. Melkart und Aschera würden eines Tages Israel beherrschen, und dann würden ihre Träume Wirklichkeit werden.

Ein Klopfen an der Tür unterbrach die Gedanken der Königin. „Herein!" rief sie.

Ein Wächter trat ein und meldete: „Meor-Baal wartet draußen, meine Königin."

„Er soll eintreten."

Der Wächter ließ einen jungen Mann eintreten und schloß die Tür von außen. Meor-Baal trug eine schlichte weiße Leinenrobe, die mit einem purpurnen Gürtel zusammengehalten wurde. Auch um seinen Turban war ein purpurfarbenes Tuch gewunden. „Meine Königin", sagte er, als er sich würdevoll verneigte.

„Meor-Baal, für dich steht ein Wagen mit Vorräten bereit. Du wirst so schnell wie möglich nach Tyrus fahren und zu meinem Bruder gehen. Mein Bruder Baal-Asar, der jetzige König, wird dir helfen, eine Schar von Priestern zusammen zu bekommen. Der Tempel von Byblos ist dir bekannt. Gehe nach dort, wenn es nötig ist. Ich möchte, daß du die besten Männer mitbringst, die du finden kannst."

Meor-Baal lächelte. „Mit dem größten Vergnügen, Königin. Wie viele Priester soll ich bringen?"

„Vierhundert."

Erstaunen erschien in Meor-Baals Gesicht. „Vierhundert?" fragte er.

„Ja." Isebel freute sich über seine Überraschung. „Wir werden hier in Samaria einen Tempel bauen, und einen zweiten in Jesreel. In beiden braucht es genügend Personal. Ich möchte außerdem mehrere Zweierteams. Je einen Propheten und einen Priester, die kräftig genug sind, die Strapazen vieler Reisen zu ertragen. Sie sollen von Ort zu Ort gehen und überall Altäre und Schreine errichten. Weiterhin brauche ich tüchtige Ingenieure, Steinmetzen, Maurer, Holzschnitzer und Zimmerleute, die die Pläne für die Tempel entwerfen und sie dann bauen können." Isebel griff nach einer Schriftrolle, die neben ihr lag, und reichte sie Meor-Baal. „Hier sind deine Vollmachten. Außerdem sind in der Rolle alle meine Wünsche bis in Einzelheiten aufgeführt. Alles, was du sonst brauchst, findest du im Wagen, der auf dich wartet. Nun geh, mein Priester. Möge Melkart mit dir sein."

Meor-Baal verbeugte sich. Ohne ein weiteres Wort verließ er den Raum und ging zu dem wartenden Wagen. Die Reise würde schätzungsweise zwei Tage dauern.

Die meisten Teile des Wagens waren aus Leder, nicht aus Bronze. Er schien ein wenig zerbrechlich zu sein, war aber dafür leicht und schnell. Er bestieg den Wagen und ließ sich von dem wartenden Diener die Zügel reichen. Auf seinen auffordernden Ruck hin setzten sich die beiden Pferde in Bewegung. Langsam fuhr er über den Hof, durch das Palasttor und durch die Straßen Samarias. Erst als er das Stadttor passiert hatte, trieb er die Rosse zu einem leichten Trab an.

Die Fahrt ging nordwärts. Meor-Baal sann über die Reise nach. Von Ibleam aus, das er gegen Mittag erreichen sollte, würde er nach Nordwesten einbiegen und immer an den Karmelhöhen entlang zur Garnison von Megiddo fahren. Als er die Karmelhöhen überquerte, hatte sich der Himmel mit einem Grauschleier bedeckt. Dadurch wurde es früher dunkel, und die Wachen von Megiddo schlossen bereits die Tore, als er sich der Stadt näherte. Eine der Wachen entdeckte den herannahenden Wagen und hielt das Tor noch einen Augenblick offen. Meor-Baal zügelte am Tor die Pferde und reichte den Wachen die Rolle mit seiner Vollmacht. Als diese Isebels Siegel erkannten, öffneten sie das Tor weiter und ließen ihn in die Streitwagenfestung einfahren.

Am zweiten Tor bestieg ein Soldat Meor-Baals Wagen, ergriff die Zügel und lenkte die Pferde weiter. Meor-Baal sah sich erstaunt um.

„Dies also ist eine von Salomos berühmten Wagen-Städten", überlegte er laut. „Er ist wirklich ein großer König gewesen." Dann wandte er sich direkt an den Soldaten und fragte: „Wie viele Streitwagen gibt es hier, mein Freund?"

„Einhundertundfünfzig", antwortete dieser, „und vierhundertfünfzig Pferde." Bald überquerten sie einen Hof und hielten vor einem großen Haus. „Komm", brummte der Soldat. „Unser Hauptmann wird für Unterkunft und Verpflegung sorgen. Ich bringe dich zu ihm."

Meor-Baal stieg dankbar aus dem Wagen. Seine Beine waren recht steif und das Rückgrat schmerzte von der langen Fahrt und den vielen Stößen des Wagens. Bald legte er sich zur Ruhe und schlief gut nach der Anstrengung des Tages.

Während der Nacht fiel leichter Regen, doch gegen Sonnenaufgang begannen sich die Wolken zu lichten. Als Meor-Baal sich auf den Weg machte, war der Himmel schon fast wieder wolkenlos blau. Der junge Priester war für die frischen Pferde dankbar, die ihm der Hauptmann gegeben hatte. Er würde dadurch schneller vorwärtskommen, als er erwartet hatte.

Es dauerte nicht mehr lange, da konnte er schon das Meer riechen. Hätte nicht noch eine niedrige Hügelkette, Ausläufer des Karmelmassivs, vor ihm gelegen, würde er schon das Wasser sehen können. Der mächtige Karmel ragte majestätisch in den blauen Himmel. Weinberge und Obstgärten bedeckten seine Hänge und trennten das dichte Unterholz der Täler von den Wäldern der Höhenlagen. „Wirklich, du bist ein würdiges Heim der Götter", flüsterte Meor-Baal ehrfürchtig, „und, Jahwe von Israel, der Tag rückt nun heran, wo Baal den Kampf um diesen mächtigen Berg endgültig gewinnen und dich in das öde Hinterland der Steppen und Wüsten verbannen wird."

Der junge Priester überlegte, ob er einen Umweg machen und die Schreine von Aschera und Melkart auf dem Gipfel des Karmel besuchen sollte. Doch dann kam er zu der Überzeugung, daß es besser sei, seinen Auftrag schnellstens zu erledigen. Der Karmel würde warten müssen. Am späten Nachmittag tauchten in der Ferne die Stadtmauern von Tyrus auf, sie schienen sich direkt aus dem Meer zu erheben; mächtig und unüberwindlich standen sie da. Im Hafen lag eine große Anzahl von Schiffen, darunter viele ägyptische Handelsschiffe. Meor-Baal fühlte Stolz aufsteigen. Melkart war bisher wirklich gut zu Tyrus gewesen.

Meor-Baal lenkte den Wagen auf einen der Dämme, welche die Inselstadt mit dem Festland verbanden und fuhr langsam zum Palast des Königs Baal-Asar. Aus einem der kleinen Türme, die zu beiden Seiten des geschlossenen Palasttores standen, forderte eine Wache ihn auf, sich auszuweisen. Er rief: „Ich bringe eine persönliche Botschaft von Königin Isebel von Israel an ihren Bruder, den großen König Baal-Asar von Phönizien.

Die Wache sprach mit jemand, den Meor-Baal nicht sehen konnte, und rief zurück: „Fahre durch das Tor und halte dann." Bei diesen Worten öffneten sich die mächtigen Eichentore. Meor-Baal ließ die Pferde die wenigen Schritte durch das Tor gehen, dann versperrte ihm eine mächtige Eisenkette aufs neue den Weg. Ein Hauptmann der Palastwache wartete hier auf ihn. Fordernd streckte er die Hand aus und sagte: „Das Empfehlungsschreiben."

Meor-Baal übergab ihm eine kleine Rolle, die mit Isebels offiziellem Siegel verschlossen war. Der Hauptmann schrie einen Befehl, und ein junger Mann stieg auf den Wagen. „Überlasse deinen Wagen und die Pferde der Fürsorge dieses Mannes und komme mit mir", sagte der Hauptmann zu dem jungen Priester.

Meor-Baal übergab die Zügel dem anderen Mann und folgte dem Hauptmann, der ihn in ein Haus auf der anderen Seite des Hofes führte. Der Hauptmann fragte: „Wie ist dein Name?"

„Meor-Baal."

„Du bist aber kein Israelit?"

„Nein, sondern aus Byblos. Ich bin das Kind einer heiligen Vereinigung im Tempel Baals." Stolz fuhr Meor-Baal fort: „Meine Mutter war eine Sona, und meinen Vater kenne ich natürlich nicht. Jetzt bin ich ein Priester Baals und diene der Königin Isebel."

Das bis dahin gleichgültige und steinerne Gesicht des Hauptmanns veränderte sich. Der Sohn einer Tempel-Prostituierten war heilig, besonders wenn er noch so jung und schon ein so wichtiger Priester war. Er verbeugte sich tief, so daß sein Schwert laut klirrend auf den steinernen Fußboden stieß. Als er sich wieder aufrichtete, sagte er achtungsvoll: „Heißes Wasser und frische Kleidung werden dir gebracht. Ich werde während deines Aufenthalts zwei Männer zu deinem Dienst abkommandieren. In der Zwischenzeit werde ich zusehen, daß ich für dich eine Audienz beim König erreichen kann."

★ ★ ★

Die Hitze stieg von der sandigen Straße auf. Meor-Baals Augen und die seines Gefährten, eines Propheten Baals, schmerzten jetzt, am Ende des Tages, obwohl sie sich mittlerweile schon an die von der Erde zurückstrahlende Hitze der Sommersonne gewöhnt hatten. Ein Wagen wäre ihnen jetzt sehr willkommen gewesen, doch im Interesse ihrer Sache hatten er und sein Freund Isebels Wunsch zugestimmt, zu Fuß zu reisen. Ein Prophet zu Fuß machte auf die Menschen einen mehr hingegebenen Eindruck als einer, der im Wagen fuhr.

„Dort ist Dor", sagte der Prophet und deutete auf die weißen Häuser, die sich aus dem Gold der Weizenfelder erhoben, die die Ebene bedeckten. „Bald werden wir die Ortschaft erreicht haben. Zuerst waschen wir unsere Füße, und dann hätte ich gern einigen kühlen Wein." Die beiden beschleunigten ihre Schritte.

Mehrere Älteste saßen am Stadttor. Die alten Männer, die traditionsgemäß hoch geachtet wurden. Sie waren Zeugen bei Abschlüssen von Verträgen, gaben den Bürgern Ratschläge und schlichteten Streitigkeiten. Jetzt beobachteten sie die beiden Fremden, die sich der Stadt näherten. Beide, Meor-Baal und der Prophet, waren einfach gekleidet. Ihre einst weißen Roben waren während der Reise trotz häufigen Waschens schon grau geworden. Als die beiden herangekommen waren, blieben sie vor den Ältesten stehen. Der Prophet stützte die Hände auf seine Hüften und blickte die Ältesten so lange an, bis sein Schweigen ihm die volle Aufmerksamkeit der Männer gebracht hatte.

„Wir werden bei Sonnenuntergang hier an dieser Stelle zu euch sprechen", erklärte der Prophet dann mit tiefer Stimme. Um den Schein des Geheimnisvollen zu wahren, sagte er kein Wort mehr, sondern wandte sich ab und ging davon. Meor-Baal folgte ihm.

Die Ältesten blickten ihnen nach. „Ein Prophet", vermutete einer von ihnen laut.

„Ja", stimmte ein anderer zu. „Ich habe von Reisenden gehört, daß jetzt viele Propheten im Lande herumgehen. Aber es sind keine Propheten Jahwes."

Mehrere nickten. Ein besonders alter Mann, dessen Bart vor Alter schon dünn wurde, erklärte mit schriller Stimme: „Aber wir wissen nicht, ob es nicht doch Propheten Jahwes sind."

Wieder nickten die anderen.

Der alte Mann fuhr fort: „Wenn Jahwe sie schickt, müssen

wir ihren Worten zuhören. Sind sie nicht von Jahwe, dann kann es auch nichts schaden, wenn wir ihnen einmal einen Abend zuhören. Wir können sie morgen immer noch wegschicken."

Bärtige Gesichter schauten sich gegenseitig an und stimmten zu. Einer nach dem anderen erhob sich. Sie gingen, um überall mitzuteilen, daß am Abend ein Prophet zu den Bürgern der Stadt sprechen würde.

Meor-Baal und der Prophet erschienen bei Sonnenuntergang. Eine ganze Anzahl Menschen hatten sich versammelt. Der Prophet flüsterte dem jungen Priester zu: „Schau sie dir an und denke an all die anderen Städte und Dörfer, in denen heute abend unsere Brüder am Werke sind. Wir werden es schaffen, Meor-Baal."

„Du wirst es bestimmt gut machen, mein Freund", antwortete Meor-Baal.

Eine Steintreppe führte auf die Stadtmauer. Der Prophet stieg hinauf, um von allen gesehen zu werden. Dann blickte er die Menschen an. Gerade als er beginnen wollte, rief eine Stimme aus den Zuhörern: „Wessen Prophet bist du?"

Der Prophet lächelte und breitete die Arme aus. „Ich bin der Prophet des Volkes", antwortete er. „Euer Prophet."

Meor-Baal lauschte mit Sorge. Die Menge konnte sehr schnell eine feindselige Haltung einnehmen.

„Bist du nicht ein Prophet Baals?" rief die Stimme wieder.

Der Prophet antwortete schnell, damit die Zuhörer sich nicht erst auf die Seite des Fragenden stellten: „Ich will euch erklären, warum ich mich einen Propheten des Volkes nenne", rief er. „Der wahre Gott möchte, daß seine Nachfolger glücklich und satt sind. Er möchte, daß sie sich an allem, was die Erde zu bieten hat und an allen Vergnügungen des Lebens erfreuen. Könnt ihr euch vorstellen, daß ein Gott gut ist, der möchte, daß seine Nachfolger von frühmorgens bis zum späten Abend schwer schuften, nur damit sie gerade genug haben, um existieren zu können? Ich spreche im Namen des Gottes, der den Menschen die Fülle der Erde anbietet. Deshalb nenne ich mich einen Propheten des Volkes."

Die Menge schien bereit zu sein, weiter zuzuhören, obwohl er die Frage nicht direkt beantwortet hatte. Zuversichtlich redete der Prophet weiter. Er sprach vom Reichtum des Landes, pries die Stärke der jungen Männer und rühmte die Schönheit ihrer Frauen. Nach einiger Zeit erwähnte er einige Male ganz vorsichtig den Namen Baals. Als er merkte, daß dabei Unwille aufkam, flüchtete er sich in Humor und machte den Menschen vor, wie ein Angler versuchte, Fische zu fangen. Nach und nach brachte er seine Zuhörer unter Kontrolle und wurde dann mutiger.

Er redete davon, wie nötig es für die Menschen sei, das schöpferische Leben mit Baal zu teilen. Jahwe, so meinte er, sei ein Gott der Hügel, der Nomaden, der Schafhirten und der Zeltbewohner, aber nicht ein Gott der fruchtbaren Ebenen und mauerbeschützten Städte. Vernachlässigt den Gott der Hügel nicht, wenn ihr durch Hügelland reisen müßt, aber ebensowenig solltet ihr den Baal-Gott Melkart vernachlässigen, wenn ihr in seinem Gebiet lebt.

Die Zuhörer lauschten nun aufmerksam. Ab und zu brachte er sie auch zum Lachen. Er sprach Gedanken aus, die sie noch nie gehört hatten. „Schaut euch doch einmal das armselige Juda an", rief er. „Was ist es schon, verglichen mit Israels Reichtum? Und stehen nicht die Menschen dort viel treuer zu Jahwe als ihr selbst? Oder denkt an Salomo! Wie hat er doch an Macht und Reichtum zugenommen, als er Hunderte von ausländischen Frauen ins Land brachte, und mit ihnen ihre Götter. Jahwe muß doch sehr schwach sein, wenn er dagegen nichts unternimmt. Oder es kümmert ihn einfach nicht. Schaut euch Phönizien an. Damaskus, Assyrien oder die Hethiter oder die Königreiche jenseits der großen See. Sind sie etwa schwach? Könnte Melkart nicht aus Israel eine genauso starke Nation machen wie jene sind?"

Immer mehr Menschen kamen herbei, und der Prophet fuhr fort: „Bedenkt, daß Baal schon der Gott dieses Landes war, ehe ihr Israeliten hierher kamt. Er hat einen rechtmäßigen Anspruch darauf. Nehmt ihr an, er wird euch gute Ernten und reichlich Nahrung geben, wenn ihr ihn eines anderen Gottes wegen vernachlässigt?" Und dann beschrieb er ihnen ein Land voller fruchtbarer Gärten und reicher Felder. „Wißt ihr, wo dieses Land ist?" rief er. „Gerade hier. Baal Melkart wird dieses Land reicher machen als ihr je geträumt habt, wenn ihr ihm dient."

Dann sprach er von Krieg und von den großen Siegen, die Melkart errungen hatte. „Hat es je einen Gott wie Melkart gegeben? Er war es, und nicht Jahwe, der euch von Ägypten nach hier gebracht hat, weil er will, daß ihr ihm hier in seinem Lande dient."

Einen Augenblick schwieg er. Dann fuhr er fort: „Und Melkart hat eine Gefährtin: Aschera, die schöner ist, als man beschreiben kann. Sie ist die Göttin der Fruchtbarkeit und möchte, daß die Menschen sich mit ihr in diesen Fruchtbarkeitsfeierlichkeiten vereinigen. Jeder Gott kann von euch fordern, Tiere von euren Herden auf seinem Altar zu opfern. Doch diese Göttin versteht die Menschen und fordert sie auf, mit ihr zusammen das Land fruchtbar zu machen. Wie? Nun, es gibt viele Frauen, die ihr Leben ganz dem Dienst der Aschera geweiht haben. Mit ihnen zusammen werdet ihr den Segen der Fruchtbarkeit ererben — für euch selbst und für euer Land."

Der Prophet erzählte nun im vertraulichen Ton, was diese Frauen ganz bereitwillig alles taten, um der Göttin zu dienen. Die Menge lauschte erstaunt. Die Muskeln der jungen Männer spannten sich, und ihre Lenden begannen zu brennen. Väter überlegten, ob sie nicht durch den Segen der Göttin reichlich Nahrung für ihre Familien erhalten könnten. Kinderlose Männer dachten, Aschera könnte sie vielleicht mit Kindern segnen, wenn sie ihre Hilfe suchten. Ältere Männer sannen darüber nach, wie leicht es sein würde, bei einer solchen Frau zu liegen.

Während der Prophet sprach, mischte sich Meor-Baal unter die Zuhörer und flüsterte den jungen Männern zu, daß heilige Prostituierte an erhöhten Plätzen und in heiligen Hainen rund um die Stadt auf sie warteten. Die jungen Männer blickten einander mit großen Augen an, und einige von ihnen verschwanden leise.

„Morgen den ganzen Tag", sagte der Prophet, „wird der

Priester Melkarts und der Aschera auf dem Hügel jenseits der Stadt bei seinem Altar auf euch warten. Bringt eure Opfer zu ihm und laßt euch segnen, damit sich euer Geist mit dem süßen Wohlgeruch des Opfers vermischen und zum Himmel emporschwingen kann. Melkart und Aschera werden euch freundlich aufnehmen, und ihre Segnungen werden auf euch kommen."

Und am nächsten Tag kamen sie. Alte Männer und junge Männer. Witwer. Kinderlose Ehepaare und glücklose Bauern. Sie kamen zum Altar und suchten nach ihrem Glück und ihren Träumen. Und so gelang es Baal, in der Stadt Dor Fuß zu fassen.

Abinadab war beeindruckt von den Ereignissen des Abends. Der Geldverleiher stand ganz hinten. Er war besser gekleidet, als die meisten seiner Mitbürger. Die Versprechungen, die der Prophet im Namen Baals machte, hielt er für Unsinn, aber die Predigt war sehr unterhaltsam. Doch bald beobachtete er die Zuhörer. Hier standen Menschen, die er kannte, Menschen, die von dieser Predigt total gefesselt wurden. Die Macht des Propheten, die Menschen so in seinen Bann zu schlagen, faszinierte ihn. Echte Kontrolle und Macht über Menschen war das. Sicherlich besaß der Prophet ein Geheimnis, das er selbst gern gewußt hätte. Und vielleicht war dies das Geheimnis der Baal-Religion.

Er ging nicht zu einem der heiligen Haine. Statt dessen wartete er, bis die Zuhörer sich verlaufen hatten und ging dann zu den beiden Dienern Baals und lud sie zu einer Unterhaltung in sein Haus.

Die Unterhaltung fand in dem Raum statt, in dem Abinadab seine Geschäfte tätigte. Er war mit besonders dicken Wänden und einer Doppeltür ausgestattet, des besseren Schutzes wegen. Einige Steine waren hohl, darin verbarg er sein Geld, das er verlieh. In Regalen lagen Rollen und Tontafeln, auf denen seine Geschäfte verzeichnet waren. Doch den meisten Platz auf den Regalen nahmen Mäntel und Überkleider ein.

Als es sich die drei Männer bequem gemacht hatten, begann Abinadab: „Du hast heute viel von Aschera gesprochen, ich möchte aber noch mehr von ihrem Gefährten hören, von Melkart, von dem du sagst, daß er so viel Macht hat."

Der Prophet antwortete: „Melkart ist der Gott von Tyrus, und er ist auch der Gott der Macht. Ich brauche dir nicht zu erzählen, welchen hervorragenden Platz er sich unter den anderen Göttern erobert hat. Unter uns Phöniziern wird er am meisten verehrt. Aschera ist die Göttin der Fruchtbarkeit. Sie und Melkart stehen zusammen. Der Gott der Macht mit der Göttin der Liebe."

„Ja, lieb und verdorben", antwortete Abinadab.

„Wenn die Götter sich nicht vereinigen, wie kann die Erde ihre Frucht geben? Und werden Männer, die die Erde bearbeiten, nicht viel produktiver sein, wenn sie sich mit Ascheras geweihten Sonas (Prostituierten) vereinigen? Wird die Erde dann nicht ihrem Beispiel folgen?"

„Vielleicht. Ich weiß zu wenig von diesen Dingen. Doch erzähle mir von Melkart. Er hat, soviel ich weiß, nie einen Krieg geführt. Woher kommt dann seine Macht?"

Meor-Baal lächelte. „Du denkst wie die meisten, Freund Abinadab. Melkart hat für viele Könige Krieg geführt, aber nicht für Tyrus, das stimmt. Aber wahre Macht kommt durch den Handel, und nicht durch Krieg. Melkart hat uns Phönizier durch den Handel gesegnet."

„Ich dachte mir so etwas und bin daran sehr interessiert."

„An der Macht?"

„Ja, an der Macht und am Reichtum. Warum sollte euer Melkart nicht auch mir helfen? Ich habe einen guten Verstand, und ich kenne die Menschen von Dor. Unsere Gegend ist eine gute und fruchtbare, besonders für Korn und Wein."

„Unsere Königin Isebel möchte, daß Israel und Phönizien sich im Handel noch enger verbinden. Israel ist reich an landwirtschaftlichen Produkten. Doch die Art, wie ihr in diesem Lande die Dinge tut, kann nicht dazu führen, daß ihr auf dem Gebiet des Handels große Macht gewinnt. Wenn ihr wirklich von Melkart lernen wollt, müßt ihr es nach Isebels Plan machen. Ihr müßt bereit sein, manches zu verändern."

„Was zum Beispiel?"

„Eure kleinen Landbesitzer verhindern den richtigen Handel. Die Menschen arbeiten auf kleinen Stücken Land für kleine Ernten. Das meiste ihrer Ernte brauchen sie selbst, und so bleibt zum Verkaufen nur wenig übrig. Manche von euren Bauern arbeiten wirklich gut, doch viele nicht. Das Land wird nicht klug genug genutzt. Jene, die es nicht gut nutzen, sollten überhaupt kein Land haben, sondern sollten etwas anderes tun."

„Die alten Gesetze fordern aber, daß jede Familie in Israel ihr Land für immer behält", antwortete Abinadab.

„Siehst du, das ist nicht die Art Melkarts. Du kannst keine Macht haben, wenn du erlaubst, daß das Land so geteilt bleibt. Aber beantworte mir eine Frage: Was tust du mit all den Mänteln und anderen Überkleidern hier auf den Regalen?" fragte der Prophet.

„Das sind Pfänder für verliehenes Geld."

„Fordern nicht die Gesetze Israels, daß du den Eigentümern ihre Mäntel jeden Abend zurückgibst, damit sie etwas Warmes haben, womit sie sich in kalten Nächten zudecken können?"

Zur Überraschung des Propheten senkte Abinadab seine Augen nicht. Dies war ein gutes Zeichen. Dieser Mann war stark.

„Ja", antwortete der Geldverleiher. „Die alten Gesetze fordern das. Doch wenn ich dies tue, vermindere ich den Wert des Mantels als Pfand. Solange es die Leute, die mir Geld schuldig sind, nachts noch warm haben, beeilen sie sich nicht mit der Rückzahlung. Wenn sie frieren, bekomme ich mein Geld zurück, und außerdem jammern sie dann nicht so sehr über den Zins, den ich nehme."

„Du brichst also die alten Gesetze Israels, wenn es für deinen Zweck dienlich ist; aber vor wenigen Augenblicken hast du protestiert, als du keinen Sinn darin sahst, das Gesetz zu brechen."

Abinadab schluckte, antwortete aber: „Ja, das stimmt wohl. Doch das Land ist in Israel heiliger als ein Mantel. Es handelt sich hier um ein größeres Gesetz."

„Es ist deine eigene Entscheidung. Deine Macht kann auf

den Wert der Mäntel beschränkt bleiben oder an dem Wert des Landes gemessen werden."

„Ich verstehe, was du meinst."

„Noch eins", fuhr der Prophet fort. „Wie hinderst du die Leute daran, dich bei den Ältesten zu verklagen, die am Tor sitzen?"

„Manchmal verklagen meine Schuldner mich."

„Und wie gelingt es dir, ihre Mäntel dann trotzdem zu behalten?"

„Die Ältesten sind eben meine Freunde", erwiderte Abinadab offen.

„Du bestichst sie also?"

„Nein", rief er zornig. „Ich habe nie einen Ältesten oder einen Richter meines Volkes bestochen."

„Und weshalb urteilen sie dann zu deinen Gunsten?"

„Sie kennen meinen Standpunkt und sind derselben Meinung wie ich, daß ein Mantel nur ein armseliges Pfand ist, wenn er jeden Abend bei Sonnenuntergang zurückgegeben werden muß."

„Und was hat sie dazu gebracht, deine Meinung zu teilen?"

„Sie sind meine Freunde. Wir treffen uns oft. Ich lade sie zu mir ein. Wir führen gemeinsam religiöse Pflichten aus. Ab und zu erhalten sie von mir Geschenke. Wie es unter Freunden eben ist."

Die beiden Baalsdiener sahen sich an. „Warum bist du nicht wenigstens mit dir selbst ehrlich?" fragten sie ihren Gastgeber. „Du bestichst die Ältesten also doch. Gib es einfach zu, und Melkart wird dir den Weg zeigen, mehr Macht zu erlangen."

Abinadab fuhr auf. „Ihr seid Gäste in meinem Hause und wagt es, mich der Unehrlichkeit zu beschuldigen?"

Meor-Baal lachte. „Ärgere dich nicht, Abinadab. Wir wollen dir nur unseren Standpunkt erklären. Ich fürchte, dein Jahwe-Gottesdienst hat deine Sinne vernebelt. Du glaubst eigentlich gar nicht an Jahwes Worte, daß die Menschen sich nicht auf Kosten der Armen oder Schwachen bereichern sollten, kannst dich aber von den Gesetzen Israels nicht ganz losreißen. So schwankst du zwischen der einen und der anderen Seite hin und her. Du hast Jahwes Gesetze soweit ausgehöhlt, um deine Geschäfte trotzdem machen zu können, aber nicht soweit, um sie ganz zu verlassen. Und deshalb bleibst du hier nur ein kleiner Hecht, wo du doch ein großer Hai werden könntest."

„Also gut, laßt mich hören, was Melkart zu sagen hat."

Der Priester blickte Abinadab direkt in die Augen. „Zuerst solltest du zugeben, daß deine Freundschaft mit den Ältesten und deine Geschenke nichts anderes als Bestechung sind."

Abinadab starrte Meor-Baal einen Moment schweigend an und sagte dann leise: „Na ja, ich glaube, es ist eine Art von Bestechung."

„Jetzt kommen wir schon weiter", antwortete der Priester.

„Wem gehören diese Mäntel?" fragte der Prophet.

„Den Männern von Dor. Baana zum Beispiel, Schamma und einigen anderen."

„Und wenn du sie nicht nachts über hierbehalten würdest, wären sie im Zurückzahlen ihrer Schulden lässig?"

„So ist es."

„Dann könntest du die Mäntel behalten, wenn sie nicht zahlen können?"

„Schon, aber was soll ich damit? Geldverleihen bringt mehr Gewinn als Mäntel verkaufen."

„Nehmen wir einmal an, du würdest den Eigentümern ihre Mäntel abends zurückgeben, und sie könnten nicht zur rechten Zeit zahlen; das brächte sie doch in eine schwierige Lage dir gegenüber."

„Sicher."

„Du sagtest vorhin, du seiest intelligent. Nun sorge dafür, daß Melkart deine Intelligenz benutzen kann. Denke wie Melkart. Denke wie der Gott der Macht. Lehne dich zurück und überlege. Wir werden still sein."

Die beiden Baalsdiener lehnten sich zurück. Überrascht blickte Abinadab sie an und überlegte einige Augenblicke. Dann murmelte er: „Ich weiß nicht, wie Melkart denkt, deshalb habe ich euch ja zu mir eingeladen."

„Lege dich“, befahl der Prophet.

Abinadab schob die Kissen unter seinen Kopf und legte sich.

„Nun überlege. Denke über das nach, was du gesagt hast. Denke an die Macht, die du hast und wie du sie richtig gebrauchen könntest, um das zu erhalten, was du haben möchtest.“

Abinadab lag ruhig da. Für einige Minuten konnte er sich nicht auf diese Frage konzentrieren. Seine Gedanken hatten sich bisher ja meist nur mit der Sicherung seiner verliehenen Gelder und mit seinen sonstigen geschäftlichen Angelegenheiten beschäftigt. Es war Meor-Baal, der seine Gedanken in die richtige Richtung führte. Der Priester sagte: „Jene Männer, die in ihrer sexuellen Lust davonrannten, um der Fruchtbarkeit zu huldigen, beten ja auch für Wachstum; und auch sie möchten Macht und beten diese an. Aber wenn sie der Fruchtbarkeit dienen wollen, brauchen sie nicht mehr zu tun, als dem Verlangen ihres Leibes nachzugeben. Wenn sie aber der Macht dienen wollen, müssen sie mehr tun. Zu Menschen, welche die Macht nur anbeten, kommt sie nicht, sondern zu denen, die danach streben und sie gebrauchen. Man erhält Macht, indem man etwas dafür tut.“ Meor-Baal schwieg wieder, doch Abinadab hatte die Worte aufgesaugt, als hinge davon sein Schicksal ab.

Immer wieder dachte er über das nach, was der Priester eben gesagt hatte. Gesichter tauchten vor seinen Gedanken auf, Gesichter von Männern, die ihm Geld schuldeten. Männer, die nicht so klug und vorausschauend waren wie er und die anderen Besitz ihr eigen nannten; zum Beispiel Land oder anderes. Wenn man diese Besitztümer alle zusammenbringen konnte, würde der Mann, dem dies gelang, viel Macht besitzen.

Ein Plan nahm in seinen Gedanken Gestalt an. Wenn er nun, sozusagen aus Freude darüber, daß die Bürger Dors die Diener Baals und ihren Gott so gut aufgenommen hatten, als besonderes Entgegenkommen den Schuldnern ihre Mäntel zurückgab und außerdem mitteilte, daß sie ab jetzt noch mehr Geld leihen könnten, um sich mehr Vieh, mehr Werkzeuge und besseren Samen zu kaufen und größere Scheunen zu bauen, die die erwarteten reicheren Ernten durch die von Melkart neu gesegneten Felder aufnehmen konnten? Statt der Mäntel würden dann ihre Felder als Pfand dienen, und er würde sich die Felder aneignen, sobald jemand seine Schulden nicht bezahlen konnte. Das erste Mal würde eine solche Aneignung eines Stückes Land sehr schwer werden. Doch er würde es durchsetzen und hart bleiben.

3

Sebuls Wohlbeleibtheit war offensichtlich und sogar unter seinen weiten Priestergewändern nicht zu verbergen. Sein rundes Gesicht mit den vollen Wangen war von einem gewaltigen Bart fast völlig verdeckt, und das Haar hing ihm fast bis in den Nacken. Er war ein Mann, dem in den langen Jahren seines Amtes viel Selbstvertrauen gewachsen war, und er war überzeugt davon, daß er ein ganzes Stück über den meisten anderen Menschen stand.

Seine Kleidung war prächtig. Er trug eine lange blaue Robe, in deren Saum Ornamente in Blau, Purpur und Scharlach eingewoben waren. Unten am Saum waren abwechselnd Granatäpfel und kleine goldene Glöckchen angebracht. Die Glöckchen klangen leise, wenn Sebul sich ab und zu auf seinem Sitz bewegte. Über der blauen Robe trug er eine scharlachfarbene Weste, und auf der Brust eine goldene Platte, die reich mit Juwelen geschmückt war. Seine Kopfbedeckung war aus einfachem weißen Leinen und war mit einem einzigen großen Edelstein geschmückt, damit daran sein hohes Amt zu erkennen war. Der richtige Hohe Priester in Jerusalem trug an der Stelle des Edelsteins eine goldene Platte, auf der zu lesen war: „Heilig dem Herrn.“ Sebul machte diesen kleinen Unterschied an seiner

Kleidung, um damit den Israeliten entgegenzukommen, die der Überzeugung waren, es könne unter allen Stämmen Israels nur einen wahren Hohen Priester geben.

Sebul brütete vor sich hin. Es war schlimm genug, daß man ihm an der Tafel einen Platz nach den Baalspriestern angewiesen hatte, aber ihm auch noch damit zu drohen, ihn ganz auszuschließen, war übler, als man sagen konnte. Sebul war der höchste Priester im Königreich Israel und benahm sich so, als sei er in Wirklichkeit Israels Hoher Priester, obwohl dieser ja in Jerusalem amtierte.

Sebul stand im Schatten der Stadtmauer und blickte nordwärts zum Hügel Samaria. Er beobachtete den Fortschritt, den der Bau des großen Baalstempels machte und kämpfte dabei mit einer Entscheidung. Der Baalsgottesdienst hatte sich so schnell wie die Hitze, die der Wüstenwind mitbringt, über Israel verbreitet. Im vergangenen Jahr waren überall im Lande Altäre für Melkart und heilige Orte für Aschera errichtet worden. Das Problem, mit dem er kämpfte, war kein moralisches. Solche Fragen interessierten ihn längst nicht mehr. Und obwohl er ja eigentlich der Repräsentant der heiligsten Dinge in Israel war, hatte er sich schon längst mit der Leere seiner Seele abgefunden.

Ein Beobachter hätte bald festgestellt, daß Sebul sehr nervös und aufgeregt war. Er dachte über die Zukunft Israels nach und auch über die seine. Ihm war klar, daß es zwei Möglichkeiten gab.

Die erste würde große persönliche Opfer von ihm fordern, doch konnte er dabei vielleicht auch eine sehr reiche Belohnung erwarten. Aber war es klug, sich auf Gedeih und Verderb auf die Seite der Jahwisten zu schlagen und gegen Isebel zu arbeiten? Wenn dann der Baalskult besiegt würde, wäre er in der stärksten Position des ganzen Landes. Doch das setzte voraus, daß er selbst lange genug überlebte und klug genug war, Isebel, Meor-Baal und die anderen intelligenten Leute Baals zu überlisten.

Der Tempel, der dort drüben gebaut wurde, repräsentierte

die zweite Möglichkeit. Schon reckten sich die Mauern des Tempels mächtig und imponierend in den Himmel. „Seltsam", dachte Sebul, „daß die phönizischen Bauleute, die Salomo den prächtigen Jahwe-Tempel in Jerusalem bauten, nun hier einen Tempel für Baal errichten." Er war schon oft hier gewesen und hatte zugesehen, welche Fortschritte der Bau machte. Rechts und links vom noch unfertigen Eingang standen schon zwei riesige Säulen. Sie sollten symbolisch die Verbindung der Fruchtbarkeit der Erde mit dem Segen der Göttin Aschera, die den Menschen so überreich von ihren Gnaden schenken wollte, darstellen.

„Es ist doch seltsam, wie die Götter kämpfen", dachte Sebul. „Jeder will den Menschen dieselben Segnungen schenken — Glück und Wohlstand. Jahwe könnte da noch einiges von Baal lernen." Er mußte über diesen Gedanken lächeln. „Warum sollten die Menschen ein gesetzliches und heiliges Leben führen, um die Segnungen Jahwes zu empfangen, wenn sie dieselben Segnungen auch von Baal haben konnten, der dafür nur Opfer und die Gemeinschaft mit schönen Frauen forderte?" Er blickte zu einem in der Nähe liegenden heiligen Hain der Aschera und dachte: „Es ist doch seltsam, daß eine Religion oft nur wegen ihrer Haltung zur Sexualität angenommen oder verworfen wird." Und nachdenklich mit dem Kopf schüttelnd, sagte er laut: „Ist denn nur in der Sexualität die Wahrheit zu finden?"

Sebul hatte die Geschichte seines Volkes nicht vergessen. Die Israeliten waren Jahwe niemals für längere Zeit wirklich treu nachgefolgt. Immer wieder hatten Baalgötter der Bäche und Täler, Hügel und Bäume sie ablenken können. Manchmal zwar hatte es in Israel Erweckungen gegeben, und die Menschen hatten sich neu zu Jahwe gewandt; doch zu anderen Zeiten hörten nur wenige auf die Worte der Propheten.

Der Name Jahwes würde ohne Frage in Israel lebendig bleiben, davon war Sebul überzeugt. Die Prophetenschulen, die Priester und die wohldurchdachten Gesetze und Rituale waren zu eng mit der israelitischen Gesellschaft verwoben, als daß sie vergessen werden konnten. Die Frage war vielmehr, ob der Jahwe-Gottesdienst noch zu seinen Lebzeiten wieder Belebung finden und sich ausbreiten konnte. Zur Zeit jedenfalls war der Baalskult auf dem Vormarsch. Seine Aggressivität sagte vor allem den jungen Menschen mehr zu und ermutigte noch ihre natürliche Auflehnung gegen das Althergebrachte. Auch die Rituale des Baalskultes waren noch durchdachter und viel künstlerischer als die des Jahwe-Gottesdienstes; und diesen Unterschied verwechseln Menschen — vor allem junge Menschen — manchmal mit wirklichem Tiefgang.

Sebul wandte sich zum Gehen. Er folgte dem Weg, der ins Tal hinab führte und ihn zu einem größeren Oleandergebüsch brachte, in das er sich gern zurückzog, wenn er ungestört über Probleme nachdenken wollte. Dort angekommen, säuberte er einen großen Felsblock vom Staub und ließ sich darauf nieder. In dem Bachbett zu seinen Füßen strömten die Frühlingswasser eilig der großen See zu. „Sie werden für die See ebensoviel Unterschied machen, wie die Worte der Propheten Jahwes für sein Volk", dachte Sebul. Die Menschen seiner Zeit verachteten die Religion keinesfalls, lächelten aber über die Worte der Propheten Jahwes. Würden die Leute wenigstens zornig werden, dann hätten die Propheten vielleicht noch eine Chance auf Erfolg; aber ihre Toleranz und Gleichgültigkeit waren niederschmetternd.

Lange saß Sebul dort und starrte nachdenklich in das talabwärts fließende Wasser. Das Wasser regte ihn zu Schlußfolgerungen an: „Die Jahwe-Religion schwimmt gegen den Strom", dachte er, „und deshalb sind alle Strömungen der Welt gegen sie." Er stand auf und blickte zu der Tempelbaustelle, die jetzt hoch über ihm lag, so daß die wachsenden Mauern noch mächtiger wirkten. Er jedenfalls hatte sich nun entschlossen. Zwar würde er nie von seinem Entschluß reden, aber trotzdem danach handeln. „Ich werde mein Leben nicht an eine verlorene Sache hängen", sagte er zu sich. Er würde sich zwar nicht öffentlich von der Jahwe-Religion lossagen, aber er würde auch nicht gegen den Baalskult kämpfen. Wenn er Baal als gleichberechtigt neben Jahwe akzeptierte, würde er wohl auch am königlichen Hof wieder im Ansehen steigen, so hoffte er.

Er stand auf und machte sich auf den Weg zurück in die Stadt. Dabei folgte er diesmal einem breiteren Pfad, der in vielen Windungen zur Stadt hinaufführte. Dieser Weg war zwar länger, aber bequemer. An der rechten Seite des Weges zog sich ein alter und sehr dichter Olivenhain hin. Als er an diesem Hain entlangging, bemerkte er, wie ihm darin etwas, hinter dichtem Laub verborgen, blätterraschelnd folgte. Zuerst dachte er an Räuber. Aber so nahe an der Hauptstadt konnte es eigentlich keine Räuber geben. Da er ganz allein auf dem Weg war und wegen seiner Leibesfülle eine Flucht auch keinen Erfolg haben würde, blieb er stehen, um zu sehen, wer und was ihm da folgte. Wenn sein Verfolger erkannte, daß er der Hohe Priester war, würde er ihn in Ruhe lassen.

„Wer ist da?" rief er fragend.

Eine purpurne Robe tauchte zwischen dem Laub auf und näherte sich ihm. „Hallo, Priester Jahwes", sagte die Frau, denn eine solche war es, als sie vor ihm stand. Dem Gesicht sah man an, daß sie sehr viel Kosmetik gebrauchte, und ihr rabenschwarzes Haar trug sie in einer kunstvollen Frisur. Es war keine junge Frau mehr; doch das Make up verdeckte diese Tatsache. Die seidene Purpurrobe betonte ihren Körper mehr, als ihn zu verhüllen. „Bei deiner Figur muß es dir schwer fallen, zu Fuß zu gehen", sagte sie vertrauensvoll lächelnd, „komm, ruhe ein wenig aus und erfrische dich."

Sebul blickte sich nach allen Seiten um. Die Frau lachte beruhigend. „Niemand wird es sehen, wenn du mit einer fremden Frau sprichst. Komm, setze dich hierher." Sie zeigte mit dem Finger auf einen besonders dicken und knorrigen Olivenbaum. „Eine leichte Senke hinter dem Baum verbirgt uns vor Blicken vom Weg her. Und ein wenig Ruhe wird dir gut tun."

Unangenehm berührt machte Sebul den Versuch, sich umzudrehen und zu gehen. Doch die Frau legte ihm die Hand auf den Arm und sagte: „Als Fremde fühlt man sich manchmal sehr einsam, wenn man nicht mit jemand reden kann." Dann faßte sie Sebuls Handgelenk und führte den nun nicht mehr Widerstrebenden in den Olivenhain hinein.

Als es sich die beiden in der leichten Senke hinter dem dicken Olivenbaum bequem gemacht hatten, schmiegte sich die Sona, denn die Frau war eine Priesterin und Prostituierte der Aschera, eng an Sebul und schlang die Arme um ihn. Sebul, der seit Monaten seiner Frau kaum noch begegnet war, wurde von Gefühlen der Lust überwältigt. Er erinnerte sich an all das, worüber er kurz vorher noch nachgedacht hatte und beschloß, den moralischen Standpunkt auf den nächsten Tag zu verschieben. Er vergaß alles andere und beugte sich über die Sona. Seine Leidenschaft fand Erfüllung in ihrem bereitwilligen Entgegenkommen.

Einige Zeit später sagte die Sona, nachdem sie sich wieder bekleidet hatte: „Bitte, Priester Jahwes, gib nun ein Opfer für die Göttin Aschera." Sebul tastete nach seiner Börse. Dann fiel ihm ein, daß er sie heute nicht mitgenommen hatte. Langsam zog er einen wertvollen Ring von seinem Finger, ließ ihn in das Gras fallen, erhob sich und ging davon. Die Frau lachte leise hinter ihm her.

Der Weg war leer. Niemand hatte ihn gesehen. Doch jedes Blatt an Bäumen und Büschen schien raschelnd von seiner Verfehlung zu erzählen. Ihm war, als ob das Zirpen der Grillen seinen Verrat an Jahwe hinausschrie. Und das leise Säuseln des Windes klang ihm wie ein Echo vom Lachen der Frau. Sebul trottete an der Stadtmauer entlang. Sein Magen schien sich zusammenziehen zu wollen, und in seinem Hals schien ein Kloß zu stecken. Ärgerlich schüttelte er den Kopf, als ob er auf diese Weise das Schuldgefühl loswerden könnte, das sich auf ihn legte. „Ich habe Männer kennengelernt, die lächelnd von einer Sona zurückkamen und dann mit doppeltem Eifer wieder an ihre Arbeit gingen", dachte er und ging trotzig weiter.

In den kommenden Wochen bereute Sebul zuerst, daß er sich mit der Sona eingelassen hatte; doch im Laufe der Zeit sehnte er sich wieder nach ihren Umarmungen. So wurde er beständig hin und her gerissen zwischen der Tatsache, daß er als

Hoher Priester Jahwes das Gesetz gebrochen hatte und der lustvollen Erinnerung an die Erfüllung seiner Männlichkeit. Er versuchte sich damit zu beruhigen, daß er ja für sich selbst beschlossen hatte, einen Kompromiß mit der Baalsreligion einzugehen und daß deshalb der Umgang mit der Sona durchaus zu diesem Entschluß paßte; doch sein innerer Konflikt hielt an. Da er jedoch nie ein sehr eifriger Priester gewesen war, merkten seine Freunde nichts von seinem Zustand.

★ ★ ★

Endlich war der Tempel Baals fertiggestellt. Priester aus den phönizischen Städten Byblos, Tyrus und Sidon waren zur Einweihung angereist. Sebul beobachtete die Einweihungsfeier gemeinsam mit mehreren anderen Jahwe-Priestern von der Stadtmauer aus. König Ahab war sehr früh schon bei der Festlichkeit erschienen, aber bald wieder gegangen und hatte sich seither nicht mehr sehen lassen. Während des Tages wurden mehrere Reden gehalten, die längste davon hielt Isebel. Sebul konnte sie aus dieser Entfernung nicht verstehen, bekam aber mit, daß die Königin zeitweise laut schrie und mit ihren Armen voller Eifer in der Luft herumwedelte.

Am späten Nachmittag wurden vor dem Tempel neue Vorbereitungen getroffen. Man vernahm, daß das Frühlingsopfer für Aschera, das man bis zur Tempeleinweihung verschoben hatte, noch an diesem Abend stattfinden sollte. Vor den beiden hohen Säulen am Tempel stand ein Altar, auf dem die Baalspriester ein Kalb opfern wollten, und am Eingang des Tempels stand eine riesige Statue von Melkart. Nach und nach verliefen sich die Menschen, um Vorbereitungen für die abendlichen Ritualien zu treffen, nur Baalspriester blieben übrig, um auch hier alles fertig zu machen.

Auch Sebul ging mit seinen Freunden, lehnte aber ihre Einladung zum Abendessen ab. Statt dessen ging er heim. Er hatte sich entschlossen, am Abend in Verkleidung an dem Fest teilzunehmen, weil er meinte, unter den anderen Priestern auch die Sona gesehen zu haben, der er an jenem Tag in dem Olivenhain begegnet war. Die Erinnerung daran hatte seine Leidenschaft neu angefacht.

Zuerst beabsichtigte er, sich Haar und Bart zu schneiden, doch verwarf er diesen Plan wieder, weil er nicht wußte, wie er seine neue Frisur am nächsten Tag seinen Freunden erklären sollte. Seine Leibesfülle machte eine Verkleidung etwas schwierig. Doch dann beschloß er, die einfache Wollkleidung und den Kamelhaarmantel eines Zeltbewohners zu tragen. Den Hohen Priester Jahwes, der sonst so prächtige Kleidung und Schmuck trug, würde man unter solcher Einfachheit nicht vermuten, zumal er die Kapuze des Mantels weit ins Gesicht ziehen konnte.

Sebul kam absichtlich ein wenig spät zum Opferfest zurück. Es begann schon zu dunkeln, und die überall angezündeten Öllampen warfen seltsame Schatten. Zwei Priester hatten schon mit den Opferritualien begonnen. Beide trugen Tierfelle und Tiermasken; der eine den Kopf eines Bullen und der andere den einer Ziege. Vor dem Altar wartete eine lange Reihe von Ehepaaren mit kleinen Kindern, alles Knaben, auf dem Arm.

Zuerst wurde ein Lamm geschlachtet und in bestimmte Teile zerlegt. Dann wurde auf dem Altar ein Bullenkalb geopfert und verbrannt. Nun begann die lange Reihe der Eltern sich zu bewegen. Die Priester beschnitten jeden der kleinen Knaben und reichten das schreiende Kind dann immer den Eltern zurück. Die Kinder hätten längst von Jahwepriestern beschnitten sein sollen, doch die Eltern hatten es vorgezogen, auf dieses Fest zu warten, um ihre Kinder dem Gott Melkart zu weihen. Sebul fühlte Neid in sich aufsteigen. An dieser Handlung war deutlich zu erkennen, wie sich das Volk immer mehr von Jahwe ab- und Melkart zuwandte.

Ein großes Orchester mit Flöten, Harfen, Leiern, Trompeten, Trommeln und Zimbeln, das unter der riesigen Melkart-Statue stand, erfüllte die Luft mit Musik. Als die letzten Kinder beschnitten waren, verstummte die Musik. Nur noch die Geräusche der Schritte der Eltern, die mit ihren Kindern den Platz verließen und der vielen Baalspriester, die jetzt aus dem Tempel kamen und den Altar umringten, waren zu hören.

Plötzlich setzten die Trommeln und Zimbeln mit voller Lautstärke wieder ein. Die Priester schrien: „Unser Gott ist Baal-Melkart, unser Richter, und keiner ist größer als er. Aus dem Himmel regnet Öl, und in den Tälern fließt Honig." Die Priester begannen zum Takt der Pauken und Trommeln um den Altar zu tanzen, zuerst langsam, doch als die anderen Instrumente einfielen und schneller wurden, wurde ihr Tanz erregter und wilder. Sie verzerrten ihre Gesichter und verrenkten ihre Körper, sprangen und schrien, während sie immer wieder den Altar umkreisten. Manche begannen Loblieder auf Baal zu singen. Frauen rannten zu der Melkart-Statue und küßten sie, andere verfielen in ekstatische Trance und mischten sich unter die tanzenden Männer.

Bald war der Festplatz ein völliges Durcheinander. Männer und Frauen schrien mit verzückten Augen und machten unglaubliche Verrenkungen. Mäntel und Kleider, unter normalen Umständen hochgeschätzter Besitz, wurden achtlos abgeworfen und im Staub mit Füßen getreten. Ohne Rücksicht auf die althergebrachten Gesetze und die Moral Israels wählte man gegenseitig Partner, während vom Rand des Platzes her die frisch beschnittenen Kinder schrien. Das Tanzen wurde immer sinnlicher, und die Augen saugten sich am Körper des gewählten Partners fest.

Sebul beobachtete die Szene wie versteinert. Immer mehr Männer und Frauen lagen jetzt schon paarweise um den Altar, bei der Melkart-Statue oder entlang der Tempelmauer und gaben sich öffentlich dem heiligsten Ritual der Göttin Aschera hin. Doch nirgends konnte Sebul die ihm bekannte Sona entdecken. Da er glaubte, sie könne im Tempel sein, lief er am äußersten Rand des Platzes entlang zum Eingang.

Im Inneren des Tempels war es heller, als draußen auf dem Platz. Sebul schaute sich um. In den Wänden waren viele Nischen, in denen Statuen von Melkart und Aschera standen. Die Ascherastatuen betonten teilweise recht grob die Geschlechtlichkeit. Sebuls sexuelles Verlangen erhielt angesichts dieser rohen Betonung einen starken Dämpfer. Obwohl diese Statuen eigentlich die Lust an der Sexualität betonen sollten, erreichten sie durch die Rohheit das gerade Gegenteil, sie wirkten abstoßend und zeigten, wie leer im Grunde eine Religion und ein Gottesdienst bleiben mußten, wo die Sexualität in den Mittelpunkt gestellt wird.

Im Zentrum des Raums stand eine große Aschera-Statue. Während Sebul diese betrachtete, wurde er plötzlich von hinten angesprochen: „Nun, Priester Jahwes, hast du deine feinen Gewänder abgelegt, um mit uns feiern zu können?“

Sebul blickte die Sona an, nach der er schon seit geraumer Zeit gesucht hatte: „Bin ich so leicht zu erkennen?“

„Für die meisten wahrscheinlich nicht“, lächelte sie, „doch vergiß nicht, ich habe dich vorher schon ohne deine feierlichen Roben gesehen.“ Die Worte klangen ein wenig spöttisch.

Sebul runzelte leicht die Stirn. „Ich habe es nicht vergessen“, antwortete er und änderte dann das Thema: „Warum gibt es hier einen so großen offenen Raum?“

„Weißt du so wenig vom Aschera-Kult? Jede Frau, die sich Baal weiht, muß ihre Achtung vor Aschera durch ein Fruchtbarkeitsopfer zum Ausdruck bringen. Einmal im Leben muß sie mit einem Schlafsack hier in den Tempel kommen. Jeder Fremde, der in die Stadt kommt, kann auch hierher in den Tempel kommen und sich unter den Frauen umschauen, bis er eine findet, die ihm gefällt. Die Frau muß mit dem ersten Mann gehen, der sie auswählt, sie darf keinen verweigern. Die Bezahlung, die sie dafür empfängt, geht dann in den Tempelschatz, um dort ...“ sie machte eine kleine Pause und fügte dann listig hinzu: „... deinem Ring Gesellschaft zu leisten.“

Sebul überhörte den Spott und meinte: „Vielleicht hat die Frau Glück und wird von niemand ausgewählt.“

„Das wäre kein Glück, sondern Unglück für sie, denn hat sie den Tempel einmal betreten, darf sie nicht wieder gehen, ehe sie dort den schuldigen Dienst getan hat. Ich weiß von einer verkrüppelten Frau in Byblos, die drei Jahre im Tempel bleiben mußte; ihre Angehörigen versorgten sie während dieser Zeit treu mit Nahrung, bis sich ein verstümmelter Krieger ihrer erbarmte."

Sebul schauderte.

„Und nun bist du gekommen, um mich wieder zu finden", fuhr die Frau fort. „Es freut mich, daß ich dir gefallen habe. Dein Geschenk war aber auch besonders großzügig." Sie trat näher an ihn heran.

„Nein", stieß Sebul hervor, „ich habe meine Meinung geändert." Er wich vor ihr zurück.

Die Sona blickte ihn überrascht an, zuckte mit den Schultern und wandte sich der Aschera-Statue zu, vor der sie sich verbeugte und zu beten begann. Sebul schaute ihr interessiert zu. Sie verbeugte sich immer und immer wieder und geriet in eine Art Verzückung. Nun begann sie zu tanzen, erst langsam und dann immer wilder und wilder. Schweiß lief ihr von der Stirn und Speichel tropfte aus den Mundwinkeln. Der abstoßende Eindruck, den Sebul schon beim Anblick der Aschera-Statue bekommen hatte, verstärkte sich noch. Er wandte sich zum Gehen.

Als er die Tür öffnete, sah er, daß das Durcheinander auf dem Platz noch wilder geworden war. Da er auf den Stufen stand, konnte er den Platz gut übersehen. Ein nackter junger Mann, der eines der großen Opfermesser vom Altar an sich gerissen hatte, tanzte den wildesten Tanz, den Sebul je gesehen hatte. Eine große Menschenmenge hatte sich um ihn versammelt und schaute zu. Die Schreie des jungen Mannes erfüllten die Luft, sein Körper war mit Schmutz bedeckt, an manchen Stellen floß Blut aus Wunden, die er sich selbst beigebracht hatte. Während er wie im Rausch weitertanzte, fügte er sich immer weitere Wunden zu.

Plötzlich hielt er mitten im wildesten Tanz inne und stand still wie eine der Steinsäulen. Mit einem fürchterlichen Schrei ergriff er sein Geschlechtsorgan und trennte es mit einem einzigen wilden Schnitt von seinem Leib. Das Messer schleuderte er von sich und begann laut schreiend den Hügel hinaufzurennen. Zwischen seinen Beinen lief ein breiter Blutstrom aus seinem Körper. Die Menschen wichen vor ihm zurück und folgten ihm, bis er am Fuße der Stadtmauer zusammenbrach.

Zwei Baalspriester faßten ihn unter den Schultern und stellten ihn aufrecht. Einer hob die Hand und rief: „Ein neuer Priester! Ein neuer heiliger Mann! Er hat sich selbst dem Dienst für Baal geweiht. Seht ihn an, er wird von nun an Frauenkleidung tragen und mit uns im Tempel wohnen." Andere Priester eilten herbei und trugen den jungen Mann in den Tempel, wo er bis zu seiner Genesung gepflegt werden würde, um dann im Tempel zu dienen.

Sebul folgte der Menge nicht wieder zum Festplatz, sondern ging zurück zum Stadttor. Als er die wild feiernde Menge nicht mehr sehen konnte, hielt er an, lehnte sich gegen einen Baum und entspannte sich. Er konnte noch immer nicht ganz glauben, was er selbst miterlebt hatte. Wie betäubt setzte er seinen Weg zur Stadt fort.

4

Sebul wußte selbst nicht zu sagen, wie er nach Hause gekommen war. Das Haus lag im Dunkeln. Als er sein Schlafgemach betreten hatte, ließ er die Kleidung achtlos fallen und warf sich auf das Bett. Mit offenen Augen starrte er in die Dunkelheit. Sein Gehirn weigerte sich, nachzudenken. Endlich, nach geraumer Zeit, konnte er wieder Gedanken fassen. Unaufhörlich zogen die Bilder des Abends nun vor seinen Augen vorüber. Er sah die in Erregung tanzenden Menschen, den aufsteigenden Opferrauch, die Sona und den rasenden jungen Mann. Erschöpft schlief er für Augenblicke ein. Doch immer wieder schreckte er hoch, weil er meinte, den schrillen Lärm der Instrumente und das dumpfe Dröhnen der Pauken zu hören.

Dann, die Morgendämmerung nahte schon, drangen durch die wilden Bilder der heidnischen Orgie nach und nach kurze Abschnitte von Bibelworten, die er in seinem Leben schon oft zitiert hatte. Passagen der heiligen Rollen des Gesetzes, die er auswendig kannte, tauchten aus seinem Unterbewußtsein auf. Die Morgendämmerung fand Sebul betend. Doch er betete nicht in der monotonen Weise, die er sich bei der Verrichtung der öffentlichen Gottesdienste angewöhnt hatte, sondern es war ein leidenschaftliches Gebet. Zum ersten Mal in seinem Leben erfaßte er den wahren Wert der Worte des Gesetzes und ihre eigentliche Bedeutung. Er erkannte plötzlich, wie großartig die Jahwe-Religion war.

Nun begann er, das Gesetz und den Bund Jahwes, den dieser mit Israel gemacht hatte, sowie die Reden der Propheten, mit dem eigentlichen Sinn und den Orgien der Baals-Religion zu vergleichen und erkannte, welche schreckliche Last die Menschen mit dieser Religion trugen und in welche wunderbare Zukunft Jahwe das Volk Israel durch Seinen Bund führen wollte.

Der Hohe Priester setzte sich im Bett auf und überlegte. Dann erhob er sich, ging zu einer Truhe und wühlte darin, bis er ein einfaches Reisegewand fand. Dann wusch er sich kurz und zog das Gewand über. Das kalte Wasser hatte ihn erfrischt; und dann fühlte er plötzlich, daß sich in seinem Innern etwas verändert hatte. Zum ersten Mal hatte er nicht mehr das Gefühl der inneren Leere, sondern eine tiefe Freudigkeit und Erregung erfüllten ihn.

Sebul verließ das Haus und beschaffte sich einen Wagen und ein Pferd. In gemächlichem Trott umrundete er die Stadtmauer und lenkte das Gefährt zur vielbefahrenen Nord-Süd-Straße. Als er am Baalstempel vorbeifuhr, konnte er es sich nicht versagen, einen Blick auf den großen Platz zu werfen, obwohl dieser ihn jetzt abstieß. Auf der ganzen Fläche lagen vergessene Kleidungsstücke und andere Dinge.

Plötzlich kam ihm ein Gedanke. Er brachte das Pferd zum Halten und band es an einen Baum. Dann ging er quer über den Platz zum Altar, wobei er hoffte, vielleicht ein weggeworfenes Gefäß zu finden. Als er keines entdeckte, nahm er eines der Kleidungsstücke, breitete es vor dem Altar aus und sammelte ein Häufchen Asche vom Altar hinein. Dann schlug er das Kleidungsstück sorgfältig zusammen, um den Inhalt nicht zu verlieren, und ging zurück zum Wagen.

Bald war er auf der Straße, die nach Bethel führte. Die Straße beschrieb einen Bogen um den Berg Ebal, dessen Flanke steil und felsig emporragte. Jenseits des Ebal erhob sich der Gerizim, nicht ganz so hoch wie dieser, aber genauso felsig. Hier hatte Josua den Auftrag Moses erfüllt, daß die Israeliten, wenn sie in das verheißene Land einzogen und es eroberten, einen Altar für Jahwe bauen sollten. Josua hatte das Volk im Tal zwischen den beiden Bergen, nahe dem Brunnen, den Jakob 400 Jahre vorher gegraben hatte, versammelt. Josua hatte zwölf Männer, je einen aus den zwölf Stämmen Israels, erwählt. Diese mußten auf die beiden Berge steigen; je sechs auf den Ebal und sechs auf den Gerizim. Von dort aus riefen sie die Flüche und die Segnungen Jahwes über das versammelte Volk aus. Sebul konnte sich die Szene lebhaft vorstellen und dachte an die Worte, die vom Ebal herabdonnerten und in dem natürlichen Theater widerhallten:

„Verflucht sei, wer ein geschnitztes oder gegossenes Bild, einen Greuel für den Herrn, ... anfertigt.“

„Verflucht sei, wer seinen Vater oder seine Mutter mißachtet.“

„Verflucht sei, wer die Grenze seines Nächsten verrückt.“

„Verflucht sei, wer einen Blinden auf dem Wege irreführt.“

„Verflucht sei, wer das Recht von Fremdlingen, von Waisen und Witwen beugt.“

„Verflucht sei, wer sich mit dem Weibe seines Vaters vergeht, wer mit einem Tier Unzucht treibt, wer sich mit seiner Schwester oder mit seiner Schwägerin vergeht.“

„Verflucht sei, wer seinen Nächsten heimlich erschlägt.“

„Verflucht sei, wer sich durch Bestechung dazu bringen läßt, jemand zu erschlagen, unschuldiges Blut zu vergießen.“

„Verflucht sei, wer nicht alle Bestimmungen dieses Gesetzes durch ihre Erfüllung aufrecht hält.“

Nach jedem Fluch antwortete das gesamte Volk laut: „Amen!“ Und nachdem die Flüche verhallt waren, antworteten genauso laute Stimmen vom Berge Gerizim her und riefen die Segnungen des Gesetzes aus:

„Wenn du aber den Weisungen des Herrn, deines Gottes, gewissenhaft nachkommst, indem du auf die Beobachtungen aller Seiner Gebote, die ich dir heute zur Pflicht mache, bedacht bist, so wird der Herr, dein Gott, dich über alle Völker der Erde

erhöhen, und alle die folgenden Segnungen werden dir zuteil werden:"

„Gesegnet wirst du sein in der Stadt und gesegnet auf dem Felde."

„Gesegnet wird die Frucht deines Mutterleibes sein und die Frucht deines Ackers und die Frucht deines Viehs."

„Gesegnet wird dein Fruchtkorb und dein Backtrog sein."

„Gesegnet wirst du bei deinem Eingang sein und gesegnet bei deinem Ausgang."

„Der Herr wird deine Feinde, die sich gegen dich erheben, niedergeworfen vor dir erliegen lassen."

„Der Herr wird bei dir Segen walten lassen in deinen Speichern und bei allen deinen Unternehmungen und dich in dem Lande segnen, das der Herr, dein Gott, dir geben wird."

„Da werden dann alle Völker der Erde sehen, daß du mit Recht das Volk des Herrn genannt wirst."

„Der Herr wird dir Seine reiche Schatzkammer, den Himmel, auftun, um deinem Lande zu rechter Zeit den Regen zu spenden und alle Arbeiten deiner Hand zu segnen..."

Sebul hatte noch nie ernstlich über die Flüche und Segnungen des Gesetzes nachgedacht. Doch als er sie jetzt mit der Religion Baals verglich, dachte er überrascht: „Jahwe verheißt die gleiche Fruchtbarkeit wie Baal." Er dachte weiter über die Gesetze Jahwes nach, als er an Sichem und endlich auch an Siloh vorbeifuhr. Als es schon hoher Nachmittag war, lag Bethel vor ihm, seine weißen Mauern leuchteten in der Sonne. Die Reise war dem verweichlichten Sebul nicht leicht gefallen, doch der Anblick der Stadt ermunterte ihn wieder.

Vor sich, ein wenig neben der Straße, erblickte Sebul einen großen Baum. Dorthin lenkte er den Wagen und band das Pferd fest. Nun nahm er das Kleidungsstück, in das er die Asche vom Baalsaltar gewickelt hatte und bedeckte mit der Asche seinen ganzen Körper einschließlich des Kopfes und des Gesichts. Er wollte Ahija, dem Propheten, als ein Israelit in Trauer, Buße und Verzweiflung begegnen.

Sebul bestieg den Wagen wieder und lenkte ihn geradewegs

auf eines der Stadttore von Bethel zu. Die Straßen Bethels waren mit flachen Steinen gepflastert und gut gepflegt. Überall gingen Menschen ihren Beschäftigungen nach. Der dicke, über und über mit Asche bedeckte Mann erregte Aufsehen, doch der Priester fuhr zu schnell, so daß sich keine größere Zahl Neugieriger sammeln konnte. Er dirigierte sein Pferd zu dem einfachen Haus Ahijas. Da er sehr ermüdet war, betete er innerlich, der Prophet möge daheim sein.

An Ahijas Haus angekommen, band Sebul sein Pferd wieder fest und klopfte an. In der Tür erschien ein alter Mann, der eine abgetragene Robe von der Art trug, wie sie wohlhabendere Israeliten als Unterkleid trugen. Sein von vielen Falten durchfurchtes Gesicht wirkte ledern; er hatte stark hervortretende Backenknochen, und der Bart war nur noch dünn. Der ganze Mann wirkte gebrechlich. Doch die Augen waren ganz anders, sie blickten Sebul voller Wachsamkeit und Entschlossenheit an. Ohne ein Wort zu sagen betrachtete er fragend den mit Asche bedeckten Sebul.

„Ich bin Sebul, Priester von Samaria und Hoher Priester von Israel. Ich bin gekommen, um mit Ahija, dem Propheten, zu sprechen."

„Ich bin Ahija. Was bringt dich in Trauerkleidung zu mir?"

„Ich habe viel zu sagen und bin müde, deshalb bitte ich um Gastfreundschaft für diese Nacht."

Ahija war überrascht. Da er aber sein ganzes Leben ungewöhnliche Bitten gewöhnt war, trat er nach draußen, schloß die Tür hinter sich zu und sagte: „Dann komme mit mir, wir wollen zuerst das Pferd unterbringen." Der alte Mann ging voran, und Sebul führte hinter ihm das Pferd um das Haus herum auf einen kleinen Hof. Ahija zeigte mit dem Finger auf einen kleinen Stall. Sebul spannte das Pferd aus und führte es hinein und versorgte es mit Wasser und Futter.

Der Prophet hatte zugeschaut und deutete nun auf den rückwärtigen Hauseingang. Die beiden Männer betraten das Haus. Im Inneren brach der Prophet endlich sein Schweigen. Kalt sagte er: „Ich habe dich mittlerweile erkannt. Du bist tatsächlich Sebul, der sich einbildet, Hoher Priester in Israel zu sein. Ich konnte zuerst nicht glauben, daß du mit Asche bedeckt zu mir kommen würdest. Du mußt wissen, daß ich oft von dir gesagt habe, du seist ein Opportunist und würdest dein Mäntelchen immer nach dem Wind hängen. Warum bist du jetzt zu mir gekommen? Glaubst du, du kannst mir mit deiner Asche etwas vormachen?"

Sebul blickte den alten Propheten an, der so offene Worte sagte: „Was du sagst, stimmt", antwortete er, „doch das liegt jetzt hinter mir. Ich bin jetzt ein anderer Mann als der, gegen den du oft gesprochen hast."

Ahija runzelte die Stirn, schwieg aber. Sebul fuhr fort: „Und deshalb bin ich zu dir gekommen."

„Jeder Mensch kann sich ändern, das will ich dir zugestehen", bemerkte Ahija, „und deine Demut ist wirklich beeindruckend." Ahija wies mit einer einladenden Geste auf einen Stuhl, der neben dem Tisch stand, und Sebul setzte sich. Der alte Mann brachte eine tönerne Schüssel mit Wasser und einige Tücher. „Wasche dir die Asche ab", forderte er.

Während Sebul seinen Körper reinigte, sagte er: „Diese Asche ist vom Altar Melkarts in Samaria." Ahija blickte ihn nur wortlos an.

„Hör mich an, Ahija." Sebul begann vom Tempelbau, von den Ereignissen der letzten Nacht und von seinem inneren Kampf zu berichten. Während er erzählte, brachte der alte Prophet einen Topf von einem flachen Rost und setzte ihn auf den Tisch; dann brach er einen Leib Brot in zwei Teile und gab einen davon Sebul und setzte sich ihm gegenüber. Die beiden Männer tunkten das Brot in den Topf mit Fleischbrühe und begannen zu essen. Ahija, der sich immer über die Entwicklung der Baalsreligion in Israel auf dem Laufenden gehalten hatte, hörte aufmerksam zu. Endlich fragte er: „Und warum bist du zu mir gekommen? Suchst du Rat oder Trost?"

Sebul antwortete ernst: „Ich bin zu dir gekommen, weil du der angesehenste Führer aller Propheten Jahwes bist. Du mußt etwas tun, um die Baalsreligion aus dem Lande zu vertreiben."

„Was glaubst du, wofür ich mein ganzes Leben gekämpft habe?“

„Aber es braucht jetzt etwas anderes und ganz Neues. Der Kampf muß besser organisiert werden.“

Ahija schwieg und blickte nachdenklich vor sich hin. Endlich sagte er: „Ich bin alt und werde in den Scheol gehen, ehe der Kampf richtig begonnen hat.“

„Ich bin ein Priester“, erwiderte Sebul, „aber kein Prophet, und kann deshalb nicht sagen, was zu tun ist; aber es muß etwas getan werden, Ahija. Du mußt zu einem Entschluß kommen.“

„Ich habe seit vielen Jahren prophezeit und weiß, daß die Bemühungen, Menschen zu Jahwe zurückzurufen, genauso sind, als würde man einen Krieg führen müssen. Was mit mir geschieht, spielt dabei keine Rolle. Doch ich weiß, wenn ich sterbe, während ich den Kampf anführe, würde mein Tod so aussehen, als hätte Baal einen Sieg errungen.“

Sebul überlegte. Dann schaute er Ahija offen an und sagte: „Dann ist es deine Aufgabe, einen anderen Führer für diese Sache zu bestimmen, dem die Propheten folgen und den sie achten.“

Ahija schüttelte den Kopf. Langsam erhob er sich vom Stuhl, ging zum Fenster und blickte hinaus. Er war froh, schon alt zu sein und den Kampf, den ein Prophetenleben nun einmal mit sich brachte, nicht mehr lange führen zu müssen. „60 Jahre habe ich prophezeit“, dachte er, „und was ist dabei herausgekommen?“ Er hatte miterlebt, wie der eine Feind, die Philister, zusammenbrach. Dafür aber war Syrien immer mächtiger geworden und nun bedrohlicher, als die Philister je gewesen waren. Und im geistlichen Kampf war es ähnlich. Eine Auseinandersetzung folgte der anderen. Als er noch jung gewesen war, hatte er gehofft, ganz Israel zu Jahwe zurückführen zu können, doch dies war nicht geschehen. Ab und zu hatte es zwar Erweckungen und neues Interesse gegeben, doch dann waren immer wieder Rückschläge gekommen und die heidnischen Religionen hatten an Einfluß gewonnen. Und nun schien Gott etwas im Leben dieses dicken und einst so stolzen Priesters getan zu haben. Der alte Prophet drehte sich wieder um, blickte Sebul an und sagte langsam: „Kein Mensch kann für die Propheten einen Führer ernennen, aber vielleicht hat Gott einen Mann."

„Ich werde nach ihm suchen. Er muß gefunden werden", antwortete Sebul eifrig. „Es muß doch etwas geben, was ich tun kann."

Ahija hatte sich wieder gesetzt und blickte Sebul tief in die Augen. „Welchen Propheten würdest du denn vorschlagen, dem ich diese Aufgabe übertragen soll?" und wartete fragend. Als er keine Antwort bekam, fuhr er fort: „Ihr Priester müßt noch einiges über Propheten lernen. Unsere Aufgaben stehen nicht ein für allemal fest, wie das bei eurem Priesterdienst ist. Was, glaubst du, würde geschehen, wenn wir den falschen Mann als Führer auswählen?"

Wieder ließ er dem Priester Zeit zum Nachdenken, dann sagte er: „Ich denke, du unterschätzt Jahwe ein wenig. Glaubst du nicht, daß Er auch weiß, was geschieht? Höre, mein priesterlicher Freund: Jahwe hat schon vor vielen Jahren gewußt, daß eine solche Krise kommen würde; und du kannst sicher sein, Gott hat einen Propheten vorbereitet, um der Not zu begegnen. Zur rechten Zeit wird er auftreten und seine Aufgabe ausführen. Vielleicht tut er das dann anders, als wir uns dies jetzt vorstellen können, aber er wird es tun."

Sebul blickte den alten Propheten ernst an und fragte: „Bist du da wirklich so sicher?"

„Ganz sicher", antwortete Ahija mit tiefer Überzeugung.

★ ★ ★

Die Beschaffenheit des Landes war so, daß man ohne weiteres glauben konnte, von daher würde ein Prophet kommen. Der Jordanfluß trennte es geographisch und auch kulturell vom übrigen Israel. Die Bevölkerung dort züchtete Schafe und Rinder und lebte teilweise noch in nomadischer Weise. Sie schauten ein wenig mit Verachtung auf die seßhaft gewordenen Bauern westlich des Jordans, die auch Israeliten und Anhänger der Jahwe-Religion waren und trotzdem noch nebenbei den vielen Baalgöttern opferten, weil sie sich davon Fruchtbarkeit für ihre Felder erhofften.

Steil stiegen die Berge vom teilweise tropischen Jordantal empor und öffneten sich zu weiten Hochebenen. Große Flächen Weidelands wechselten sich mit felsigen Bergen ab, bis das Land nach und nach überging in die große östliche Wüste. Die Berge und Hügel waren wild, das Land weit und einsam, nur ab und zu unterbrochen von einem schnell dahinströmenden Bach oder Fluß; es war ein Tummelplatz für wilde und gefährliche Tiere.

Im Norden lag das Weideland der Zeltdörfer Jairs. Hier und da konnte man auf den ausgedehnten Weiden die schwarzen Ziegenhaarzelte der Beduinen sehen. Die primitiven Steindörfer waren winzig klein und hatten keine Namen. Jedes von ihnen versorgte auch die Familien der Nomaden, die ihre Herden im Sommer auf den Hochebenen weideten und im Winter in die Täler gezogen kamen. Die Menschen waren im Vergleich zu den Bauern auf der Westseite des Jordans noch unzivilisiert, rauh und ungepflegt.

Über dem Ackerland im Westen lag noch die Abenddämmerung, aber im Jordantal war es schon Nacht geworden, als Elia die Furt bei Beth-Sean erreichte. Das Tal war hier breiter, weil an dieser Stelle das Tal von Jesreel hier einmündete. Beth-Sean, die größte Stadt und der Hauptmarktplatz der Gegend, lag auf einem flachen Hügel etwa 150 Meter über dem Jordantal. Da der Jordan sich hier mehr ausbreiten konnte, war das Wasser seicht genug, um es im allgemeinen gefahrlos durchqueren zu können. Doch jetzt, wo es schon dunkel war, lag die Furt einsam und verlassen, obwohl bei Tageslicht hier reger Verkehr herrschte.

Elia stieg in das Wasser des Jordans. Das Äußere Elias glich der Rauhheit des Landes, das seine Heimat war. Seine starken Muskeln zeichneten sich unter dem dicken Haar, das fast seinen ganzen Körper bedeckte, gut ab. Lange, ungekämmte schwarze

Locken fielen unordentlich über seine breiten Schultern. Sein großer Kopf mit dem breiten Kinn saß auf einem nicht allzugroßen aber sehr kräftigen Körper, der durch die Sonne braungebrannt war. Der durchdringende Blick seiner schwarzen Augen zeigte, daß er unerschütterliches Vertrauen in sich selbst und seine Aufgabe besaß. Elia benutzte seine äußere Erscheinung oft, wenn auch unbewußt, um daraus Vorteile zu schlagen. Ein wilder Blick trat in seine Augen und sein Gesicht, wenn er predigte — und oft auch schon, wenn er nur an den Götzendienst des Volkes Israel dachte. Leute, die ihn nicht leiden konnten, nannten ihn einen Schwärmer und Fanatiker, doch die anderen Propheten sahen in ihm ihr Vorbild. Seine Stimme war kräftig, so daß er seine Gegner gewöhnlich mühelos überschreien konnte. Seine Bewunderer liebten ihn genauso sehr wie seine Feinde ihn verachteten und verhöhnten. Doch beide fürchteten ihn, weil er oft ganz unerwartet und unberechenbar an öffentlichen Plätzen erschien und Gerichtspredigten hielt. Seine Taktik, so überraschend aufzutreten, verunsicherte die meisten Menschen, war aber sehr wirkungsvoll.

Das Wasser ging Elia, der jetzt etwa in der Flußmitte war, ungefähr bis zu dem ledernen Hüftgürtel. Seinen schweren schwarzen Wollmantel hielt er hoch über dem Kopf, damit er nicht naß wurde. Auf der anderen Flußseite angekommen, stieg Elia zur Straße nach Beth-Sean hinauf. Die Torwächter waren gerade dabei, das mächtige Eichentor zu verschließen. Auf die Bitte Elias hin, ihn noch einzulassen, reagierten sie mit schweigendem Mißmut, wagten es aber nicht, mit dem Mann, den sie als einen Propheten erkannten, zu schimpfen. Elia nickte dankbar mit dem Kopf, betrat die Stadt und ging durch die Straßen seinem Ziel zu.

Rehabs Haus war einfach, aber aus solidem weißen Kalkstein erbaut. Zur Straße hin gab es nur die Tür und ein einziges Fenster. An der Rückseite des Hauses ging eine Treppe zum flachen Dach hinauf, auf dem an der einen Seite noch ein kleiner Raum erbaut war, der als Gästezimmer diente. Das Erdgeschoß bestand nur aus einem großen Raum, der auf einer Seite erhöht und mit Vorhängen abgeteilt war. Dieser Teil des Raumes diente als Schlafzimmer. Ein roh behauener Tisch und ebensolche Stühle standen im anderen Teil. An der gegenüberliegenden Seite stand ein großes Becken aus gebranntem Lehm, in dem im Winter Holzkohle und anderes Brennmaterial glühte und so genügend Wärme verbreitete. Die Hintertür führte zu dem großen offenen Hof, der mit einer Mauer aus in der Sonne gebrannten Lehmziegeln umgeben war.

Als Elia kräftig an die Tür klopfte, wurde sofort geöffnet. Rehabs Gesicht verzog sich zu einem breiten Lächeln, als er seinen alten Freund erkannte. „Willkommen, Elia!" rief er, umarmte den Propheten warm und küßte ihn auf beide Wangen. Er war um etliche Jahre älter als der Prophet und auch schon ein wenig dick zu nennen, bewegte sich aber erstaunlich schnell und elastisch. Man sah ihm seine Freude an, als er sagte: „Komm herein, komm herein, mein Prophetenfreund." Er zog Elia in das Haus, legte ein Kissen auf einen der Stühle, und ein anderes gegen die Rückenlehne. „Setz dich, mein Freund", sagte er mit einladender Handbewegung. „Mirjam!" rief er dann laut nach seiner Frau, die aber Elia schon entdeckt hatte und mit Verbeugungen herbeieilte, um ihn zu begrüßen.

Elia wusch sich Gesicht und Hände und setzte sich dann dankbar auf den durch die Kissen bequem gemachten Stuhl. Er war zwei Tage und eine Nacht ohne längere Pausen gereist und fühlte nun die Müdigkeit.

Mirjam beeilte sich, einen Feigenkuchen und einen Becher mit Wein vor dem Propheten auf den Tisch zu stellen. „Genau richtig, Frau, für den müden Reisenden", stimmte Rehab zu. „Du bist doch die beste Hausfrau, die es gibt. Iß und trink, Elia, und stärke dich." Elia griff dankbar zu, wurde aber noch mehr durch die Erzählungen seines Gastgebers, der ihn von seinen ernsten Gedanken abbrachte, als durch die Nahrung erquickt.

Rehab schilderte lebhaft das Ereignis des Tages. Ein Beduine hatte tagsüber die Jordanfurt durchquert. Sein Kamel war dabei störrisch geworden, im Wasser gestrauchelt und gestürzt, so daß es dabei völlig unter Wasser tauchte. Für den Beduinen war es sicher keine freudige Sache gewesen. Doch Rehab erzählte die Geschichte, wie der nackte Beduine mehrmals tauchen mußte, um das Kamel unter Wasser von seiner schweren Traglast zu befreien und es wieder aufzurichten, mit soviel Humor und so gestenreich, daß es auch den Propheten innerlich ein wenig erheiterte, obwohl er kein Wort dazu sagte.

Mirjam, die Hausfrau, rief die beiden Männer zum Abendessen. Heiße Fleischbrühe stand in einer irdenen Schüssel auf dem Tisch, und dazu gab es warmes, frischgebackenes Brot. Schweigend tunkten die Männer das Brot in die dampfende Brühe und genossen das Mahl. Endlich fragte Elia: „Rehab, was weißt du über den Bau des Baalstempels in Samaria?"

Das Lächeln aus Rehabs Gesicht, der immer noch an den Beduinen dachte, verschwand schnell. „Hast du von der Einweihung gehört?" fragte er zurück.

„Ja."

„Sie fand vor zwei Tagen statt, aber mehr weiß ich auch nicht darüber. Die Stadt war am nächsten Tag wie gelähmt. Aber die Leute sagen, daß es doch gar nicht so genau darauf ankäme; man könne ja beiden dienen — Jahwe und den Baalgöttern. Ich verstehe nicht viel davon, denn ich bin nur ein einfacher Händler. Doch ich weiß, daß die Leute, mit denen ich handle, nachdem die Propheten Melkarts mit ihnen gesprochen haben, rücksichtsloser, verschlagener und betrügerischer sind als vorher." Er griff nach dem einfachen Tonbecher mit Wein, nahm einen Schluck und fügte dann nachdenklich hinzu: „Doch da ist noch etwas anderes, Elia."

„Was gibt es noch?"

„Ich bekam von Obadja Nachricht, daß Isebel beabsichtigt, Melkart und Aschera zu den offiziellen Göttern des israelitischen Königshofs zu machen."

Elia sprang auf, preßte den Mund zusammen, ballte die Fäuste und schüttelte sie; ein wilder Blick trat in seine Augen und seine Muskeln zogen sich zusammen. Er machte den Eindruck eines Kämpfers, der im nächsten Augenblick auf seinen

Gegner losgehen wollte. Nur langsam entspannte er sich wieder und sagte dann: „Genau das habe ich befürchtet, Rehab. Jahwe möge dir deine Freundlichkeit gegen mich vergelten. Ich werde mich jetzt zurückziehen und schlafen, denn ich muß morgen früh sehr zeitig aufstehen. Ich werde euch dann nicht belästigen."

„Doch, du sollst uns gern belästigen", widersprach Rehab. „Ich werde mich nicht in deinen Auftrag einmischen, doch du sollst nicht mit leerem Magen unser Haus verlassen. Du kannst Jahwe besser dienen, wenn du kräftig bist. Um welche Zeit willst du fort?"

„Ich muß in Samaria sein, wenn König Ahab seine tägliche Audienzstunde hat. Ich gehe zu Beginn der letzten Nachtwache, kurz vor Anbruch der Morgendämmerung und werde den ganzen Weg rennen."

„Aber es sind bis Samaria etwa 35 Kilometer, Elia."

„Ich sagte schon, daß ich die Strecke rennen werde", wiederholte der Prophet.

Rehab schaute seinen Gast ein wenig erstaunt an. Er wußte, daß der Weg schwierig war, häufig ging es bergan; aber ihm war auch klar, daß Elia das tun würde, was er gesagt hatte. „Dann brauchst du um so mehr Kraft", meinte er, „wenn du aufstehst, wird das Frühstück fertig sein."

Elia legte Rehab beide Hände auf die Schultern und meinte: „Du bist doch der beste aller Freunde, Rehab."

Der Mond schien in dieser frühen Stunde, kurz vor der Morgendämmerung, nicht mehr, deshalb brauchte Mirjam eine Öllampe, um sehen zu können, damit sie das Frühstück für den Propheten zubereiten konnte. Als Elia erschien, waren die warmen Brotkuchen fertig. Rehab erschien mit einem großen Beutel aus Ziegenhaut und goß Elia daraus Wein ein. Sie aßen schweigend. Bald setzte Elia den Becher hin, nachdem er nochmals einen kräftigen Schluck genommen hatte. „Ich muß gehen", sagte er. Er umarmte seinen Gastgeber und küßte ihn wieder auf beide Wangen. „Auf Wiedersehen Rehab und Mirjam. Der Herr sei mit euch." Dann war er fort. Das Hoftor fiel hinter ihm in seine Riegelstellung zurück. Einen Augenblick lauschten Rehab und Mirjam noch den schnellen Fußschritten ihres Freundes, bis auch diese in der Dunkelheit nicht mehr zu hören waren.

5

Obadja war einen vollen Kopf größer als Elia, aber nicht so kräftig gebaut. Er kleidete sich immer tadellos, und sein kurz gehaltener Bart war sehr gepflegt. Eine Kopfbedeckung trug er nicht, hielt aber sein sorgfältig gekämmtes Haar mit einem Kopfband fest. An seiner Haltung war zu erkennen, daß er sehr viel Selbstvertrauen besaß, und der Blick seiner Augen zeigte einen wachen Verstand. Er war der Verwalter des gesamten königlichen Vermögens und bewies bei der Erledigung seiner Aufgaben immer große Fähigkeiten. König Ahabs Vertrauen zu ihm war sehr groß, so daß er ihn oft auch in Dingen um Rat fragte, die gar nichts mit seinen eigentlichen Pflichten zu tun hatten.

Elia stand vor Obadja und sprach leise aber drängend auf ihn ein. Sein durchdringender Blick unterstrich noch nachdrücklich seine Worte. Obadja schüttelte den Kopf und sagte: „Elia, dein Vorhaben ist zu gefährlich, ich kann es nicht tun."

„Doch, du kannst, Obadja; ich muß unbedingt zu Ahab."

„Er wird dich festhalten und öffentlich auf dem Marktplatz in den Stock sperren."

„Das wird er bei einem Propheten nicht wagen."

„Elia", meinte Obadja bittend, „Ahab läßt sich sehr von

Isebel beeinflussen. Er wird dich schon deshalb festsetzen, weil sie es will."

„Dann werde ich aufpassen, daß er mich nicht bekommt."

„Wie willst du das bewerkstelligen?"

„Ahab hat dafür gesorgt, daß seine Palastwachen alle treu am Glauben Israels festhalten, oder etwa nicht?"

„Das stimmt."

„Diese Wachen werden meine Flucht ermöglichen. Ehe Ahab andere Soldaten alarmieren kann, bin ich schon auf dem Weg zum Jordan."

„Warum kannst du nicht einfach mir mitteilen, was du dem König zu sagen hast? Ich werde es ihm dann ausrichten."

„Du weißt selbst, daß dies eine dumme Frage ist, Obadja."

„Du hast recht. Du bist also fest entschlossen?"

„Ich weiß, was ich tun muß."

„Also gut, ich werde dich zu Ahab bringen. Doch zunächst muß ich einen Umhang für dich finden. Die Wachen würden dich so nicht einlassen. Nicht einmal in meiner Begleitung."

In einen weiten Umhang eingehüllt, Haar und Bart frisch gekämmt, ging Elia neben Obadja her auf den königlichen Empfangssaal zu. An der Doppeltür blieben sie stehen, weil die beiden Wachen ihnen mit gekreuzten Speeren den Eintritt verwehrten. „Obadja", sagte einer der Soldaten respektvoll, „es tut mir leid, aber dein Name steht nicht auf der Liste derer, die heute vom König empfangen werden."

Obadja antwortete ruhig: „Es ist Elia, der Prophet, der mit dem König sprechen will."

Elia öffnete die vornehme Robe, die er trug, damit die Soldaten das Prophetengewand darunter erkennen konnten. Die Soldaten blickten sich gegenseitig unsicher und zögernd an. „Unser Herr und Gott Jahwe hat mir eine Botschaft für Ahab gegeben. Ihr werdet euch doch nicht gegen Jahwe stellen wollen?" sagte Elia ruhig aber bestimmt, als sei er König und nicht Ahab.

Der ältere Soldat faßte sich wieder. „Wir sind Diener Jahwes, Elia, und wir bewundern deinen Mut; doch wir sind auch

Soldaten und stehen unter dem Befehl des Königs. Ihr könnt nicht eintreten, wenn ihr nicht gerufen werdet. Warum bittest du nicht um eine Audienz?"

Elia schüttelte sich die Robe von den Schultern. Einen Augenblick stand er still da und sah die Soldaten scharf an: „Jahwe hat mich gerufen, das ist genug!" Damit schob er ganz überraschend die beiden Speere beiseite, riß die Tür auf und trat in den Thronsaal ein. Mit lautem Krachen schlug der aufgerissene Türflügel gegen die Wand. Der untersetzte Prophet ging mit schnellen Schritten auf den Thron zu. Ahab blickte überrascht auf, als Elia einige Schritte vor dem prunkvollen Thron stehen blieb.

Die anwesenden Hofbeamten blickten voller Erwartung auf den König. Die Wachen kamen schnell hinter Elia her und packten ihn an beiden Armen. Der König zögerte, faßte sich dann und sagte: „Der Behaarte! Du mußt Elia sein."

„Ich bin es."

Ahab gab den Soldaten einen Wink, Elia loszulassen. „Hier so einzudringen ist reichlich töricht von dir", wandte er sich wieder dem Propheten zu.

„Auch Könige haben ihre Macht nur von Jahwe erhalten. Du solltest es sein, der sich fürchtet, Ahab, nicht ich."

„Ich bin schon viel zu geduldig mit dir gewesen, Elia; sag, was du willst, und dann verlasse schnellstens den Raum", forderte der König.

Elia antwortete: „Ahab, was ist die Bedeutung meines Namens?"

Der König sprach mit amüsierter Duldsamkeit. „Elia heißt: »Jahwe ist Gott«. Ein recht passender Name für einen Propheten, meine ich."

„Du wirst die tiefe Wahrheit meines Namens noch kennenlernen, Ahab." Damit drehte sich Elia um und ging zur Tür zurück. Auf halbem Wege blieb er stehen, fuhr herum und blickte Ahab an. Der König hatte seine würdevolle Haltung wieder gewonnen und blickte mit leichtem Lächeln auf den Propheten. Dieser hob seinen Arm empor und streckte den Finger zum Himmel. Mit aller Lautstärke, die sein mächtiger Brustkasten erzeugen konnte, schrie er: „Ahab, hör meine Worte!“ Die Anwesenden fuhren erschreckt zusammen, auch Ahab richtete sich gerade auf. Wie gebannt blickten alle auf Elia, dessen Blick den König festhielt und der rief: „So wahr Jahwe, der Gott Israels lebt, in dessen Dienst ich stehe; es soll in den nächsten Jahren weder Tau noch Regen fallen, es sei denn auf mein Wort hin!“

Ahab war noch immer überrascht. Diesen Augenblick nutzte Elia, drehte sich um und verließ, an den ebenso verdutzten Wachen vorbei, mit schnellen Schritten den Thronsaal. Der König schien nun endlich aus seiner Erstarrung zu erwachen. Er fuhr auf. „Wachen“, schrie er mit ausgestrecktem Arm, „packt ihn!“ Elia hörte den Ruf und begann zu rennen, die Soldaten folgten ihm.

Die Soldaten, die am Eingang des Hofes Wache standen, drehten sich des Lärms wegen um. „Es ist Elia, der Prophet“, schrie einer der verfolgenden Soldaten. „Haltet ihn.“

Um zu zeigen, daß sie des Königs Befehl befolgten, machten die Wachen einen halbherzigen Versuch, Elia festzuhalten, ließen ihn aber durchschlüpfen. Der Prophet rannte auf die Straße und sprang in einen gerade vorüberfahrenden Wagen. Mit seinen kräftigen Händen schob er den Kutscher beiseite und schrie: „Bleib da!“ Dann packte er die Zügel und trieb die Pferde zu einem wilden Galopp in Richtung des Stadttors.

Die Menschen auf der Straße sprangen vor dem heranrasenden Wagen zur Seite. Mütter rissen ihre Kinder an sich, und Katzen und Hunde sprangen eilig davon. In vollem Tempo fuhr Elia durch das Stadttor und verlangsamte dann die Fahrt nur gerade so viel, um die scharfe Rechtskurve nehmen zu können. Ahab würde sicherlich Bogenschützen auf die Stelle der Mauer schicken, wo sich die Straße ihr wieder stark näherte. Deshalb drückte er nun dem überraschten Fahrer die Zügel wieder in die Hand, sprang von dem langsamer werdenden Wagen und rutschte und rollte den sehr steilen südlichen Abhang hinunter.

Der Palast war in Aufruhr. Die Soldaten, die sonst genau wußten, was zu tun war, rannten wie verwirrt durcheinander und versuchten dabei, einen diensteifrigen Eindruck zu machen.

Doch da sie alle treu zu Jahwe hielten, waren sie froh, daß Elia entkam.

Ahab war wütend. Er hatte Bogenschützen auf die Stellen der Mauern geschickt, von denen aus man die Straße erreichen konnte. Doch er war sich ziemlich sicher, daß der Prophet zu schlau sein würde, um sich dieser Gefahr auszusetzen. Er kehrte in den Audienzsaal zurück und setzte sich wieder auf den Thron. Gleich darauf wurde ihm Jehu gemeldet. „Laßt ihn sofort zu mir!" rief Ahab.

Jehu trat ein. Er trug nicht seine Uniform, sondern alltägliche Kleidung, doch an seiner Haltung sah man deutlich den Soldaten. Er war größer als der König und hatte breitere Schultern. Er konnte den König nicht leiden, hatte aber nie an Ungehorsam oder Untreue gedacht. Mit langen Schritten näherte er sich dem Thron und beugte kurz ein Knie vor dem König. „Zu deinen Diensten, Herr. Ein Bote berichtete mir, was vorgefallen ist."

„Dann", sagte Ahab grimmig, „weißt du auch schon, was du zu tun hast. Schicke so viele Leute aus, wie du glaubst, daß nötig sind, um Elia zu fangen."

„Das wird nicht leicht sein", antwortete Jehu.

Ahab runzelte die Stirn. „Davon bin ich überzeugt", sagte er. „Es scheint mir, daß jene Soldaten, die mit Elia sympathisieren, sich kaum groß anstrengen werden. Hätte ich Palastwachen, die weniger treu zu Jahwe hielten, müßte der Prophet jetzt als Gefangener vor mir stehen."

Jehu war überrascht über diese Worte, schwieg aber.

„Na, wir können es jetzt nicht mehr ändern", fuhr der König fort. „Aber sieh zu, daß du für den Auftrag, Elia zu suchen, Soldaten nimmst, die mehr Melkart verehren als Jahwe."

„Wie du befiehlst, mein König", entgegnete Jehu, verbeugte sich und ging.

Ahab saß schweigend und überlegte. Wie ernst war die Drohung Elias zu nehmen? Gewiß, der Prophet genoß unter dem Volk großes Ansehen; aber war das entscheidend? Allerdings wäre eine solche Drohung von seiten Elias sehr töricht, wenn er sich seiner Botschaft nicht gewiß sein würde. Ahab begann sich Sorgen zu machen. Die Vorratshäuser waren leer. In seinen Bemühungen, den Reichtum Israels zu mehren, hatte er alle überschüssigen Nahrungsmittel im Zuge seiner Handelsgeschäfte mit Phönizien verkauft. Sollte er die Karawanen noch zurückrufen, die mit diesen Nahrungsmitteln nach Tyrus unterwegs waren? Sollte er die noch vorhandenen Vorräte der Bauern beschlagnahmen? Aber wenn er dies tat, würde er damit allen anderen nur zeigen, daß er Elias Drohung ernst nahm.

Ein Flügel der großen Doppeltür öffnete sich, und eine Wache trat ein. „König Ahab, die Königin Isebel möchte mit dir sprechen", meldete der Soldat. Ahab nickte zustimmend. Als der Soldat den Weg frei gab, trat Isebel schnell ein; die Frauen in ihrer Begleitung ließ sie draußen stehen.

„Hast du schon davon gehört?" fragte Ahab.

„Bei so viel Aufruhr hört sogar ein Schwerhöriger, mein König und Gatte."

„Ich bin froh, daß du kommst. Du kennst dich in Religionsangelegenheiten besser aus als ich. Setz dich zu mir."

Mit wenigen Schritten war Isebel am Thron und setzte sich neben ihren Gatten. „Machst du dir wirklich Sorgen über die Sache, Ahab?" fragte sie.

„Nun ja, ich weiß um Elias Ansehen."

Isebel wurde blaß, und das Lächeln aus ihrem Gesicht verschwand. „Es war der Behaarte, der zu dir sprach?" fragte sie und schien dabei so etwas wie Achtung zu empfinden.

„Ja, es war Elia."

„Dann ist es allerdings ernst, Ahab, denn er redet nie leichtfertig."

Ahab starrte vor sich hin. Er war sich nicht sicher gewesen, ob er die Drohung ernst nehmen sollte oder nicht, doch als er Isebels Aufregung sah, vergingen alle Zweifel. Langsam sagte er: „Ich weiß mit Menschen umzugehen, Isebel, ich kann mit Königen und Armeen Krieg führen, aber ich kann nicht gegen die Götter kämpfen."

„Dann laß einen Gott mit dem anderen Gott kämpfen."

Ahab zog fragend die Augenbrauen hoch. Isebel fuhr fort: „Offensichtlich ist Jahwe ärgerlich über das Eindringen Melkarts in Israel, das Er als Sein Herrschaftsgebiet ansieht. Du brauchst also nur die Priester und Propheten Melkarts zusammenrufen und von ihnen fordern, daß sie Baal bitten, einzugreifen."

„Da du die Drohung so ernst nimmst, mache ich mir wirklich Sorgen", meinte Ahab. „Ich zittere, wenn ich an die Macht denke, die Jahwe in der Vergangenheit gar manchmal bewiesen hat. Ich sollte dir nie erlaubt haben, den Baalstempel zu bauen."

„Es war nur dann ein Fehler, Ahab, wenn Jahwe stärker ist als Melkart. Doch erweist sich Melkart als der Stärkere, war deine Entscheidung klug. Möchtest nicht auch du lieber dem stärksten der Götter dienen?" Ahab schwieg, deshalb fuhr Isebel fort: „Also gut, welche verschiedenen Möglichkeiten hast du?"

„Möglichkeiten?"

„Ich meine, du kannst dreierlei tun. Erstens kannst du Elias Warnung überhören und eine Trockenheit riskieren, denn Melkart wird dir nicht helfen, wenn du seine Hilfe nicht suchst. Zweitens kannst du dir Elias Drohung zu Herzen nehmen und die Propheten und Priester Baals aus Israel verbannen. Doch in diesem Fall zerstörst du auch die Verbindung zu Phönizien und bringst den Zorn Melkarts auf dich."

Ahab runzelte die Stirn. Der Zorn Melkarts machte ihm dabei wesentlich weniger Sorge als das Bündnis mit Phönizien.

„Außerdem kannst du als dritte Möglichkeit Melkart eine Chance geben, zu beweisen, daß er stärker ist als Jahwe", sagte Isebel. „In diesem Falle hast du beide Ziele erreicht."

„Wie meinst du das?"

„Die Israeliten werden sich freudig Melkart zuwenden, wenn Jahwe besiegt wird. Dann werden sich unsere beiden Länder enger zusammenschließen als je zuvor."

„Deine Art, die Dinge zu sehen und darzustellen, ist wirklich faszinierend."

Isebel zuckte mit den Schultern. „Du solltest einmal bedenken, mein lieber König, daß Aschera ja die Göttin der Fruchtbarkeit ist; da wird sie doch ganz bestimmt mehr Macht über den Regen und das Wachstum auf den Feldern haben als Jahwe. Ich denke, es ist sehr töricht von Jahwe, unseren Baal auf diesem Gebiet so herauszufordern."

Ahab lächelte überrascht. Von dieser Seite hatte er die Dinge noch nicht gesehen, es schien ihm aber alles sehr einleuchtend zu sein. Er rief nach den Wachen und befahl dem eintretenden Soldaten: „Sendet Boten aus und bittet alle weisen Männer Melkarts, die Priester und Propheten, zu mir zu kommen."

★ ★ ★

Elia rannte zu einem dichten Hain von Olivenbäumen, der am Fuße des Hügels von Samaria lag. Dort warf er sich hinter einige besonders dicke und eng nebeneinander stehende Bäume und preßte das Ohr auf den felsigen Boden. Doch er konnte kein Geräusch von rennenden Pferden vernehmen. Vorsichtig erhob er sich wieder, noch immer schwer atmend von dem schnellen Lauf, und blickte um die Bäume herum zur Stadt zurück. Wachposten liefen aufgeregt auf den Mauern hin und her und hielten nach allen Seiten Ausschau. Er wußte, daß er Ahab auf keinen Fall unterschätzen durfte.

Elia überlegte: Bethel oder Jericho würden die Orte sein, wo er in den Wohngemeinschaften und Schulen der Propheten am leichtesten Hilfe fand. Seine Freunde würden ihn verstecken. Andererseits war es sicher, daß Ahab ihn gerade dort auch zuerst suchen würde. Im Olivenhain hier war er nur für kurze Zeit sicher und konnte nicht einmal wagen, bis zum Einbruch der Nacht zu warten. Er mußte fort sein, ehe Ahab eine richtige Suche organisierte. Die Umgebung des Hains war zu offen, man würde ihn bald finden. Wohin also? Plötzlich kam ihm ein Gedanke: „Beth-Sean." Das ist der richtige Platz, Rehab wird mich sicherlich gut verstecken.

Schnell machte Elia einen Plan. Er würde den Olivenhain im schnellen Lauf verlassen, und zwar südwärts, in Richtung Bethel. Die Wachen auf den Mauern würden ihn sehen und Ahab die Richtung melden. Der König würde also den größten Teil seiner Soldaten im Süden suchen lassen, während Elia einen Bogen schlagen wollte, um nach Beth-Sean zu gehen.

Elia ging vorsichtig an den Rand des Hains, steckte die Enden seines Mantels in den Gürtel, damit er beim Rennen nicht behindert wurde und schaute sich nochmals sorgfältig um. Dann verließ er in wildem Lauf den schützenden Olivenhain und rannte über das offene Gelände. Rufe und Signale von der Mauer bestätigten ihm, daß er entdeckt worden war. Seine kräftigen Beine brachten ihn sehr schnell voran. Sorgfältig achtete er beim Rennen auf das Gelände, um nicht auf einen losen Stein oder in ein Loch zu treten. Dann lag eine kleine Senke vor ihm, die ihn für Augenblicke den Blicken der Wachen auf der Mauer verbarg.

Elia verschnaufte und blickte vorsichtig zurück. Die ausgestreckten Arme der Soldaten zeigten ihm, daß sie wußten, wo er war. Er beschloß, noch ein Stück weiter südwärts zu laufen, um die Wachen noch mehr irrezuführen. Einen Augenblick verschnaufte er noch, dann rannte er wieder los, tauchte aus der Senke auf und lief zur Straße, die südwärts nach Bethel führte. Hier sahen ihn auch die Wachen wieder.

Nach weiteren 500 Metern etwa machte die Straße einen scharfen Bogen um einen Hügel herum nach Osten. Jetzt konnte der Prophet von Samaria aus nicht mehr gesehen werden. Er verließ die Straße und kletterte einen schmalen, steil nach oben führenden Geländeeinschnitt hinauf. Der Hügel, den er bald erreichte, war voller Weinpflanzungen und Olivenhainen, so daß er hier überall gute Deckung fand. Er mußte nur zusehen, daß er schnell vorwärts kam, denn er hatte noch die große offene Straße zu überqueren, die nach Nordosten führte, ehe er dann ins Jordantal hinunter absteigen konnte.

Es war dem Propheten gelungen, alle Gefahrenstellen ungesehen zu passieren und das Jordantal zu erreichen. Er stand nun am Rand des breiten urwaldartigen Vegetationsstreifens, der sich an beiden Ufern des Jordans entlangzog und so dicht wie ein Dschungel war. Die Straße zur Jordanfurt und die Furt selbst wurden sicher überwacht, deshalb mußte sich Elia durch den Dschungel schlagen und den Fluß an einer tieferen Stelle durchschwimmen. Er kämpfte mit dem dichten Unterholz, mit umgefallenen und vermodernden Bäumen, mit Schlingpflanzen und mit blutgierigen Insekten, die in Schwärmen diesen sumpfigen Uferstreifen durchzogen. Oftmals mußte er auf den Knien durch das dichte Unterholz kriechen und dabei noch auf Schlangen achtgeben, die hier ebenfalls in großer Zahl lebten.

Endlich erreichte er das morastige Ufer des Jordans, der hier recht breit und sumpfig war. Er watete in das Wasser und fühlte, wie bei jedem Schritt seine Sandalen in dem Schlamm des Flußbodens versanken. Dann wurde das Wasser zu tief und er begann zu schwimmen, wobei er sich schräg flußaufwärts hielt, um nicht von der Strömung abgetrieben zu werden. Als seine Füße wieder den Grund berührten, watete er unter großer Anstrengung zum Ostufer. Noch lag der beschwerliche Weg durch den Dschungelstreifen auf dieser Seite vor ihm. Er ruhte ein wenig aus und kämpfte sich dann nochmals durch Morast, Unterholz, Schilfrohr, Dornbüsche und andere Schwierigkeiten, bis er auch dieses Hindernis noch überwunden hatte.

Mittlerweile war es schon fast ganz dunkel geworden, was hier unten im Jordantal schneller ging, als auf den Höhen rechts und links. Elia sah sich nach einem Platz um, wo er einige Stunden ruhen konnte und fand einen Kiesstreifen, der eine kleine Vertiefung aufwies. Der Platz war schlecht genug zum Schlafen, aber hier würde es wenigstens weniger Sandflöhe und andere Insekten geben als auf dem Lehm- und Sandboden. Er versuchte sich so gut wie möglich auf seinen Mantel zu legen, und weil er so erschöpft war, schlief er doch bald ein.

Noch vor Sonnenaufgang war Elia wieder wach. Beim ersten Morgengrauen begann er nach wilden Feigen, Aprikosen und Beeren zu suchen, um seinen Hunger zu stillen. Als er dann die gefundenen Früchte verzehrte, stieg eine gewisse Unruhe in ihm auf. Während er nachdachte, wurde ihm klar, welche Spannung jetzt am Königshof herrschen mußte. Ahab wußte, daß Jahwe keinen Regen und Tau mehr fallen lassen würde, ehe nicht der Prophet des Gottes Israels das Ende der Dürre ankündigte. Deshalb mußte der König unter allen Umständen den Propheten finden, um ihn zu zwingen, dies zu tun. Je länger die Dürre anhielt, um so mehr würde man also nach Elia suchen.

Elia dachte an Rehab. Ihre Freundschaft war vielen Leuten bekannt, deshalb würde man sicher auch Rehabs Haus scharf bewachen. Im ganzen Lande würden Soldaten nach ihm suchen, und Belohnungen würden ausgesetzt werden, um ihn zu finden. Früher oder später würde ihn also doch jemand verraten, ganz gleich, wo er sich versteckte. Als ihm dies klar wurde, begann er zu beten und Gott um Antwort zu fragen, was er tun sollte. Hoch über ihm kreisten lautlos einige Geier. Vom dichten Uferdschungel her waren die Stimmen vieler Vögel zu vernehmen, Heuschrecken zirpten überall und ab und zu konnte man eine Biene summen hören. Doch Elia bemerkte nichts davon, sondern konzentrierte sich auf Gott.

Nach längerer Zeit erhob Elia sich. Er hatte in seinem Inneren ganz klar das Reden Gottes vernommen. Es war so deutlich gewesen, daß er fast glaubte, Gott habe laut zu ihm gesprochen. Der Bach Krith sollte für einige Zeit sein Aufenthaltsort sein. Das kleine Tal war so unbedeutend und einsam, daß auch er es noch nie aufgesucht hatte. Die Raben würden ihn dort füttern, hatte Gott gesagt. Es kam ihm überhaupt nicht in den Sinn, darüber nachzudenken, wie unwahrscheinlich eine solche Sache war.

Der Bach Krith lag nicht allzuweit entfernt. Er hätte nur, als er gestern spät abends den Fluß überquerte, südwärts gehen müssen statt nordwärts. Er machte sich auf den Weg und erreichte nach einiger Zeit den Punkt, an dem er gestern den Jordan überquert hatte. Von hier an wurde das Tal nach Süden zu merklich enger. Die Felsen schoben sich zu beiden Seiten oft nahe an das Wasser heran. Überall lag Geröll herum und Holz, das der Fluß mit dem Frühlingsregen anschwemmte. Der Weg war sehr beschwerlich, und die kobraähnlichen Sandvipern, die es hier häufig gab, waren eine ständige Gefahr. Elia wich den angespülten Gestrüpphaufen sorgfältig aus und hielt scharf Ausschau nach Löchern im Sand. Die vermodernde Vegetation und die drückende Hitze in dem engen Tal machten die Luft schwer und unangenehm. Manchmal wurde das Tal so eng, daß Elia ins Wasser steigen mußte.

Endlich erreichte der Prophet sein Ziel. Der Bach Krith, der von den östlichen Höhen her in den Jordan floß, hatte im Laufe der Zeit einen tiefen Einschnitt in den Fels gefressen. Der Prophet wollte seinen Augen nicht trauen. Da der Regen der Frühlingszeit längst vorbei war, lag das Bachbett ausgetrocknet vor ihm. Er blickte die schmale Schlucht hinauf, die ganz dicht mit Oleanderbüschen bewachsen war. Es würde nicht einfach sein, in das enge Tal einzudringen.

„Kann ich mich geirrt haben?" überlegte Elia. „Hat mich Jahwe wirklich hierher geführt?" Doch dann schüttelte er die Gedanken ab und begann sich in die enge Schlucht hineinzuarbeiten. Außer dem Buschwerk versperrten viele heruntergestürzte Steine und Geröll den Weg. In dem Gewirr würde es auch kaum möglich sein, irgendwo liegenden Schlangen auszuweichen. Er mußte sich jeden Schritt zäh erkämpfen.

Und plötzlich war er angekommen! Ein Felsbecken mit klarem Wasser, das durch ein kleines Rinnsal gespeist wurde, das aus dem weißen Kalkstein mehr tröpfelte als floß, hatte einen wunderschönen Garten hervorgebracht. Wohin das Wasser aus dem Kalksteinbecken dann versickerte, konnte Elia nicht erkennen. Eine Höhle, wie man sie in Kalkgestein häufig findet, war dicht daneben.

Elia kniete sich neben den kleinen Teich nieder und trank in durstigen Zügen von dem klaren Wasser. Es war kühler als das des Jordans und viel besser. Erschöpft setzte er sich dann an den Rand des Teiches, zog seine Sandalen aus und badete seine Füße in dem kühlen Wasser. Als er wieder ein wenig Kraft gesammelt hatte, erhob er sich, zog seine Kleidung aus und wusch sich den Schlamm vom Jordandschungel und den Staub seiner

Wanderung ab. Anschließend wusch er seine schmutzige Kleidung, sowie sein Haar und seinen Bart. Dann setzte er sich und aß die in einem kleinen Gefäß mitgebrachten restlichen Früchte, wobei er sich viel Zeit ließ. Nach einer geraumen Weile erhob er sich, zog seine Kleider, die in der heißen Sonne schon fast völlig trocken waren, wieder an und ging zur Höhle. Dort sank er fast sofort in einen tiefen Schlaf der Erschöpfung.

6

Sebul öffnete die Tür und blickte erstaunt auf seinen Besucher. Seine Gesichtszüge verrieten seine Überraschung, als er zurücktrat und den anderen mit einer Handbewegung aufforderte, einzutreten. „Dein Besuch wundert mich", sagte er.

„Das sehe ich." Obadjas Antwort war kurz und verriet die versteckte Feindschaft, die zwischen den beiden Männern herrschte.

„Ein Glas Wein?"

„Nein, danke."

„So nimm wenigstens Platz." Sebul deutete auf einen bequemen Stuhl, über den eine dicke bunte Decke gelegt war. Der gerechte Obadja. Wie oft hatte sich der Hohe Priester in der Vergangenheit ein Vergnügen daraus gemacht, Obadja wegen seiner engen religiösen Ansichten ein wenig zu verspotten. Jetzt fühlte er seltsamerweise den Wunsch, diesen Mann zu beeindrucken.

„Ich werde mich nicht erst setzen, denn ich habe nur wenig zu sagen."

„Aber ich möchte über eine bestimmte Sache mit dir reden und bin deshalb froh, daß du gekommen bist. Setz dich doch einen Augenblick."

Obadjas Zögern verriet sein Mißtrauen. Doch dann ging er zu dem Stuhl und ließ sich würdevoll nieder. Jede seiner Bewegungen zeigte seine große Zurückhaltung.

Sebul wartete, bis Obadja saß und sagte dann: „Zuerst deine Angelegenheit."

Der Verwalter des königlichen Vermögens sagte: „Ich bin beauftragt worden, dir zu sagen, daß die Sitzordnung an der königlichen Tafel geändert worden ist. Es gibt von jetzt an für die Oberpriester Melkarts und Jahwes Tische mit gleicher Rangordnung. Beiden steht die gleiche Ehre zu."

Sebul antwortete nicht. Schweigend starrte er vor sich hin. Dann ging er zum Fenster und schaute eine ganze Zeit hinaus. Obadja beobachtete ihn schweigend und wachsam. Er war entschlossen, sich in keine Intrige des Priesters einspannen zu lassen. Dann drehte Sebul sich um und schaute seinen alten Feind offen an. Langsam aber entschlossen sagte er: „Ich kann mit dem Oberpriester Melkarts nicht die gleiche Ehrenstellung teilen."

Obadja richtete sich ein wenig auf. „Ich glaube, Sebul, du hast mich nicht richtig verstanden. Die Königin bittet dich nicht darum, die Ehre zu teilen, sondern sie befiehlt es. Es wäre klug, darüber nicht zu diskutieren."

„Die Königin?"

Obadja nickte. „König Ahab hat Isebel in allem, was die Religion betrifft, die volle Autorität übertragen. Was ich dir jetzt gerade gesagt habe, ist ihr Befehl."

„Ich werde mich nicht an einen Tisch setzen, wo ich mit dem Oberpriester Melkarts die gleiche Ehrenstellung teilen muß."

Obadja erhob sich ärgerlich und sagte hart: „Deine Intrigen und Spiele langweilen mich, Sebul. Ich bin kein Anfänger mehr und kenne dich schon lange. Mach mir doch nichts vor. Deine Streitigkeiten um Ehrenplätze und Rangordnungen machen mich krank. Ich bin sicher, heute abend wirst du an der königlichen Tafel sitzen und über das ganze Gesicht lächeln."

Sebuls Stimme war fest, aber überraschend ruhig. „Du

kannst der Königin Isebel meine Entscheidung mitteilen. Ich werde nicht ...“

„Deine billigen Spiele um Macht und Einfluß sind töricht, Sebul. Du hast dich schon bisher in deinen Machtkämpfen so listig verhalten. Ich kann dir nur versichern, daß dir an der Tafel kein höherer Platz als der des Oberpriesters Melkarts eingeräumt wird.“

„Dann werde ich mich an einen viel niedrigeren Platz setzen.“

Die beiden Männer starrten sich an. Sebul konnte Obadjas Haltung verstehen. Er hatte dem königlichen Finanzverwalter in der Vergangenheit oft Anlaß gegeben, ihm zu mißtrauen. Was er nicht sah, war, daß Obadja im Innern unsicher wurde, denn Sebuls Haltung schien im Gegensatz zu früher doch merklich verändert zu sein.

Sebul brach das Schweigen: „Obadja, du hast durch meine frühere Haltung allen Grund, an der Aufrichtigkeit dessen, worüber ich mit dir reden will, zu zweifeln.“

Obadja schwieg noch immer und zeigte keine Regung. Sebul entschloß sich, die Angelegenheit von einer anderen Seite her zu beginnen. „Ich war bei Ahija“, begann er und bemerkte, wie der königliche Verwalter jetzt unsicher wurde. „Ich habe nicht die Absicht, dir von allen Ereignissen und Enttäuschungen zu berichten, die mich zu meiner jetzigen Haltung gebracht haben, Obadja, doch mein Interesse ist jetzt darauf gerichtet, die Baalsreligion von unserem Königshof und unserem Land zu vertreiben.“

Kalt antwortete Obadja: „Es ist, wie ich vermutet habe. Ich bedauere nur, daß Jahwe keinen Hohen Priester hat, der zwar die gleichen Ziele verfolgt wie du jetzt, aber aus anderen Gründen.“ Er wandte sich der Tür zu.

Überraschend schnell versperrte ihm der dicke Priester den Weg: „Obadja!“ Der Finanzverwalter richtete sich noch höher auf und blickte Sebul hart an. „Obadja“, sagte Sebul nochmals, „ich rechne nicht damit, daß ich gewinnen kann.“

„Ich glaube, da hast du unzweifelhaft recht. Aber da dies so ist, nehme ich nicht an, daß du gerade mir, der ich so lange dein Gegner gewesen bin, erzählen willst, was du damit zu erreichen hoffst."

„Doch, genau das will ich", antwortete Sebul. „Ich möchte nicht den Eindruck erwecken, daß ich glaubte, die Religionen von Jahwe und Melkart könnten nebeneinander leben und sich gegenseitig ertragen. Das ist nicht möglich, weil sie sich in zu vielen Dingen genau widersprechen. Wenn Jahwes Anhänger versuchen, sich auch mit Melkart zu arrangieren, dann wird Melkart gewinnen. Die Fronten müssen klar gezogen werden, so daß jeder weiß, daß er zwischen den beiden Religionen zu wählen hat und nicht beide haben kann."

Obadja ging zum Stuhl zurück und nahm langsam wieder Platz. Seine Gesichtszüge hatten sich entspannt, und in seinen Blick war so etwas wie Wärme getreten. „Sebul, ich wünsche mir, daß ich dir wirklich trauen kann in dem, was du jetzt gesagt hast."

„Ich weiß, daß es Zeit brauchen wird, bis du mir vertraust, denn ich habe dich zu oft enttäuscht. Doch ich fürchte, in der jetzigen Lage bleibt keine Zeit dafür. Du magst also über mich denken, was du willst, aber meine Entscheidung im Blick auf die Sitzordnung an der königlichen Tafel ist endgültig."

„Du sprichst jetzt so offen, wie du es vorher nie getan hast", erwiderte Obadja. „Deshalb will auch ich offen sein. Ich will deine neue Entscheidung und Haltung anerkennen, aber nur bis zu einem gewissen Punkt. Ich werde dich so lange unterstützen, wie deine Handlungen mit dem, was du jetzt sagst, übereinstimmen. Doch sollst du wissen, daß ich dich sorgfältig beobachten werde, denn ich möchte nicht in irgendwelche Intrigen, die du vielleicht vorhaben könntest, hineingezogen werden."

„In Ordnung; es gibt gar keine andere Möglichkeit", stimmte Sebul zu.

Obadja erhob sich. Langsam ging er auf Sebul zu. Dann packte er ihn bei den Oberarmen, zog ihn an sich und küßte ihn auf beide Wangen. „Ich hoffe sehr, daß diese Unterredung einen neuen Anfang in unserem gegenseitigen Verhältnis schaffen wird."

„So sei es", nickte Sebul. „Noch eins: Weißt du etwas Neues von Elia?"

„Nichts. Er ist spurlos verschwunden. Die Suche ist sehr gründlich gewesen und wird noch fortgesetzt, doch niemand in Israel kennt das Land so wie Elia. Vielleicht versteckt er sich in einer der vielen tausend Höhlen in der Wüste."

„Und es wird weiter gesucht?" wollte Sebul wissen.

„Es muß so lange weiter gesucht werden, bis es regnet. Wenn Jahwe die Wasser des Himmels durch den Mund Seines Propheten kontrolliert, wird Aschera ihr Gesicht und den Einfluß verlieren. Wenn man Elia finden kann, wird Isebel ihn zwingen, die Dürre zu beenden. Dann wird sie erklären, Aschera habe Jahwe dazu gezwungen, nachzugeben."

„Überall im Volk redet man über die Angelegenheit. Elias Prophezeiung hat sich rasch verbreitet." Sebul lächelte und dachte an seinen Besuch bei Ahija. „Es scheint, Jahwe hat den richtigen Mann für den Kampf mit Baal gefunden."

„Ja, Elia hat die Herzen des Volkes für sich gewonnen. Deshalb ist ja Isebel auch gezwungen, dir an der Königstafel noch den gleichen Platz wie dem Oberpriester Melkarts einzuräumen."

„Und sie glaubt, damit die Aufregung des Volkes beruhigen zu können?"

„Ja." Obadjas Gesichtszüge wurden wieder härter. „Der Königin wird deine Antwort nicht gefallen, Sebul."

Der dicke Priester kicherte. „Dann muß Isebel sich also etwas anderes einfallen lassen."

Ernst nickte Obadja. „Das wird sie ganz bestimmt." Damit öffnete er die Tür und verließ den Raum. Sebul sah ihm nach, bis er seinen Wagen bestiegen hatte und zum Palast zurückfuhr.

★ ★ ★

Isebel befahl gerade einem Boten, zu Meor-Baal zu gehen und ihn herbeizurufen. Obadja war äußerlich ruhig wie immer, doch innerlich mußte er sich zur Ruhe zwingen, weil er wußte, welches Unheil jetzt kommen würde. ,,Meine Königin . . .'' sagte er mit einer Verbeugung. Sie fuhr zu ihm herum und starrte ihn ärgerlich an. ,,Meine Königin, ich spreche mit allem Respekt zu dir, doch ich bin durch des Königs Befehl gebunden, den er mir nochmals eingeschärft hat, daran zu erinnern, daß den Propheten Jahwes und allen Anhängern Jahwes kein Leid zugefügt werden darf und man sie auch bei ihrem Gottesdienst nicht hindern darf.''

,,Wie kannst du dich so gegen die Autorität deiner Königin stellen'', fuhr Isebel auf. Obadja merkte, wieviel Mühe sie sich gab, um sich wieder unter Kontrolle zu bekommen. ,,Du weißt doch, daß Ahab mir volle Autorität über alle religiösen Angelegenheiten in Israel eingeräumt hat. Sein Befehl, den du mir jetzt noch einmal wiederholt hast, hat nicht die Möglichkeit einer Empörung eingeschlossen.''

,,Einer Empörung?'' fragte Obadja erstaunt.

,,Wie würdest du denn die Weigerung des Hohen Priesters, auf dem ihm angewiesenen Platz zu sitzen, bezeichnen? Noch nie hat es am Hof des Königs eine solche Unverschämtheit gegeben.'' Isebel richtete sich voll auf und fuhr hochmütig fort: ,,Höre, Verwalter des königlichen Haushalts, vielleicht sollte ich dir einmal ganz klar sagen, zu welch einer ernsten Angelegenheit auch deine Treue gegenüber Jahwe noch werden kann.'' Sie machte eine kleine Pause, um die Spannung zu erhöhen, und sagte dann triumphierend: ,,Dein König Ahab hat Melkart Opfer gebracht und um seinen Segen gebetet, ehe er an die nördliche Grenze zog, um gegen den Syrer Benhadad zu kämpfen.''

Obadja fühlte, wie sich die Muskeln in seinem Nacken und Wangen zusammenzogen. Ihm war klar, daß Isebel ihm einen unerwarteten Schlag versetzt hatte. Auch die Königin spürte dies, nutzte ihren Erfolg aus und fuhr fort: ,,Obadja, unserem König Ahab geht es viel mehr um das Wohlergehen Israels, als um die Hilfe durch einen schwachen Stammesgott. Melkart und

Aschera sind viel stärker als Jahwe. Es ist deshalb nur logisch, daß Ahab die Hilfe des Stärkeren sucht. Und es wird nicht mehr lange dauern, Obadja, dann wirst du entweder deinem Gott oder deinem König und deiner Königin untreu werden müssen. Und wenn dieser Tag kommt, solltest du eine wirklich kluge Entscheidung treffen."

Obadja gab den Blick der Königin ruhig zurück und sagte fest: „Ich werde dann weise entscheiden, Königin."

In diesem Augenblick wurde die Tür geöffnet und ein Soldat meldete die Ankunft Meor-Baals. Auf die Handbewegung Isebels hin gab der Soldat die Tür frei und der Priester Baals trat ein. „Ah, mein verehrter Priester", rief Isebel, „du hast dich sehr beeilt, zu kommen."

„So, wie du befohlen hast, meine Königin."

„Meor-Baal, wir haben einige Schwierigkeiten mit einem plötzlich dickköpfig werdenden Hohen Priester Jahwes."

„Sebul?" fragte Meor-Baal überrascht.

„Ich kenne keinen anderen Hohen Priester Jahwes."

„Entschuldige meine Überraschung, Königin, aber ich habe so etwas nicht erwartet. Weißt du, was er plant?"

„Nein, nur daß er sich weigert, an der königlichen Tafel den Platz einzunehmen, der ihm angewiesen wurde."

Meor-Baals Gesicht nahm einen ernsten Ausdruck an. „Meine Königin, das ist nicht gut. Sebul versucht mit seinem Spiel die Sympathie des Volkes zu gewinnen."

„Welche Vorschläge hast du zu machen?" fragte die Königin.

„Ich weiß nicht. Einen höheren Platz können wir ihm nicht geben; wir haben zu hart gekämpft, bis der Baalsgottesdienst nun endlich gleichberechtigt ist in Israel. Sebul hat wirklich einen taktisch klugen Zug gemacht."

„Du wirst ihn vernichten." Isebels Augen loderten zornig. Obadja hielt die Luft an. Eine so dramatische Zuspitzung hatte er nicht erwartet. „Sein Tod muß wie ein Unfall aussehen", fuhr Isebel fort. „Er ist bei dem Volke nicht sehr populär, deshalb wird man ihn nicht lange betrauern."

Viele Gedanken gleichzeitig rasten durch Obadjas Kopf. Er sagte: „Meine Königin, du weißt, wo meine Sympathie liegt, deshalb werde ich gar nicht erst versuchen, sie zu verbergen. Doch ich möchte dich etwas fragen: Wenn der Hohe Priester Jahwes stirbt, muß es einen Nachfolger geben. Was hättest du dann gewonnen?"

Meor-Baal mischte sich ein. Mit einem hinterhältigen Blick auf Obadja sagte er: „Meine Königin, dürfte ich einige Augenblicke allein mit dir reden?"

Isebel starrte Obadja kalt und überlegen an. Sie antwortete: „Nein, Meor-Baal, ich denke, des Königs Verwalter sollte über alle offiziellen Dinge des Hofes Bescheid wissen."

Der Baalspriester nickte und fuhr fort: „Ist es nicht so, daß Sebul selbst unrechtmäßig das Amt des Hohen Priesters einnimmt?"

Isebel lehnte sich vor: „Unrechtmäßig?"

„Ja. Sebul behauptet doch, Hoher Priester zu sein. In unserer Baalsreligion gibt es nur einen Hohen Priester, er hat seinen Sitz in Byblos. Ebenso kann es doch nur einen rechtmäßigen Hohen Priester der Jahwereligion geben, und dieser residiert in Jerusalem. Mit welchem Recht behauptet Sebul dann, Hoher Priester Jahwes zu sein?"

Isebel lehnte sich zurück. „Ich begreife", lächelte sie.

„Wir könnten also Sebul als falschen Hohen Priester hinrichten lassen", fuhr Meor-Baal fort. „Du hast selbst gesagt, daß er beim Volk nicht sehr beliebt ist. Wir könnten vorgeben, wir tun dies, weil wir die Jahwe-Religion reinigen wollen."

„Ausgezeichnet, Meor-Baal", triumphierte Isebel. „Die Fanatiker Jahwes sind dann ohne priesterliches Oberhaupt. Übernimm die Aufgabe und führe sie gut aus."

Mit einer Verbeugung verließ Meor-Baal den Raum. Die Königin wandte sich wieder Obadja zu: „Erkennst du nun die Stärke Melkarts, mein guter Verwalter? Du wärst töricht, wenn du deinen schwachen Gott weiter beschützen wolltest." Mit einer Handbewegung fügte sie hinzu: „Du kannst gehen."

Obadja verbeugte sich und entfernte sich ebenfalls. In seiner üblichen würdigen Haltung ging er über den Hof, doch die Gedanken in seinem Kopf überschlugen sich: „Warum hat Isebel dafür gesorgt, daß ich ihre Pläne, die sie mit Sebul hat, erfuhr? War es ein Fehler? Nein, sie ist zu klug, um solche Fehler zu machen. Warum dann? Vielleicht soll ich Sebul warnen? Aber aus welchem Grund? Er ist zu schwerfällig, um mit Aussicht auf Erfolg flüchten zu können. Außerdem wird die Königin Sebul sowieso schon bewachen lassen. Ich könnte nicht einmal so nahe an ihn herankommen, um ihn zu warnen. Aber vielleicht will sie mir auf diese Weise eine Falle stellen?"

Immer und immer wieder überlegte er: „Was wird Isebel als nächstes tun? Und was muß mein nächster Schritt sein?" Langsam kam Ordnung in seine Gedanken. Für Sebul konnte er nichts mehr tun. Doch Isebel würde diese Gelegenheit benutzen, um einen totalen Krieg gegen die Jahwe-Religion zu beginnen. Sie würde deshalb auch versuchen, seine, des königlichen Verwalters, Untreue zu beweisen oder ihn zwingen wollen, auf ihre Seite zu treten.

Obadja hatte seine eigenen Gemächer erreicht und zog sich sofort in einen kleinen Raum hinter seinem großen Arbeits- und Empfangszimmer zurück. Durch das Fenster des Raumes konnte man auf einen gepflegten Garten mit Blumen, blühenden Oleanderbüschen und Palmen sehen. Obadja blickte lange Zeit nachdenklich hinaus und seufzte dann: „Ach, daß die Welt so friedlich wäre wie dieser Garten."

Sorgfältig dachte er nun über die Lage der Jahweanhänger nach. Ahab, der sie bisher immer beschützt hatte, war in den Krieg gezogen. Außerdem kümmerte er sich nicht viel um religiöse Angelegenheiten und würde am Ende dem zustimmen, was Isebel angeordnet und unternommen hatte. Die Jahweanhänger hatten keinen anderen angesehenen und starken Führer als Elia; und der versteckte sich irgendwo. Außerdem hatten sich viele Israeliten von den neuen Ideen und der moralischen Verderbtheit der Religion Melkarts und der Aschera anstecken lassen. Jedenfalls war der Einfluß der Baalsreligion in Israel überall auf dem Vormarsch.

„Ach, diese wetterwendische öffentliche Meinung", dachte Obadja. Sie änderte sich wirklich immer wieder einmal, so wie die Gezeiten des Meeres. Und jetzt schwammen immer mehr Israeliten mit der Flut der Baalsreligion mit. Doch wenn Jahwe wirklich der große und allmächtige Gott war, und daran glaubte Obadja fest, dann würde sich dies eines Tages wieder ändern. Doch bis dahin würden den Jahweanhängern schwere Zeiten bevorstehen. Es war deshalb logisch, von den treuen Jahweanhängern so viele wie möglich zu beschützen. Doch wenn er dies tun wollte, mußte er selbst sehr vorsichtig sein, damit man ihm keine Untreue in seinen Aufgaben bei der Verwaltung des königlichen Haushalts vorwerfen konnte.

* ★ *

Die Flammen der brennenden Öllampen zeichneten die Umrisse der versammelten Männer an den Wänden ab und gaben ihre nervösen Bewegungen mit den Armen oder dem ganzen Körper in seltsamen Formen wieder. Obadja stand in der Mitte des großen Raumes. Die Männer, die ihn umgaben, trugen alle Bärte und standen oder saßen um ihn herum. An ihren Augen und Bewegungen konnte man ablesen, was sie fühlten. Die einen waren voller Nervosität, als sei die Tragödie schon über sie hereingebrochen; scheinbares Unverständnis bei anderen, als sei die Nachricht, die Obadja brachte, noch nicht richtig begriffen worden; wieder bei anderen die Haltung waffenloser aber mutiger Krieger, die bereit waren, sich jeden Augenblick auf den Feind zu stürzen; und da gab es auch solche, die sich ganz ruhig mit der Neuigkeit auseinandersetzten, als hätten sie längst damit gerechnet und seien nun bereit, den Preis zu bezahlen, der gefordert wurde. Die Stimmungen der Versammelten waren genauso verschieden wie ihre Kleidung. Es waren alles nur Männer, die hier beieinander waren. Manche trugen weite, lange Gewänder, andere knappere und kürzere; da waren solche in Sandalen und andere, die barfuß waren. Manche hatten die langen, ungeschnittenen Haare der Nazarener, die irgendeinen Schwur getan hatten und nun ihr Haar nicht schneiden ließen und keinen Wein tranken, bis der Eid erfüllt war.

Es war erst einige Stunden her, daß Obadja die schreckliche Nachricht erhalten hatte. Er war unterwegs gewesen und hatte auf vielen Feldern den Stand des Getreides bei der herrschenden Dürre überprüft. Nun hatte er erfahren, daß man Sebuls Kopf und seine Arme in ein hölzernes Ochsenjoch gebunden und ihn so auf dem Marktplatz aufgestellt hatte. Schweigend hatte Sebul zugehört, wie man den sich versammelnden Menschen die Anklage vorgelesen hatte. Er wurde beschuldigt, sich widerrechtlich das Amt eines Hohen Priesters angemaßt zu haben. Zuerst war die immer größer werdende Zuhörerschar vor Erstaunen stumm gewesen, doch dann hatte ein leises Murmeln des Unwillens gegen die Königin begonnen. Doch der neu ernannte Oberpriester, der nicht mehr den Titel Hoher Priester führte, machte einen sehr geschickten Schachzug, indem er jetzt die Proklamation der Königin verlas, daß diese Maßnahme dazu dienen sollte, die alte Religion Israels wieder von allen Mißbräuchen zu reinigen. Dies gab den Ausschlag. Und da Sebul auch sonst nicht sehr beliebt war, änderte sich die Stimmung der Zuschauer bald.

Sebul wurde auf die Weise getötet, wie man es sonst mit besiegten und verachteten Königen tat. Man nahm ihm das Joch ab und band ihn an Händen und Füßen. Dann wurden seine Füße hinten an einen Streitwagen angebunden, und er wurde in vollem Galopp durch die steinigen und holprigen Straßen der Stadt geschleift. Sein dicker und schwerer Körper war bald nur noch eine blutige Masse. Niemand konnte genau sagen, wann sein Tod eintrat, aber als der rasend dahinjagende Streitwagen endlich hielt, war der Priester nicht mehr am Leben. Obadja wußte, daß die Hunde mittlerweile sicherlich das Blut Sebuls von den Straßen aufgeleckt hatten.

Als Obadja den Propheten der samaritanischen Schule von der Veränderung der Gesinnung Sebuls berichtete, spürte er, daß sich jetzt doch so etwas wie Sympathie für den einst so verachteten Priester ausbreitete. Doch schienen auch alle zu spüren, daß dies wohl nur der Anfang einer unheilvollen Verfolgung aller Propheten und Anhänger Jahwes gewesen war. Ein jüngerer Prophet rief: „Jahwe ist mächtiger als Melkart und Aschera! Wir werden die Propheten Baals herausfordern, damit sie die Stärke unseres Gottes erkennen müssen. Wer geht mit mir?"

Ein ziemliches Durcheinander hob an. Einige riefen ihre Zustimmung und erklärten, wie sehr sie die Baalgötter und deren Propheten verachteten. Andere forderten Ruhe, damit sie gemeinsam überlegen konnten, was zu tun war. Endlich erhob sich der älteste Prophet und stellte sich neben Obadja. Schweigend hob er die Hand. Langsam wurde es still in dem Raum. Der alte Mann begann: „Wir sollten auf Obadja hören und ihn fragen, was zu tun ist, er kennt Isebel am besten und weiß, was sie vorhat."

Obadja antwortete: „Ich glaube, Isebel will so viele der Propheten Jahwes töten wie nur möglich. Ich rate deshalb, daß ihr euch vorläufig versteckt."

Ein anderer Prophet, groß und von würdigem Aussehen, trat vor und sagte: „Obadja, ich bin der Vorsteher der Prophetengemeinschaft von Samaria. Du kannst von den Propheten Jahwes nicht erwarten, daß sie in Gefahr einfach fliehen. Unser Prophetendienst ist nun einmal mit Gefahren verbunden. Und gerade in der Stunde der Gefahr sind wir gerufen zu predigen."

„Das stimmt im allgemeinen schon", gab Obadja zu bedenken, „doch Gott verbirgt derzeit auch Elia, der doch sicherlich keine Furcht kennt. Vielleicht liegt es im Plan Gottes, im Augenblick den Dingen ihren Lauf zu lassen und sich vorübergehend zurückzuziehen." Der Hinweis auf Elia machte die Propheten nachdenklich, und Obadja fuhr fort: „In den Hügeln rund um unsere Stadt gibt es genug Höhlen. Ihr kennt sie, doch den Propheten Baals, die Isebel aus Phönizien mitgebracht hat, sind sie nicht bekannt. Sucht die verborgensten und am wenigsten zugänglichsten auf, um euch dort zu verstecken. Einige der jüngeren Männer sollen die rechte Wahl treffen. Ich werde euch mit Nahrung versorgen und euch auch immer darüber informieren, was im Lande vor sich geht. Habt ihr euch versteckt, dürft ihr erst wieder in die Öffentlichkeit kommen, wenn ich es euch sage. Und noch etwas: Ihr müßt mir vertrauen ohne Fragen zu stellen. Wenn ihr das nicht wollt, müßt ihr euch selbst um alles kümmern."

Obadja schwieg einige Augenblicke. Als niemand etwas sagte, wandte er sich an den Vorsteher: „Wie ist dein Name?"

„Micha."

„Du bist mein Verbindungsmann, Micha, Vorsteher der Propheten. Wenn ihr ein günstiges Versteck gefunden habt, wirst du mir dies auf irgendeine Weise mitteilen. Und jetzt muß ich gehen." Damit wandte er sich um.

„Obadja", rief Micha, „einen Augenblick noch."

Der Verwalter des Königs blieb stehen und drehte sich wieder um. „Was wird mit den Prophetengemeinschaften in Jericho, Bethel und Gilgal geschehen", fragte Micha, „werden sie gewarnt?"

„Wenn sie gewarnt werden müssen, so ist dies eure Aufgabe", antwortete Obadja, verbeugte sich leicht und ging davon.

Micha wandte sich den anderen Propheten zu: „Wir müssen unsere Brüder warnen. Sechs von euch, die jung und stark und schnell sind, müssen gehen, immer zwei zusammen, um unsere Brüder in den drei anderen Gemeinschaften zu warnen. Wer ist bereit dazu?"

Viele Hände flogen empor. Micha wählte sechs jüngere aus, erteilte ihnen noch einige Weisungen und sandte sie davon.

⋆ ★ ⋆

Das breite Schwert, von einem kräftigen Soldaten beidhändig gehalten, zuckte nieder und trennte Ahijas Kopf vom Körper, der von zwei anderen Soldaten gehalten wurde und nun ebenfalls zu Boden fiel. Die beiden jungen Gefangenen hielten im Augenblick des Todes des alten Propheten den Atem an, verharrten aber in ihrem entschlossenen Schweigen. Unter dem Körper Ahijas breitete sich eine große Blutlache aus.

„Wie schade“, sagte der Hauptmann der Soldaten zu den beiden jungen Propheten, „daß ihr nicht schon während des Verhörs ankamt, ihr hättet sicher eure Freude daran gehabt.“ Langsam ging er auf die beiden zu und wickelte sich dabei einen breiten Lederriemen um die Faust. „Na“, sagte er spöttisch lächelnd, „wenigstens wird mir durch eure Ankunft klar, daß ich es in Jericho und Gilgal nicht so einfach haben werde, meinen Auftrag auszuführen. Ich werde mich also beeilen müssen.“ Das Lächeln aus seinem Gesicht verschwand und seine Augen zogen sich zusammen: „Wollt ihr euer Leben retten? Dann müßt ihr mir sagen, wo sich die Propheten in den beiden anderen Orten eventuell versteckt haben; und außerdem müßt ihr die Oberherrschaft Baals anerkennen.“

Die beiden Männer schauten dem Hauptmann fest in die Augen und schwiegen.

Ganz plötzlich schlug der Offizier mit aller Macht zu. Die mit den Lederstreifen umwundene Faust fuhr mit aller Macht in das Gesicht des einen Propheten. Mit gebrochener Kinnlade stürzte er zu Boden. Der nächste Schlag ließ die Oberlippe des anderen Propheten zerplatzen. Blut strömte ihm aus Nase und Mund, doch er blieb stehen. „Diese Fanatiker wollen nicht reden, und wir können unsere Zeit nicht mit ihnen verschwenden“, schrie der Offizier. „Tötet sie!“

Der Hauptmann ging nach draußen. Seine Befehle jagten die draußen wartenden Soldaten wieder auf die Pferde. Schon verließen auch die fünf, die noch in Ahijas Haus gewesen waren und den Hinrichtungsbefehl ausgeführt hatten, das Haus. Zwei von ihnen steckten ihre noch blutigen Kupferschwerter wieder in die Scheide zurück. Schnell saßen auch sie auf den von den anderen schon bereitgehaltenen Pferden. Die Abteilung bewegte sich in flottem Trab ostwärts in Richtung Jericho und Gilgal.

7

Langsam begann es in der Höhle hell zu werden. Als dann auch noch die Sonne hineinschien und es darin heiß wurde, wachte Elia auf. Als erstes verspürte er nagenden Hunger. Langsam setzte er sich auf und rieb sich den Schlaf aus den Augen. Dann ging er zum Teich. Das kühle Wasser erfrischte ihn, vergrößerte aber auch noch seinen Hunger.

Noch am Teich stehend, sah er sich sorgfältig und aufmerksam nach allen Seiten um und begann seine neue Umgebung zu erforschen. Große Oleanderbüsche standen an den Rändern des engen Tales. Ein Stückchen weiter oben war es dann nur noch eine schmale Schlucht, die ganz plötzlich aufhörte, weil dort, von den reißenden Wassern des Winterregens unterspült, der Fels heruntergebrochen war. Zu beiden Seiten wuchsen an den Hängen der Schlucht Dornbüsche, Blumen und andere Pflanzen. Von hoch oben aus den Felswänden konnte Elia das leise Gurren von Felsentauben hören. Er durchsuchte die Schlucht bis dahin, wo sie durch den Felssturz endete, nach Beeren, konnte aber keine finden.

Elia kehrte zum Teich zurück, schöpfte mit den hohlen Händen Wasser und trank. Wieder begann der Hunger, angeregt durch die kühle Flüssigkeit, ihn vermehrt zu plagen. Da hörte er plötzlich Flügelschlagen, blickte aufwärts und sah einen großen Raben, wie er eine der Felsentauben aus ihrem Nest herauszerrte. Viele andere Tauben flogen verängstigt davon, während die von dem Raben gepackte Taube kläglich schrie.

Jetzt schwang sich der Rabe mit seiner Beute in die Luft. Noch einmal versuchte die Taube sich zu wehren, dabei verlor der Rabe sie aus dem Schnabel. Sie fiel nicht weit von Elia zu Boden. Schnell rannte Elia hin und ergriff sie, ehe der Rabe sie von neuem packen konnte. Die Taube war tot. Der Rabe hatte ihr die Augen ausgehackt, und durch den Sturz hatte sie sich wohl das Genick gebrochen. „Die Raben werden dich versorgen", dachte Elia. „Also ist es Gottes Nahrung, die mir hier zugefallen ist."

Der Rabe setzte sich in einen nahebei stehenden Oleanderbusch und krächzte laut seinen Protest. Elia rupfte die Taube. Da er kein Feuer hatte, mußte er das Fleisch roh essen. Rauch hätte außerdem sein Versteck verraten — na egal. „Danke", sagte er laut zu dem Raben. „Gott hat mir kein Festmahl verheißen, aber ich will das genießen, was Er mir gibt."

Er riß die Taube mit den Händen auseinander, zog die Innereien heraus und warf sie ein Stück weit in die Richtung, wo der Rabe saß und ihn beobachtete. „Du sollst auch nicht leer ausgehen, mein Wohltäter", sagte er. Der große Vogel sah ihm eine Weile zu. Dann verließ er vorsichtig den Busch und flog auf einen Felsblock ganz in der Nähe der Innereien. Immer noch von Zeit zu Zeit krächzend, ließ er Elia nicht aus den Augen. Als er endlich Mut faßte, flog er auf den Erdboden und näherte sich langsam dem Fleisch. Elia sagte ruhig: „Komm, mein Freund, laß es dir schmecken." Endlich erreichte der Rabe das Fleisch und begann gierig zu fressen. Doch noch immer blickte er dabei zu dem Propheten hin.

Der Rabe beendete die Mahlzeit eher als Elia die seine. Er flog wieder in einen Busch, krächzte einige Male und flog dann zu einem Loch in der steilen Felswand, das nicht allzuweit entfernt war. Vor dem Loch flatterte er ein wenig auf und ab und krächzte wieder. Dann flog er davon. Elia beobachtete ihn, bis er hoch über den Rändern der Schlucht verschwand. Dann blickte er wieder zu dem Loch zurück, auf das der Rabe ihn aufmerksam gemacht hatte. Ob der Vogel ihn auf etwas hinweisen wollte?

Raben sammeln Nahrung für schlechte Zeiten, das wußte Elia. Vielleicht war in dem Loch ein Vorratslager des Raben. Der Prophet begann mühsam an der Felswand emporzuklettern, bis er das Loch erreichte und hineinblicken konnte. Es lag einiges darin. Er tastete mit der Hand hinein und zog etwas von dem, was der Rabe gesammelt hatte, heraus. „Der kleine Dieb!“ lachte Elia. Er blickte auf die runden Brotkuchen in seiner Hand, die er aus seiner Kindheit her kannte. Es waren kleine flache Fladen, wie sie von Zeltbewohnern gebacken werden, während sie in der warmen Jahreszeit mit ihren Herden umherziehen. Der Rabe hatte offensichtlich einen Weg gefunden, den Beduinen ab und zu einige davon zu stehlen. Elia nahm sich die beiden frischesten und kehrte zum Teich zurück.

Als er die beiden Brotkuchen gegessen hatte, fühlte er sich gesättigt, trank nochmals von dem klaren Wasser, lehnte sich dann bequem gegen den Felsblock zurück und hängte die Füße in das Wasser. Nach einer Weile der Ruhe brach er sich einen großen, dichten Zweig aus dem Oleanderbusch und begann, die Höhle und den Platz vor der Höhle sowie rund um den Teich ein wenig damit zu säubern. Mit diesen Aufräumungsarbeiten des kleinen Platzes zwischen der Höhle und dem Teich verbrachte er den Nachmittag.

Als es in dem engen Tal dunkel zu werden begann, kehrte der Rabe zurück. In seinem Schnabel trug er wieder einen Brotkuchen, den er in das Loch in der Felswand brachte. Dann überfiel er eine weitere Felsentaube, und es wiederholte sich, was schon am Vormittag geschehen war.

Am nächsten Tag erschienen zwei Raben. Und während ein regenloser Tag nach dem anderen dahinging, gesellten sich noch weitere dazu. Sie versorgten ihn mit Felsentauben und Brotkuchen. Von Zeit zu Zeit brachten sie auch ein größeres Stück Fleisch, das offensichtlich aus einer Beute stammte, die zu groß gewesen war, um sie ganz davonzutragen. Elia untersuchte das Fleisch jedesmal sorgfältig, um sicher zu sein, daß es frisch war.

Manchmal überkam den Propheten Langeweile. Doch er war entschlossen, in dem Versteck zu bleiben, bis Gott ihm neue Anweisungen geben würde. Ahab würde die Suche nach ihm sicher fortsetzen lassen, obwohl sich der König erst dann ernsthafte Sorgen machen würde, wenn es nach Beendigung der normalen Trockenzeit noch immer nicht zu regnen beginnen würde.

Bald nahmen die Tage ein gewisses Gleichmaß an. Elia stand auf, um mit den Raben zu essen. Diese trugen auch weiterhin eine genügende Anzahl von Brotkuchen in das Loch. Die Vögel hatten eine erstaunliche Größe, und Elia bewunderte oft ihre Flugkünste. Nach und nach freundete er sich mit ihnen an. Er begann mit ihnen zu reden und gab jedem einen Namen. Jenen, den er als ersten gesehen hatte, nannte er *El'echol*, „Nahrung von Gott".

Wenn die Raben davongeflogen waren, setzte er sich an den Teich und betete. Er betete um ausharrenden Glauben. Oft sang er auch leise die Lieder, die er als Junge auf den Hochebenen Gileads gelernt hatte. Es waren heilige Lieder, viele davon hatte David, Israels größter König geschrieben. Er dachte über die Gesetze Gottes nach und sagte sie laut her, um sie sich immer und immer wieder in das Gedächtnis einzuprägen.

Seine Kinder- und Jugendjahre waren recht glücklich gewesen, und oft dachte er während dieser Zeit des Wartens daran zurück. Die Eltern waren noch Halbnomaden gewesen. Während der warmen Jahreszeit zogen sie umher wie Beduinen und wohnten während des Winters in dem kleinen Dorf Thisbe. Er mußte lächeln, wenn er sich an Jonadab, seinen besten Freund erinnerte, den er an einer Wasserstelle zum ersten Male getroffen hatte. Sein Freund hatte ihn nach und nach davon überzeugt, daß er sich der neuen Bewegung der Rechabiten, die nach Jonadabs Vater Rechab so genannt wurde, anschließen müsse. Rechab lehrte, daß man Jahwes Gesetzen nur wirklich gehorchen konnte, wenn man ein Nomadenleben führte. Die Städte brachten Versuchungen mit sich und beengten den Geist der Menschen. Er wollte nicht einmal das Weintrinken erlauben, weil die Gefahr bestand, daß die Menschen sich daran gewöhnten und deshalb beginnen würden, Weinberge anzubauen; und dies wiederum sei, so behauptete Rechab, der erste Schritt zu einem seßhaften Leben.

Nachdem Elia drei Jahre bei den Rechabiten gewesen war, wurde ihm klar, daß ihre Lehre falsch war. Seine eigenen Eltern waren während der Wintermonate, wenn sie im Dorf wohnten, den Gesetzen Jahwes gegenüber genauso treu wie im Sommer. Und Rehab zum Beispiel war neben vielen anderen auch ein treuer Anhänger Jahwes, obwohl er in der Stadt Beth-Sean lebte.

Der Abend, als er sich von Jonadab verabschiedete, war schmerzlich gewesen. Sie saßen am Lagerfeuer, und Jonadab versuchte nochmals, Elia mit all den Argumenten zu überzeugen, die er schon so oft gehört und auch drei Jahre lang selbst geglaubt hatte. „Du begibst dich in Gefahr, wenn du das Nomadenleben verläßt, Elia", sagte er. „Hier bis du frei." Da Elia nicht geantwortet hatte, fuhr er fort: „Mauern bauen ein Gefängnis um deinen Geist. Hier kannst du mit Jahwe unter dem offenen Himmel angesichts der Sterne und der Sonne reden."

Elia seufzte: „Jonadab, du wiederholst Worte, die du auch erst von anderen gehört hast."

„Deshalb sind sie nicht weniger weise", erwiderte der Freund. „Mein Vater hat mir oft von der Gefahr des Stadtlebens erzählt. Wie süßer Wein benebelt diese Atmosphäre und verführt zum Üblen."

„Ja, Rechab war ein guter Mann", stimmte Elia zu, sagte aber sonst nichts weiter.

Jonadab zog die Knie an und legte seinen Kopf darauf. Draußen auf den Weiden heulte ein Schakal. Endlich blickte er zu seinem Freund und meinte: „Du wirst mit deinen Plänen keinen Erfolg haben, Elia, entweder wirst du der rabiateste Rohling, den es gibt, oder du verlierst deine Ideale und wirst ein zerbrochener Mann."

Elia sprang auf. Erregt rief er: „Und du erwartest, daß Israel sich nur deshalb wieder von den Baalsgöttern abwendet, weil ihr hier in euren Hügeln die Schafe hütet und die *Schema* fleißig singt? Oder möchtest du, daß ich mich auf den Berg Nebo stelle und Flüche über Melkart ausrufe? Glaubst du, das hilft?"

„Glaubst du nicht an die Kraft, die ein gutes Beispiel geben kann, Elia? Alle, die noch an Jahwe festhalten, werden im Laufe der Zeit zu uns kommen. Es ist besser, einige halten sich noch an die Gesetze Jahwes, als daß alle vor Baal ihre Knie beugen. Der Wille Gottes ist es, daß wir uns durch unsere Kinder vermehren und sie im Gehorsam zu den Gesetzen Jahwes erziehen. Alle, die in Israel noch treu sind, werden sich dann unserem Stamm anschließen."

„Du willst die Wirklichkeit nicht sehen, Jonadab. Die Städte in den Ebenen und Hügeln jenseits des Jordans wissen doch meist gar nicht, daß es uns gibt. Wir können hier in unserer Abgesondertheit noch so sehr versuchen, die Gesetze des Herrn zu bewahren, an den Verhältnissen in Israel ändern wir dadurch nichts. Bleibe hier, wenn du glaubst, daß dies richtig ist. Ich kann nicht hier bleiben, während ich sehe, daß unser Volk zu all den vielen Baalgöttern betet und auf den Wind lauscht, um Antworten zu bekommen."

Jonadab meinte mürrisch: „Es war ja ihre eigene Entscheidung, also ist es auch ihre Angelegenheit."

„Nein, Jonadab, es ist auch meine Angelegenheit; denn das Wohl und Wehe Israels ist meine Angelegenheit." Elia hob seinen Mantel auf und fügte hinzu: „Lebe wohl, Jonadab, ich muß gehen."

„Warte, Elia", bat Jonadab, während er sich nun auch erhob. „Elia, du kannst uns die Wege Jahwes lehren. Als du zu uns kamst, war mein Vater überzeugt davon, daß Jahwe dich gesandt hat. Du verstehst Jahwe besser als wir alle, und Jahwe redet durch dich. Wir brauchen dich." Er legte die Hand auf Elias Schultern und bat: „Bleibe bei uns, mein Freund."

Elias Muskeln spannten sich unter der Hand Jonadabs. Man

sah ihm an, daß die Worte, die er nun sagte, ihm Kummer bereiteten. „Du bist mir ein wahrer Freund gewesen, Jonadab; und dein Vater war ein großer Lehrer für mich. Ich habe viel von ihm gelernt. Doch Jahwe hat auch zu mir geredet, und mein Herz ist seit langem erfüllt von dem Auftrag, den ich eines Tages auszuführen habe. Auch ich weiß nicht, wohin mich mein Weg noch führen wird, alles, was ich weiß, ist, daß ich gehen muß."

Elia ergriff die beiden Oberarme seines Freundes und zog ihn fest und lange an sich. Dann ging er, ohne ein weiteres Wort zu sagen, davon. Auf der nächsten Bodenwelle angekommen, schaute er noch einmal zum Lager zurück. Jonadab war in das Zelt gegangen. Noch einmal betrachtete Elia jede Einzelheit des Lagers, das für drei Jahre seine Heimat gewesen war. Doch nun hatte er diesen Ort der Ruhe und Zurückgezogenheit zu verlassen. Es gefiel ihm zwar nicht, aber er wußte, daß er dem Drängen Jahwes zu folgen hatte.

★ ★ ★

Die Prozession wandte sich durch die engen Gassen von Aphek. Hunderte von Dorfbewohnern zogen an Obadja vorbei und folgten der führenden Frau. Diese trug eine große Puppe in Frauenkleidern, die sehr mit Schmuck behängt war. Ihr Gesang erzählte Obadja schon, was er wissen wollte. Die Leute hier im Dorf wußten also auch nicht, wo Elia sich versteckte. Sie sangen gemeinsam mit der Frau, die sie führte, in monotoner Weise:

„O Mutter des Regens, o Unsterbliche,
bewässere unsere schlafenden Saaten.
Tränke die schlafenden Saaten der Aschera,
die immer so huldreich ist.
Sie ist gegangen, die Mutter des Regens,
um den Sturm zu bringen.
Wenn sie zurückkommt,
wird das Getreide so hoch wie Mauern wachsen.

Sie ist gegangen, die Mutter des Regens,
um den Wind zu bringen.
Wenn sie zurückkommt,
werden die Weinstöcke so hoch wie Häuser wachsen.
Sie ist gegangen, die Mutter des Regens,
um den Donner zu bringen;
wenn sie zurückkommt,
werden die Früchte des Feldes
so hoch wie Kamele wachsen.“

Obadja beobachtete von seinem Wagen aus die Prozession. Er rührte sich nicht, bis die letzten des Zuges vorüber waren und die Gesänge der Entfernung wegen auch langsam verklangen. Ähnliche Szenen hatte er in der letzten Zeit schon oft gesehen. Seit Elia den Fluch Jahwes ausgesprochen hatte, flüchteten sich immer mehr Menschen in den Aberglauben. In der Dürre griffen die Menschen nach jedem Strohhalm, der ihnen Hilfe versprach. Die Menschen von Aphek waren verzweifelt. Ihr Fluß Kanah war nur noch ein armseliges Rinnsal und würde bald ganz trocken sein. In anderen Dörfern hatte er gesehen, wie man zu Aschera um Hilfe flehte. In ihrer Verzweiflung verbanden die Menschen ihren alten zähen Glauben an die lokalen Götter mit dem neuen Bewußtsein der größeren Götter Melkart und Aschera.

In Socho, in der Nähe Samarias, hatten nackte Frauen ihre Pflüge durch die ausgetrocknete Erde gezogen. Sie glaubte, ihre Nacktheit könnte die Göttin der Fruchtbarkeit dazu bewegen, den erwarteten Regen zu senden.

In Jokmeam, in der Nähe des Jordans, hatten die Bewohner alle Jungfrauen des Dorfes im Morgengrauen auf die frischbesäten Felder geschickt für das Ritual der Wasserausgießung. Die Jungfrauen gossen sich Wasser über ihre nackten, fruchtbaren Körper und hofften so, ihre Fruchtbarkeit würde durch das Wasser in den Erdboden getragen, damit die Früchte wuchsen; und gleichzeitig hofften sie, Aschera würde auf diese Weise einsehen, wie nötig sie Regen hatten.

Die Leute aus Hasor erinnerten sich an einen alten Aberglauben, der sagte, wenn die Leiber der Aussätzigen nicht verbrannt würden, wäre der Regengott zornig. So gruben sie alle Gebeine von verstorbenen Aussätzigen wieder aus, verbrannten sie und sangen und schrien dabei um Gnade zu Aschera.

Überall in Israel, wo es Ackerland gab, hatte Obadja getrocknete Kotstücke an den Ästen der Bäume hängen sehen. Die Bauern glaubten, ein leichter Windhauch würde den Kot hin- und herbewegen und so den Göttern zeigen, wie nötig sie Wind und Regen brauchten. Gelegentlich hatte er auch gesehen, daß lebendige Frösche oder große Käfer aufgehängt wurden. Die heftigen Bewegungen der Tiere sollten einen leichten Lufthauch erzeugen, der Aschera daran erinnern würde, daß sie vergessen hatte, durch den Wind den Regen herbeizubringen.

Jetzt wandte sich der Verwalter des königlichen Haushalts mit ruhigen Worten an den Hauptmann der ihn begleitenden Soldaten und befahl die Rückkehr nach Samaria. Sie verließen das Dorf und zogen ostwärts durch die Hügel. Obadja fuhr mit dem Hauptmann auf einem Wagen vor den Soldaten, die beritten waren, her. Der Hauptmann war sehr schweigsam. Er war ein Anhänger Melkarts, konnte aber nicht verstehen, daß Elia im Namen eines viel schwächeren Gottes, als Baal seiner Meinung nach war, den Regen so lange kontrollieren konnte. Warum war es Isebels Priestern und Propheten bisher nicht gelungen, den Regen zu bringen? Es gab so viele von ihnen, die doch etwas gegen den Fluch des Propheten Jahwes unternehmen konnten. Doch trotz seiner Zweifel hielt der Hauptmann an Melkart fest. Hatte Melkart nicht viel mehr Völker besiegt als Jahwe? Hatte nicht sogar der König von Syrien Melkart als seinen Gott anerkannt?

Obadja war bekümmert über den Aberglauben des Volkes, doch noch mehr Sorge bereitete ihm, daß die Dürre und Hungersnot auch ihre Moral zerstörten. Viele ließen sich in Feldern und heiligen Hainen offen in sexuelle Orgien ein und hofften, damit Aschera zu dienen und sie so zu bewegen, dem Lande die Fruchtbarkeit wiederzubringen. Obadja hatte den Verdacht, daß religiöse Vorwände als Entschuldigung für lasterhaftes Tun verwendet wurden.

Nachdem er wieder nach Samarien zurückgekehrt war, informierte Obadja den König Ahab über alles, was er draußen in den Dörfern und Städten gesehen hatte. „Und aus der Prozession der Dorfleute schließt du, daß sie nicht wissen, wo Elia sich versteckt?"

„Wären sie Elia gegenüber so treu, daß sie ihn beschützten oder versteckten, würden sie auch keine Prozessionen für andere Götter veranstalten, sondern nur an Jahwe festhalten."

„Das stimmt", antwortete Ahab nachdenklich. Dann schwieg er eine Weile und überlegte. Endlich sagte er: „Deinem Bericht entnehme ich, daß du ganz Israel gründlich nach dem Behaarten abgesucht hast. Wo hast du nicht gesucht?"

„Unsere Leute sind in jedem Dorf und jeder Stadt Israels gewesen und haben auch die nichtbewohnten Gebiete durchforscht", antwortete Obadja. „Ich habe auch Abteilungen auf die andere Seite des Jordans in das Beduinengebiet geschickt. Aber dort gibt es noch sehr wüste Gegenden, die man unmöglich alle untersuchen kann. Doch unsere Offiziere berichten, sie hätten die größtmöglichen Anstrengungen gemacht. Die Bevölkerung weiß ebenfalls, daß es von Elia abhängt, wie lange die Trockenzeit noch dauern wird. Deshalb halten auch sie nach ihm Ausschau."

„Glaubst du, daß er sich vielleicht gar nicht in Israel aufhält?"

„Das wäre möglich."

„Lasse Briefe schreiben an die Könige von Sidon, Moab, Syrien, Edom, Midian, Ammon, Juda und an die Fürsten der Philister. Sie wissen alle, wie wir unter der Dürre leiden und werden sich bemühen, uns zu helfen. Vor allem in Juda wird Elia viele Freunde haben, deshalb schenke dem Brief an König Josaphat besondere Beachtung. Erledige die Angelegenheit sofort und sende die Briefe mit Schnelläufern."

„Ja, Majestät, alles wird sofort besorgt." Damit verließ Obadja den König. Er war sicher, daß alle Anstrengungen nutzlos waren, denn Jahwe würde Seinen Propheten bewahren. Doch Ahab durften keine Zweifel an der Treue seines Verwalters kommen, denn die Propheten, die in den Kalksteinhöhlen in der Nähe der Stadt verborgen waren, benötigten seine Hilfe.

★ ★ ★

Mirjam hörte die Tür gehen und blickte auf, als Rehab eintrat. Ihr Mann machte einige müde Schritte und ließ sich dann seufzend auf einen Stuhl fallen, der an der Wand stand. Beide hatten noch kein Wort gesagt. Sie ging zu ihm und legte ihm die Hand auf die Schulter. „Rehab?“ fragte sie endlich. Er seufzte wieder, schwieg aber weiter. „Rehab, ich bin deine Frau“, sagte Mirjam. „Was drückt dich?“

Rehab bemühte sich zu sprechen. „Elia...“, seine Stimme versagte. Endlich faßte er sich. „Elia ist zwar nirgends zu finden, aber seine Wirksamkeit spürt jeder im Lande“, sagte er endlich seufzend. Langsam zog er Mirjams Hand zu sich und tätschelte sie leicht. „Mirjam“, sagte er dann bekümmert, „die Ältesten haben gegen mich entschieden.“

Die Frau hörte die Worte, aber ihr Verstand wollte sie nicht akzeptieren. Schon seit vielen Generationen saßen die ehrwürdigen Ältesten von Beth-Sean, genau wie in allen anderen Städten Israels, an ihren besonderen Plätzen am Haupttor der Stadt und urteilten über Streitfälle. Es waren weise Männer, die von allen Bürgern geehrt wurden. Und nun sollten diese Ältesten ungerechte Urteile fällen? „Rehab“, fragte sie, „was soll ich davon halten?“

Rehab blickte sie an. Wie sollte er seiner Frau erklären, was draußen im Lande vorging? Ihre Welt war das Haus und alle Dinge, die damit zusammenhingen; und da war sie eine Expertin. Sie wußte, wo man am besten Lebensmittel und alle anderen lebensnotwendigen Dinge einkaufte, kannte sich mit Gewichten, mit Kaufen, Verkaufen und Handeln auf dem Markt aus und wußte dort um alle Tricks der Kaufleute. Aber die Veränderung, die in der letzten Zeit in der Gesinnung und der Geisteshaltung der Menschen eingetreten war, der Egoismus und die Gewalttätigkeit, die um sich griffen, wie sollte er das erklären?

„Mirjam“, begann er endlich und suchte nach Worten, „Mirjam, in Israel macht sich ein neuer Geist breit, und das vor allem unter den Reichen. Erinnerst du dich an Jaala?“ Sie nickte.

„Jaala hat sich und seine Familie in die Gewalt von Akkub gegeben“, sagte Rehab in einem Ton, als sei es etwas Endgültiges.

„Schon, aber sie werden doch nur für wenige Monate Sklaven sein“, erwiderte Mirjam. „Denn es kommt ja bald das fünfzigste Jahr, und das ist ein großes Jubeljahr, da werden sie wieder frei sein und sind dann auch ihre Schulden los. Ist das denn so schlimm?“ Rehab blickte wieder zu Boden und antwortete nicht.

„Rehab“, drängte Mirjam, „warum machen dir Jaalas Probleme solche Sorgen? Das Gesetz bestimmt doch eindeutig, was zu geschehen hat. Vielleicht wird sich Jaalas Entscheidung auf lange Sicht noch als klug herausstellen.“

„Akkub und seine Kaufmannsfreunde achten nicht sehr auf den Geist der alten Gesetze unserer Väter. Es gibt auch Wege, wie man das Gesetz, daß israelitische Sklaven nach bestimmter Zeit wieder freigegeben werden müssen, umgehen kann“, antwortete Rehab bekümmert.

„Aber die Ältesten...“ Mirjam starrte Rehab fragend an.

„Ja, ja, die Ältesten“, antwortete er bitter. „Schau, Mirjam, die Dürre macht die Menschen gewalttätig und egoistisch. Reiche und Arme kämpfen gleichermaßen um ihr Überleben. Doch Elia hatte recht, der neue Geist, der eingezogen ist und vor allem die Händler ergriffen hat, ist mehr das Werk Baals als das der Dürre...“ Er schüttelte den Kopf, als würde er mit sich selbst argumentieren. „Wer kann wirklich erklären, warum die Menschen so handeln, wie sie es tun? Ist es, weil sie einem anderen Gott folgen, oder weil sie einfach Jahwe und Seine Gebote vergessen? Vielleicht tragen beide Gründe dazu bei. Vielleicht sind die Menschen auch zum Bösen geboren und sind von Natur aus hartherzig? Oder vielleicht merken sie nicht, wenn sie andere unterdrücken und verletzen? Vielleicht wissen Akkub und seine Freunde gar nicht, daß ihre Argumente eigentlich die Argumente von Melkart, des Gottes der Macht sind."

Mirjam fragte matt: „Ist es denn so wichtig, daß sie wissen, wo die Quelle ihrer üblen Taten ist?"

„Es ist wichtig, weil Elia es weiß. Er sagte immer: Wenn Baal sich hereindrängen will, muß sich zuerst ein leerer Platz für ihn finden. Und diese Leere ist es, mit der es angefangen hat. Vielleicht haben uns unsere Väter nur noch die äußeren religiösen Formen gelehrt, aber nicht mehr die Liebe und Treue zu Jahwe. Vielleicht ist es nicht mehr der Glaube des Herzens, sondern nur noch die Form, die wir von unseren Großvätern überliefert bekamen?"

„Aber die äußeren Formen weisen uns doch auch auf Jahwe und auf den rechten Glauben hin", gab Mirjam zu bedenken. Doch Rehab schüttelte nur betrübt den Kopf.

„Laß uns wieder von unserer Sache reden, Rehab. Ich möchte wissen, warum die Ältesten so geurteilt haben."

„Sie sagen, ich hätte keinen Beweis; und so steht mein Wort gegen das von Akkub."

„Aber du bist nicht der erste, der darüber klagt, daß Akkub falsche Gewichte benutzt, wenn er unsere Waren kauft."

„Das stimmt, andere haben das auch schon beklagt. Doch die Ältesten sagen, jeder Fall muß besonders gesehen werden und nicht in Zusammenhang mit den anderen."

„Rehab", Mirjams Ton ließ ihn aufschauen. „Die Frauen erzählen manchmal Dinge, von denen ich nicht weiß, ob sie wahr sind."

„Welche Dinge?"

„Lea arbeitet in Pachurs Haus. Sie hat zufällig gehört, wie Pachur seiner Frau erzählte, er habe den Ältesten Geschenke gegeben."

Rehab nickte. „Ich nehme an, viele von uns haben diesen Verdacht. Akkub und Pachur sind nur zwei von denen, die das tun. Ich glaube, ich hätte vorsichtiger sein sollen. Ein Kaufmann, auch wenn es nur ein kleiner ist wie ich, sollte wissen, daß solche Dinge geschehen. Ich habe schon gehört, daß dies in Damaskus und anderen Städten vorkommt. Aber in Israel? Das habe ich nicht erwartet."

„Das stimmt, man sollte seinen eigenen Landsleuten vertrauen können." In Mirjams Worten schwang Enttäuschung mit. „Aber was soll jetzt geschehen?"

Wieder trat Schweigen ein. Endlich erhob sich Rehab, ging zum Hoffenster und starrte hinaus. Dann sagte er plötzlich: „Ich muß eine Entscheidung treffen, wie ich in Zukunft mein Geschäft führen will. Ich muß entweder ein Narr sein oder ein untreuer Feigling."

„Wieso? Was meinst du damit?"

„Mirjam", sagte er traurig, „der erlittene Verlust schmerzt schwer. Ich habe nur noch wenig Geld, mit dem ich von den Bauern Produkte einkaufen kann. Ich muß mir Geld borgen."

„Das hast du früher auch schon getan."

„Das ist wahr, aber jetzt habe ich Angst. Früher habe ich nie welche gehabt." Rehab kehrte zum Stuhl zurück, setzte sich wieder und stützte den Kopf schwer in beide Hände.

„Wovor hast du Angst? Vor den hohen Zinsen?"

„Nein, das nicht. Es werden zwar heute Wucherzinsen genommen, die es schwer machen, noch einen Gewinn zu erzielen. Aber damit kann ich fertig werden. Ich ärgere mich zwar über die hohen Zinsen, fürchte mich aber nicht davor. Ich habe vielmehr Angst vor der Zukunft. Ich fürchte mich vor der Richtung, in die das ganze Leben, vor allem das Geschäftsleben, noch geht. Ich fürchte mich vor dem, was ich nicht ändern kann."

Mirjam legte ihm beruhigend die Hand auf den Arm. Doch Rehab fuhr fort, indem er sich immer mehr erregte: „Wenn ich zu dem Preis verkaufen muß, den Akkub, Pachur oder andere ihresgleichen mir bieten, dann kann ich für unsere Waren keinen Gewinn mehr erzielen. Ich muß also entweder die Bauern betrügen, indem ich auch falsche Gewichte verwende, wie

Akkub es mit mir gemacht hat, oder ich muß schlechte Gerste unter die gute mischen, wenn wir unsere Produkte verarbeiten — und dann gerate ich in Gefahr, erwischt zu werden."

Mirjam antwortete empört: „Aber Rehab, solche Geschäfte würdest du doch nicht machen."

„Was soll ich denn tun? Du siehst nun also, vor welcher Entscheidung ich stehe."

„Da gibt es überhaupt nichts zu entscheiden. Willst du Melkart folgen oder Jahwe? Recht ist Recht — und Unrecht ist Unrecht!"

Seine Antwort klang bitter: „Und ein Bankrott ist ein Bankrott, und er ist sehr unangenehm."

Mirjam packte den Arm ihres Mannes mit beiden Händen. „Rehab, wir müssen Glauben haben, dann wird Jahwe uns helfen. Gott wird unsere Sache führen und für uns sorgen."

Er seufzte. „Mirjam, meine liebe Mirjam, es gibt Zeiten, wo Jahwe wirklich wunderbar sorgt. Auch wir haben schon solche Zeiten erlebt. Aber es gibt auch Zeiten, wo die, die Jahwe treu sind, leiden müssen wie alle anderen Menschen auch. Und ich glaube, wir leben jetzt in einer solchen Zeit. Wenn wir den Geboten Jahwes gehorchen, dann müssen wir uns daran halten, obwohl wir wissen, daß wir dadurch in Schwierigkeiten geraten. Es gibt Zeiten, in denen man dafür leiden muß, daß man das Rechte tut. Mirjam..." er nahm ihre Hände in die seinen und schaute sie voll an, „ich muß dir sagen, daß ich mit meinem Geschäft nicht mehr lange bestehen kann, wenn ich die Gesetze Jahwes beachte. In kurzer Zeit sind all meine Mittel zu Ende. Wenn ich Geld leihe und nicht mehr zurückzahlen kann, werden meine Gläubiger mir das Geschäft wegnehmen und wir werden als Sklaven bei Akkub oder einem anderen landen."

„Aber du bist für deine Ehrlichkeit bekannt. Werden die meisten Kaufleute nicht gerade deshalb von dir kaufen und zu dir halten?"

„Nein", sagte er in resignierendem Ton. „Nein, Mirjam. Niemand wird mehr zu einem anderen halten, sondern nur noch zu sich selbst, weil alle Angst haben. Die Bauern verkaufen mir die letzten Reste, die sie noch von ihrer letzten Ernte übrig haben. Sie sollten jetzt wieder aussäen, aber der Trockenheit wegen tun es die meisten nicht. Sie fürchten den Fluch Elias und fürchten, daß es in diesem Jahr überhaupt keine Ernte geben wird. Überall, wo man hinblickt, herrscht Furcht. Sogar Akkub und Pacher fürchten die Dürre. Auch meine Freunde fürchten sich. Und ich fürchte mich auch. Überall in Beth-Sean und in ganz Israel kämpft jeder nur ums Überleben. Heute wird jeder nur noch von dem kaufen, der den besten Preis anbietet."

„Aber werden sie dann nicht betrogen?"

„Jeder hält sich für schlau genug, damit fertig zu werden."

Mirjam schaute ihren Gatten ernst an. „Rehab, was wirst du tun?"

Bekümmert antwortete er: „Ich weiß es nicht, Mirjam. Ich weiß es nicht."

8

Elia putzte sich den roten Lehm von den Beinen und schaute dann in die Schlucht zurück. Dort drin, an dem kleinen, kühlen Teich, hatte er den ganzen trockenen Sommer und auch die erste Zeit, in der normalerweise schon die ersten Winterregen fielen, in Ruhe und Geborgenheit verbracht. Jetzt saß er am Eingang der kleinen Schlucht und blickte über den Jordan hinweg. Er fühlte ein wenig Mitleid für die Menschen im Lande. Das Getreide war schon vor vielen Monaten, am Ende des Frühlings, eingebracht worden. Da die Dürre noch vor der Erntezeit begonnen hatte, fehlte der Regen, der kurz vor der Reife noch zum vollen Wachstum nötig gewesen wäre. Deshalb war die Ernte nur gering ausgefallen. Doch vielleicht würden die Getreidevorräte, wenn man sie sehr einteilte, gerade das Jahr hindurch reichen.

Die Weinernte war wohl etwas besser gewesen, vermutete Elia. Die Wurzeln der Weinstöcke reichten tief hinunter und erreichten so auch noch die Feuchtigkeit in den unteren Bereichen der Erde. Elia überlegte. Kurz nach der Ernte wurde gewöhnlich das Laubhüttenfest gefeiert, und zehn Tage später der große Versöhnungstag. Doch in diesem Jahr waren diese religiösen Festtage sicher von Furcht überschattet gewesen.

Nachdenklich saß er da. Rundum herrschte Ruhe, die nur gelegentlich vom Krächzen eines Raben und von dem Zirpen der Heuschrecken unterbrochen wurde. Er blickte einem Schwarm Störche nach, die auf ihrem Winterweg nach Afrika niedrig über dem Jordan hinflogen. Dann schüttelte er den Kopf. Sogar jetzt, da der Regen schon mehr als zwei Monate ausgeblieben war, würden die Menschen zwar ihre religiösen Feste feiern und zu Jahwe beten, doch dann würden sie sich wieder den vielen Baalgöttern der Felder, Hügel und Haine zuwenden. Und die Männer würden die heiligen Haine der Aschera besuchen und mit den Tempel-Prostituierten Verkehr pflegen. In ihren Bemühungen, den Himmel zu beeinflussen, es regnen zu lassen, würden sie sich an jeden Gott, von dem sie wußten, um Hilfe wenden.

Plötzlich sagte Elia laut: „Aber Jahwe, wie willst Du unter diesen Umständen den Menschen klar machen, daß Du es bist, der den Regen in Seiner Gewalt hat?“ Er schaute in den wolkenlosen Himmel hinauf, als sei die Antwort vielleicht dort angeschrieben. Die späte Nachmittagssonne stand tief und warf im Jordantal schon Schatten. „Und ich muß jetzt nach Sarepta gehen“, seufzte er, „um mich dort im Haus einer Witwe zu verstecken.“ Die Anweisung, die er diesbezüglich von Jahwe erhalten hatte, war deutlich gewesen. Doch er war sich immer noch nicht sicher, ob Gott im Traum zu ihm gesprochen hatte oder durch eine laute Stimme, als er wach gewesen war. Es war ein langer Weg von hier nach Sarepta, das nördlich von Tyrus an der Küste der Großen See (Mittelmeer) lag, in Isebels Geburtsland. „Na“, lächelte er, „Ahab wird sicher nicht auf den Gedanken kommen, mich dort zu suchen.“

Die Raben waren weder heute noch gestern erschienen, und auch der kleine Teich begann nun langsam auszutrocknen. Ein deutliches Zeichen, daß es für ihn Zeit war, sich auf die Reise zu machen. Er überlegte, welchen Weg er zunächst wählen sollte, um, solange er noch in Israel war, nicht von Ahabs Spähern entdeckt zu werden, und beschloß, die erste Wegstrecke bei Nacht zurückzulegen. Hatte er erst den See Genezareth erreicht, konnte er an seinem Ostufer weiter nordwärts gehen, da befand er sich dann im Lande Aram-Damaskus. Er würde dann einen Umweg um Dan herum machen müssen, bis er zum Fuße des Hermons kam und dort den Libanon überqueren konnte.

Als Elia seine Reise begann, bemerkte er bald, daß der Boden sehr hart war und nicht so weich, wie sonst nach dem Oktoberregen. Es war eine helle Mondnacht, so daß er die Felder rings herum gut erkennen konnte. Doch er sah kaum eines, das bestellt war. „Wie mag es in den Häusern der Bauern aussehen?" fragte er sich. „Versuchen sie, ihre Familien zu ermutigen oder verzweifeln sie selbst? Beten sie um Regen? Und zu welchem Gott beten sie?" Elia selbst war kein Landwirt gewesen, sondern Viehhirte. Gewiß mußten auch die nur halb seßhaften Hirten unter der Dürre leiden, sie hatten es aber doch leichter als die Bauern, die an das Land, das sie bebauten, gebunden waren. Die Hirten konnten mit ihren Herden weiterziehen, wenn eine Weide zu dürr wurde. Das konnten die Ackerbauern nicht. Diese und viele andere Gedanken gingen ihm bei seiner nächtlichen Wanderung durch den Kopf.

Noch ehe es Tag wurde, suchte Elia sich ein verborgenes Plätzchen in einem dichten Olivenhain und bereitete sich ein so bequemes Lager, wie es die Umstände zuließen. Doch er schlief, als er sich endlich hinlegte, sehr unruhig, weil ihn seine Gedanken bis in die Träume hinein begleiteten. Als er dann wieder aufwachte, fragte er sich, ob es wichtiger sei, daß die Männer, Frauen und Kinder in Israel ohne Hunger lebten oder daß sie sich vom Baalsgottesdienst abwandten? Ihm jedenfalls hatte Jahwe einen Auftrag gegeben, und daran würde er unerschütterlich festhalten.

Elia hatte den größten Teil der nächsten Nachtwanderung schon hinter sich gebracht, als er den See Genezareth erreichte. Von seinem Standpunkt aus konnte er in der Ferne nur ein schwaches Glimmen erkennen, doch er wußte, daß es sich um Fackeln handelte, die Menschen rund um den alten heidnischen Altar von Beth Jera trugen. Zorn gegen Melkart und Aschera wollte ihm bei diesem Anblick aufsteigen. Er biß die Zähne zusammen vor Erregung. Alle Leidenschaften, mit denen die Israeliten dort um den Altar tanzten und Orgien feierten, würden ihnen keinen Regen bringen, das wußte er. Nur eine neue Hinkehr zu Jahwe konnte ihnen helfen. „Ja", flüsterte er, „besser eine kurze Dürre und Hungersnot, als ein Leben lang geistliche Dürre und das Laufen zu den heidnischen Altären, bei denen weder Hilfe noch Zufriedenheit noch wahre Erfüllung für das Leben zu finden war."

Es war noch dunkel, als Elia die Grenze nach Aram-Damaskus überschritt. Hier brauchte er sich nicht so sehr vor Ahab und seinen Häschern vorzusehen, zumal der König des Landes, Benhadad, ein Erzfeind Israels war. Trotzdem wußte man sicherlich auch hier von dem Fluch des Propheten, und die Menschen würden sich sicherlich genauso nach der Beendigung der Trockenheit sehnen wie jene in Israel. Doch hier kannte man ihn nicht von Ansehen, und so konnte er es riskieren, wenn er vorsichtig war, auch am Tage weiterzugehen.

Elia stand noch einige Augenblicke am Seeufer und konnte dann der Einladung des Wassers nicht widerstehen. Schnell legte er seine Kleidung ab und schwamm in den See. Es war eine Wohltat, auf diese Weise wieder einmal den Staub und Lehm vom ganzen Körper spülen zu können. Erfrischt stieg er aus dem Wasser, reinigte seine Kleidung noch, so gut es ging, und wanderte weiter.

Langsam wurde es ringsum hell, und die ersten Sonnenstrahlen stahlen sich über die Hügel. Eine einzelne Lerche begann ihr Morgenlied zu singen, und bald fielen andere ein. Der Prophet bemerkte einige Fischer, die vom Fang zurückkehrten. Ihre Arbeit würde, je länger die Dürre anhielt, immer wichtiger werden. Noch einige Zeit ging er weiter, dann fand er einen verborgenen Platz in einem der kleinen Täler, die vom Osten her zum See hin abfielen.

Nur drei Stunden schlief Elia, dann machte er sich wieder auf den Weg. Er lief jetzt schneller und überquerte den Jordan ein ganzes Stück nördlich des Sees, wo der Fluß schon sehr schmal geworden war. Vor ihm ragten jetzt die Berge des Libanon auf, und er mußte nun durch wilde Schluchten und über schmale und steile Pfade seine Reise nach Sarepta fortsetzen. Noch mehrere Tage würde er wandern müssen, immer einen Schritt um den anderen, bis er das Ziel erreichte, von dem Jahwe ihm jetzt gesprochen hatte.

Die Sonne stand schon sehr tief im Westen. Elia begann Ausschau zu halten, wo er ein Lager für die Nacht finden könnte. Da er über flaches, baumloses Grasland ging, konnte er weit vor sich Schafe weiden sehen, und dahinter erkannte er die dunklen Umrisse von schwarzen Ziegenhaarzelten. Ein Beduinenlager lag vor ihm. Als er sich dem Lager näherte, ging er auf das größte Zelt zu, um die Gastfreundschaft für die Nacht in Anspruch zu nehmen, die den Reisenden traditionell gewährt wurde.

Bellende Hunde meldeten Elias Näherkommen den Zeltbewohnern früh genug, daß der Scheik des Stammes ihn mit Wein und Brot begrüßen konnte. Dankbar nahm Elia die Willkommensgaben in Empfang. Der Scheik mochte Israel nicht besonders, doch die Sitte verlangte, daß er Elia willkommen hieß, und dies um so mehr, als jener ein Prophet war. Es war nicht weise, einem Propheten gegenüber unhöflich zu sein, auch dann nicht, wenn man selbst einem anderen Gott diente.

Als Elia während des Gesprächs zu erkennen gab, wer er war, erschien im Blick des Scheiks für einen Augenblick Erschrecken. Doch schnell faßte er sich wieder, vermied es aber sorgfältig, eine Andeutung auf Jahwe oder die Dürre zu machen. Es hatte keinen Sinn, mit einem Propheten zu streiten, der doch offensichtlich das Wetter kontrollieren konnte.

Das Abendessen war üppig, und Elia fühlte sich wohl. Dazu trug auch die Tatsache bei, daß er nach langen Tagen der Wanderung und Anstrengung endlich wieder einmal in einem Zelt schlafen konnte. Am nächsten Morgen nach dem Frühstück, das aus Brotkuchen und Ziegenmilch bestand, überreichte der Scheik ihm noch einen Sack mit Proviant und einen Schlauch voll Wasser. „Du wirst heute durch trockenes Land gehen müssen, und die Lebensmittel reichen für zwei Tage“, sagte er. Als

Elia sich gerade auf den Weg machen wollte, fragte der Scheik — halb bittend und halb fordernd — nach einem Segen vom Propheten.

„Du bist dem Propheten Jahwes freundlich begegnet", antwortete Elia, „und obwohl die Dürre anhalten wird, möge Jahwe dich immer auf gute Weide und zu frischem Wasser führen, und Er mag dich die dürre Zeit überstehen lassen, ohne daß du ein einziges Schaf oder eine Ziege verlierst." Elias Stimme wurde ernst und streng. „Doch ich erwarte von dir im Namen Jahwes, daß du niemand erzählst, daß du mich gesehen hast. Wenn du es doch tust, wird der Segen, mit dem ich dich gesegnet habe, von dir genommen und die Dürre wird dich arm machen."

Der Scheik nickte dankbar und zustimmend mit dem Kopf.

Elia hoffte, heute die Straße nach Beth-Gad zu erreichen und die Nacht irgendwo unter dem Gipfel des Hermons zu verbringen. Da es schon früher Winter war, wurde es nicht zu heiß, und das Gehen war nicht zu beschwerlich. Nach etwa drei Stunden näherte sich der Prophet wieder der Grenze Israels. Beth-Gad lag jetzt nur noch ungefähr 7 Kilometer westlich. Es war eine alte Stadt mit vielen Göttern. Und obwohl die Stadt jetzt zu Israel gehörte, war es doch Baal, der dort am meisten verehrt wurde. Elia fühlte, wie sich in ihm der Zorn wieder regen wollte. Er konnte sich gut vorstellen, was jetzt in der Dürre an den Götteraltären dort an den Quellen des Jordans stattfand.

Viele Kinder wurden, um die Götter gnädig und günstig zu stimmen, zu den Priestern in den Göttertempeln gebracht, damit sie ihnen ein Leben lang dienten. Und es kam gar nicht selten vor, daß Kinder auch den Göttern geopfert wurden, wenn man dringend der Hilfe Melkarts oder der Aschera bedurfte. Ja es konnte, wenn durch die anhaltende Dürre die Not noch größer wurde, sogar vorkommen, daß eine ganze Stadt sich zu einer Massenopferung von Kindern entschloß, so daß die letzten schmalen Wasserrinnsale rot von Blut waren und der Geruch von verbranntem Menschenfleisch die Luft erfüllte. Die Eltern der geopferten Kinder standen dann voller Verzweiflung dabei, schwiegen mit zusammmengebissenen Zähnen, während ihnen die Tränen über das Gesicht rannen.

Elia blickte zum Himmel auf. „Gibt es keinen anderen Weg, Herr?“ fragte er. „Müssen Kinder der Dürre wegen sterben?“ Doch Gottes Antwort war ihm bekannt. Jahwe hatte lange Jahre auf viele andere Weise versucht, Sein Volk zur Vernunft zu bringen, und nun blieb Ihm nur noch dieses Mittel. Elia blickte nordostwärts in Richtung Damaskus. Dort gehörten Kinderopfer zum normalen Alltagsleben — am Anfang und Schluß jedes kriegerischen Unternehmens wurden sie gebracht, ehe man säte und wenn der Frühlings- oder der Winterregen einmal zu gering ausfiel oder zu spät kam. Durch die Gewohnheit der Kinderopfer waren die Menschen so grausam geworden, daß es häufig zu ähnlichen Forderungen kam, wie sie einmal der Ammoniter Nahas den Bürgern von Jabes in Gilead gegenüber gestellt hatte, als er ihnen allen das rechte Auge ausstechen wollte.

Baal hatte den großen Vorteil, daß er sich den Aberglauben der Menschen zunutze machte. Dort, in der Nähe von Beth-Gad, kam das Quellwasser des Jordans aus einer großen Höhle gerauscht. Nur die Götter konnten dieses Wasser aus dem Berg schenken, so glaubten die alten Kanaaniter, und deshalb war es für sie ein heiliger Platz der Götter. Und war nicht der riesige Berg Hermon darüber ein wahrer Götterthron? Kamen nicht die Morgennebel, die den Tau mitbrachten, von seinem Gipfel herab? Lag nicht hoch oben in seinen Hängen das ganze Jahr über Schnee? Jahwe nahm einen solchen Wohnplatz nicht für sich in Anspruch. Das mußte wohl daran liegen, daß der Gott, der hier wohnte, stärker war als Jahwe. Und nun hatten die Baalspriester diesen Platz für Melkart und Aschera in Anspruch genommen. Also mußten wohl sie die mächtigsten Götter sein.

Jahwe hingegen mußte wohl ein schwacher Gott sein, denn Seine Gebote forderten, man solle für die Witwen und Waisen sorgen, die Fremden mit Freundlichkeit und Rücksichtnahme behandeln, jeder Familie ein Stück Land zum Eigentum geben, Mann und Frau sollten sich in der Ehe ein Leben lang die Treue bewahren, und in geschäftlichen und anderen öffentlichen Angelegenheiten sollte anständig und ehrlich verfahren werden.

Der Prophet dachte über seine bisherige Reise nach. Die Überlegungen, die er in der letzten Stunde angestellt hatte, waren ermüdender gewesen als die heutige Wanderung. Bald würde er höher hinaufsteigen, in die mittleren Regionen der Hänge des Hermons, wo die immergrünen Eichen in ganzen Wäldern wuchsen und in kurzen Abständen ein kleiner Tempel nach dem anderen stand. Alle den verschiedenen Göttern geweiht; und an jedem Tempel würden Pilger und Bauern beten und Opfer bringen, um Baal und die anderen Götter zu bewegen, endlich Regen zu senden.

Etwa 15 Kilometer später, als es schon dem Abend zuging, erreichte Elia die Straße, die von Beth-Gad über die Hermonhöhen führte. Die Nacht würde nicht gerade angenehm werden, denn obwohl die hier überall wachsenden Bäume und Büsche den kalten Wind abhielten, war es in dieser Höhe nachts schon recht kühl. Doch sein Mantel war warm, und er würde trotzdem halbwegs gut schlafen.

⋆ ★ ⋆

Zeitig schon schien die Sonne auf die Hänge des Hermons. Ihre ersten Strahlen weckten Elia, der durch die Kühle des frühen Morgens schon sehr unruhig schlief, vollends auf. Er erhob sich und reckte die steif gewordenen Glieder. Als er aus der Baumgruppe heraustrat, in deren Schutz er geschlafen hatte, bemerkte er eine lange Reihe von Menschen auf dem Pfad, der zum Hermongipfel führte. Er schaute hinauf. Durch einige steile Hänge über ihm konnte er den Gipfel nicht sehen, bemerkte aber die Rauchwolke, die von dort aus steil in den Himmel stieg.

Vier Pfade führten zu dem Tempel auf dem Gipfel des Hermons. Einer, der im weiten Bogen von Osten kam, war verhältnismäßig leicht zu begehen. Auf ihm kamen gewöhnlich alle, die aus der Gegend von Damaskus zu dem Götterheiligtum auf dem Hermon wollten. Zwei recht schwierige Pfade führten vom

Westen steil hinauf in das große Hochtal zwischen dem Hermon und dem Libanon. Sie wurden hauptsächlich von den Baalsanbetern aus Tyrus, Byblos und den anderen phönizischen Städten benutzt, die zu den Baalsfeiern in dem großen Hochtal gingen. Der Pfad, auf dem der Prophet die Reihe von Menschen beobachtete, war wohl der schmalste und schwierigste. Er kam von Süden, und die Kanaaniter und die Israeliten, hautpsächlich aus der Gegend von Beth-Gad und den anderen Jordanquellen, gingen auf ihm zu den Götterheiligtümern auf dem Hermon. Dieser Pfad war so schwierig, daß man von Zeit zu Zeit schon leichte Kletterstücke in Kauf nehmen mußte.

Vorsichtig zog sich Elia in die Deckung der Bäume zurück, während er beobachtete, wie die Pilger sich den steilen und engen Pfad empormühten. Ihm wurde plötzlich klar, daß er einen Weg finden mußte, die Zeremonie zu beobachten, an der diese Pilger teilnehmen wollten. Es mußte sich dabei um lauter kräftige und ausdauernde Menschen handeln, denn ältere Leute und Schwache würden den steilen Pfad nie bezwingen können; sie würden in den tiefer gelegenen Tempeln an den Zeremonien teilnehmen müssen. Trotzdem war eine verhältnismäßig große Anzahl von Pilgern an diesem Morgen zum Gipfel unterwegs. Es schien offensichtlich ein öffentlicher Aufruf zu einer ganz besonderen Zeremonie ergangen zu sein.

Während Elia noch überlegte, wie er unbemerkt zu dem Ort der Zeremonie kommen konnte, hörte er die unverwechselbaren Schreie und Gesänge einer Gruppe von Propheten. Bald kamen sie ein wenig tiefer auf dem Pfad in Sicht. Auf Wegstücken, wo es möglich war, sprangen sie empor und verrenkten in der Luft ihre Glieder, dabei stießen sie diese seltsamen Schreie aus und sangen ihre monotonen Gesänge, wie es unter den Propheten Baals üblich war. Elia beschloß, sich der Prophetengruppe anzuschließen, mit ihnen zu singen und zu hüpfen, um so unerkannt zum Ort der Festlichkeit zu gelangen. Schnell begab er sich auf den Pfad und mischte sich unter sie.

Der Aufstieg wurde immer beschwerlicher, je höher sie kamen. Die Propheten sprangen kaum noch, und auch ihr Gesang und ihre Schreie klangen nun müde. Endlich gelangten sie zu der knapp unterhalb des rund 3000 Meter hohen Gipfels gelegenen fast ebenen Fläche. Um diese Fläche herum war aus Felsen eine Mauer errichtet, und von da stieg der Rauch empor, den Elia schon von weiter unten gesehen hatte.

Elia trat durch den weiten Eingang neben dem Tempel in den durch die Felsmauer umgebenen Innenraum. Ein stumpfer Erdkegel ragte in der Mitte etwa fünfeinhalb Meter hoch empor, und große Flammen loderten aus einem tiefen Loch auf seiner Oberseite. Mächtige Rauchwolken stiegen in den Himmel. Rund um den Erdkegel standen Schulter an Schulter Baalspriester in einem Kreis und sangen ihre Litaneien. Viele Beter drängten sich in dem Innenraum, sangen mit den Priestern und machten allerlei Verrenkungen. Die Sonne stand schon hoch und die versammelten Menschen wurden immer erregter. Elia wußte, daß er jetzt gehen mußte, denn er würde nicht still sein können, wenn die Orgie erst richtig begann. Vor allem dann nicht, wenn man das auserwählte schöne Mädchen und ihren männlichen Gefährten brachte, die in das offene Feuerloch geworfen wurden. Die Schreie der Opfer würden sich dann mit dem Geheul der Priester und der Menschenmenge sowie dem Geruch von verbrennendem Fleisch mischen, wenn die beiden Menschen Baal zum Opfer dargebracht wurden. ,,Sieh, Baal'', würden diese Menschen hier denken, ,,wir haben dir die Schönste und den Besten gebracht, die wir finden konnten; du kannst doch nun nicht anders, als unseren Wunsch erfüllen und uns den Regen geben, den wir brauchen, um überleben zu können.'' Noch einmal warf der Prophet einen langen Blick auf das Schauspiel, dann verließ er den von der Felsmauer umgebenen Raum wieder und wanderte weiter.

Direkt westlich vor ihm lag Phönizien, dieses langgestreckte schmale Küstenland, das zwischen dem Libanonmassiv und der See eingeklemmt war. Da war Tyrus, die Heimatstadt der berüchtigten Königin Isebel, und weiter nördlich davon lag Sidon. Zwischen diesen beiden Hafenstädten, ein wenig in den Bergen verborgen, lag Sarepta, sein Ziel.

Während Elia auf dem steilen Bergpfad langsam wieder abwärts ging, schüttelte er nachdenklich den Kopf. Vielleicht wäre es besser gewesen, nicht hierher zu kommen. Als er von der Höhe weit über das Land hinschaute, schien ihm die Aufgabe, hier neu Gehorsam zu Jahwe zu verkündigen, fast zu groß zu sein. Vor ihm lag Samaria, das die konservative Haltung der Brüder im südlichen Juda verachtete und lieber auf Kosten der Wahrheit der Macht und dem Reichtum diente, dies aber mit angeblich modernen Ideen und toleranter Weltoffenheit entschuldigte.

Und hinter den Hügeln im Süden, außerhalb seiner Sichtweite, lag das konservative Juda, dessen Menschen ihren Lebensunterhalt in hartem Kampf der Wüste abringen mußten, die streng an der Jahwe-Religion festhielten, die Gesetze Jahwes aber manchmal so hart auslegten, daß dadurch die Absicht Jahwes fast wieder in ihr Gegenteil verkehrt wurde. Doch wenigstens hielt Juda treu an Jahwe fest, und ihr König Josaphat hatte eine Regierung der Gerechtigkeit errichtet, die auf dem Gesetz Jahwes aufbaute.

Wie sollte es Jahwe gelingen, die Menschen von Samaria wieder zu erreichen? Wie sollte Er sie ohne eine gewaltige Machtdemonstration davon überzeugen, daß Er der allein wahre Gott war? Wieder schüttelte der Prophet den Kopf. Menschlich gesprochen schien die Sache hoffnungslos zu sein.

Nach einem weiteren beschwerlichen Wegstück erreichte Elia die Straße nach Hasbeja, die am Westhang des Hermon abwärts führte. Die westlichen Hänge des Hermons erhielten mehr Regen als die östlichen und waren deshalb üppiger bewachsen. Das liebliche Bild der grünen Hänge und der sich vor ihm ausbreitenden Terrassen und Täler brachte ihn auf andere Gedanken. Es dämmerte schon, als er sich der Stadt Hasbeja näherte. Einige Menschen, die noch lange auf den umliegenden Feldern gearbeitet hatten, strebten jetzt dem großen Stadttor zu. Elia ging um die Stadtmauer herum zu dem Tal auf der anderen Seite. Er hoffte, dort seinen leeren Wasserschlauch wieder füllen zu können. Doch der Bach im Tal war ausgetrocknet, und er hatte kein Gefäß, um aus dem nahen Brunnen Wasser schöpfen zu können. Achselzuckend ging er eilig weiter, um noch, ehe es ganz dunkel wurde, den tiefer unten gelegenen Hasbanifluß zu erreichen.

Er schlief auf einem Grasstück zwischen Büschen und erwachte am nächsten Morgen durch Stimmen. Als er seine Augen öffnete, erblickte er eine Anzahl Frauen. Jede von ihnen trug einen Wasserkrug auf dem Kopf. Also schien auch der Brunnen oben vor der Stadt ausgetrocknet zu sein, wenn die Frauen bis hier herunter an den Fluß kamen, um Wasser zu holen. Er erhob sich und ging auf sie zu. Neugierig und ohne Furcht blickten die Frauen ihm entgegen. ,,Ich muß über den Libanon", sagte er, ,,welcher Weg ist der beste?"

Die Frauen blickten sich gegenseitig an. Sie erkannten an seiner Aussprache, daß er ein Israelit, und an seiner Kleidung, daß er ein Prophet war. ,,Es ist besser, bis nach Ijon hinunter zu gehen und um den Berg herum. Jetzt im Winter ist der Weg über das Gebirge gefährlich", antwortete eine der Frauen. ,,Es ist jetzt kalt dort und kann Eis geben."

,,Ich weiß", antwortete Elia, ,,muß aber trotzdem über den Berg gehen."

Die Frau zuckte mit den Achseln und erklärte ihm den Weg. Die Tagesreise wurde anstrengend. Sie führte ihn wieder hoch hinauf in die Hänge des majestätischen Libanon. Er mußte sehr schnell gehen und zeitweise, wo es der Weg erlaubte, sogar laufen, um das Ziel dieses Tages, die Stadt Jessin, noch zu erreichen, ehe die Tore geschlossen wurden. Die Luft war schon kalt, und in der Nacht würde es sicherlich Frost geben. Endlich, nach einem letzten schnellen Lauf, erreichte er die in einem geschützten Tal liegende Stadt.

9

Es war später Nachmittag, als Elia unter den wachsamen Blicken der Wächter das Stadttor passierte. Er fragte sie: „Gibt es in Jessin Israeliten?“

„Ja“, antworteten sie. „Gehe diese Straße hinunter zum Marktplatz und frage nach Eliham.“

Er nickte und ging weiter. Als er den Marktplatz erreichte, unterbrach er einen kleinen Mann, der laut seine Ware anpries: „Ich suche Eliham.“

Der Mann unterbrach seine Anpreisungen nicht, sondern hob nur zwei Finger und deutete nach links. Elia schloß daraus, daß er zwei Stände weiter fragen sollte. Er ging an dem nächsten vorbei und blieb bei dem übernächsten wieder stehen und rief: „Eliham!“ Ein Mann blickte ihn fragend an. „Eliham?“

„Ich bin Eliham.“

„Ich bin Elia, ein Prophet Jahwes. Würdest du mir für die Nacht Unterkunft gewähren.“

Erstaunen machte sich auf dem Gesicht des anderen breit, wich aber schnell einem frohen Lächeln. Er stand von seinem Hocker auf und streckte die Arme aus.

„Willkommen! Willkommen!“ rief er laut und zog Elia an sich.

Die überschwengliche Begrüßung überraschte Elia. Fragend blickte er zu Eliham auf, denn dieser war einen ganzen Kopf größer als er. „Du hast hier in Jessin von mir gehört?"

„Ja, ich kenne dich und habe eine große Überraschung für dich. Komm, hilf mir zusammenpacken, dann gehen wir heim."

Gemeinsam packten die Männer Weizen, Oliven, Nüsse und andere Früchte in große Körbe, luden diese auf zwei Esel und machten sich auf den Weg. Erst, als sie den Marktplatz schon eine Weile verlassen hatten, fragte Elia: „Von welcher Überraschung hast du geredet?"

Während sie durch kurvenreiche Straßen gingen, die den Windungen des Tales folgten, erfuhr Elia, daß in Elihams Haus die einzigen Israeliten der Stadt wohnten. „Dies ist eine Heidenstadt", erzählte er dem Propheten und deutete zu dem Berg hinauf, der im Osten der Stadt lag. „Dort oben gibt es sehr alte Eichenhaine. Im größten von ihnen ist ein Tempel. Man hat mir erzählt, daß in früheren Zeiten die Bewohner Jessins dort ihren eigenen Gott anbeteten. Doch jetzt ist es ein Platz, wo man dem großen Baal Opfer bringt, dem auch Isebel dient."

Er fuhr fort: „Durch Jessin geht eine recht gute Straße, die von Sidon nach Damaskus führt. Deshalb zogen auch immer viele Kaufleute durch die Stadt und berichteten von der großen Macht, die Melkart und Aschera angeblich haben. Die Einwohner der Stadt kamen zu der Überzeugung, daß sie eigentlich alle dem selben Gott dienten und übertrugen deshalb ihre Ehrfurcht von ihrem eigenen kleinen Baal auf den mächtigen Baal, dem die großen Nationen dienen."

Eliham beschrieb mit der ausgestreckten Hand einen Halbkreis. „Überall in den Bergen und Tälern gibt es Dörfer, und jedes von ihnen hat sein eigenes kleines Heiligtum für irgendeinen Baal, doch..." er schwieg einen Augenblick und blickte Elia an, „... doch jetzt wenden sie sich alle dem großen Baal der Isebel zu." Eliham blieb stehen und packte Elia beim Arm. Sorgenvoll sagte er: „Höre, Prophet Jahwes, es sieht so aus, als würden Melkart und Aschera gewinnen."

Wieder spürte Elia, genau wie auf dem Hermon, als er über Israel hinwegblickte, wie Mutlosigkeit in ihm aufsteigen wollte. Doch er unterdrückte seine Sorge und antwortete fest: „Nein, Baal wird nicht gewinnen.“ Ruhig erwiderte er Elihams Blick und sagte nochmals leise: „Baal wird ganz sicher nicht gewinnen.“

Eliham wandte sich um und ging weiter. Nach wenigen Minuten erreichten sie ein Steinhaus mit einer offenen Veranda an der Vorderseite. Ein Drittel des flachen Daches war noch zu einem weiteren Raum ausgebaut, zu dem an der Außenseite eine Treppe hinaufführte. Elia wurde von seinem Gastgeber hinter das Haus in einen Hof geführt, der mit Felsblöcken umgeben war. Die mit zurückgebrachten Früchte trugen sie in einen solid gebauten Schuppen, dann versorgte Eliham noch die Esel. Anschließend betraten sie das Haus durch den rückwärtigen Eingang.

Drei Gesichter blickten ihnen entgegen, als sie eintraten. Ruth, Elihams Frau, begrüßte ihren Gatten: „Du kommst heute früh nach Hause, Eliham“, dann bemerkte sie den Gast und erhob sich, um ihn zu begrüßen.

Doch Elia starrte überrascht auf die anderen beiden Gesichter, die ihn freudestrahlend anblickten. Der Mann und die Frau erhoben sich gleichzeitig vom Tisch, an dem sie gesessen hatten. Rehab erreichte Elia zuerst, und die beiden Männer umarmten sich. Mirjam, neben ihm, zog den Kopf des Propheten herab und küßte ihn auf die Wangen. Eliham stand neben seiner Frau und lächelte in ihre fragenden Augen. Als die erste Aufregung sich legte, faßte er Elia am Arm. „Das ist meine Frau Ruth, Elia“, sagte er.

Ruth streckte beide Hände aus. „Du bist Elia, der Prophet Jahwes?“

Er nickte.

Fest drückte sie seine Hände. „Du bist in unserem Hause willkommen, Elia.“ Mit einer Handbewegung lud sie ihn zum Tisch. Eliham zog schnell einen weiteren Stuhl für den Propheten heran, während Ruth für alle Wein ausgoß.

Als er saß, packte Elia Rehabs Arm. ,,Wie kommst du hier her, mein Freund?"

Rehab blickte zuerst Mirjam an und dann den Propheten. ,,Elia", begann er, ,,die Verhältnisse in Israel sind jetzt sehr schwierig geworden. Ich hätte entweder, wenn ich mein Geschäft behalten wollte, auch lügen und betrügen müssen, oder, wenn ich dies nicht wollte, hätte ich mein Geschäft verloren und müßte verhungern." Rehab berichtete, wie sich in der Zeit, in der Elia einsam in seinem Versteck gelebt hatte, die Verhältnisse in Israel entwickelt hatten. Der Prophet hörte aufmerksam zu, und man konnte bemerken, wie sich seine Muskeln vor Erregung immer mehr spannten. ,,Und deshalb", schloß Rehab, ,,haben Mirjam und ich beschlossen, hierher nach Jessin zu gehen in das Haus ihres Vetters."

Eliham bemerkte: ,,Rehab ist ein guter Kaufmann, und wir arbeiten nun zusammen. Er geht zu den Bauern und kauft Ware ein, während ich sie auf dem Markt verkaufe. Das bringt unserem Geschäft große Vorteile, ich muß nun nicht mehr warten, bis die Bauern zu mir kommen und mir ihre Erzeugnisse anbieten."

Rehab lächelte froh. ,,Ich reise sehr weit in der Gegend herum, um Ware zu bekommen; und ich werde, wenn es sonst nichts mehr gibt, sogar bis Sidon gehen, um dort Fisch einzukaufen."

,,Unsere Zusammenarbeit klappt prächtig, Elia", bestätigte Rehab. ,,Es geht uns nicht so gut wie vor der Dürre, doch jedenfalls besser als den meisten anderen."

,,Das freut mich", sagte Elia sanft und fragte dann: ,,Aber habt ihr hier mit den falschen Gewichten und Betrügereien nicht dieselben Probleme wie in Beth-Sean?"

Eliham lachte. ,,Nein, Elia. Ich bin einer der größten Kaufleute hier. Seit noch Rehab kam, kaufen und verkaufen wir beide gemeinsam mehr Ware als irgend jemand anders. Wir sind sozusagen die größten Fische in einem kleinen Teich. Da wir ehrlich sind, müssen sich die anderen Kaufleute auch daran halten, sonst verlieren sie ihre Kunden." Elihams Stimme wurde besorgter, als er hinzufügte: ,,Elia, wann wird die Dürre enden?"

,,Du sagtest, Melkart und Aschera würden gewinnen?"

,,Ja, das sagte ich."

,,Erst wenn die Menschen ohne allen Zweifel begriffen haben, daß es Jahwe ist, der den Regen in Seiner Gewalt hat, wird die Dürre enden", erklärte Elia fest.

Eliham goß ihm neuen Wein in seinen Becher. ,,Und wenn dieser Tag nun niemals kommt?"

,,Der Tag wird kommen", beharrte Elia, ,,und wenn er kommt, dann, Eliham, wirst auch du erkennen, daß allein Jahwe Gott ist."

,,Ich weiß das jetzt schon", antwortete er.

,,Du weißt zwar, daß Jahwe Gott ist, aber du glaubst nicht wirklich, daß Er stärker ist als die Mächte des Bösen."

Der Hausherr blickte den Propheten nachdenklich an. Elia wiederholte: ,,Du glaubst nicht, daß Jahwe Seine Feinde besiegen kann, nicht wahr, Eliham?"

,,Hast du nie Zweifel, wenn du darüber nachdenkst, wie die Sache ausgehen wird, Elia?"

,,Doch", antwortete der Prophet ruhig, ,,auch ich kenne solche Augenblicke."

,,Warum richtest du uns dann dieserhalb?" warf Ruth ein.

,,Ich richte euch nicht. Ich stelle nur fest, daß Jahwe gesagt hat, daß Er gewinnen wird. Und was Er sagt, wird Er tun. Baal ist gewiß sehr stark, sogar in Israel. Wie Jahwe gewinnen wird, weiß ich auch nicht. Doch Er wird gewinnen. Meine Gewißheit ist größer als meine Zweifel."

Eliham erhob sich. ,,Es ist Zeit, schlafen zu gehen", meinte er.

Ruth übergab Elia eine Öllampe. ,,Du schläfst oben im Gästezimmer", lächelte sie. ,,Schlaf recht gut und komme erst herunter, wenn du ausgeschlafen hast und fertig bist."

,,Danke, Ruth, und gute Nacht, meine Freunde." Er drehte sich um und ging zum Ausgang, um von dort zur Außentreppe zu gehen. An der Tür blieb er stehen, drehte sich nochmals um und sagte: „Jahwe wird gewinnen!“ Damit verließ er den Raum.

Elia wachte früh auf, blieb aber noch eine Weile liegen und dachte nach. „Wenn sogar jene, die treu zu Jahwe hielten, nicht mehr glaubten, daß Er gewinnen würde“, überlegte er, „was muß Jahwe dann tun, um die zu überzeugen, die nicht an Ihn glauben?“ Von drei Jahren Dürre hatte Jahwe zu ihm geredet. Elia begann zu verstehen, warum die regenlose Zeit so lange dauern mußte. Der Sieg über Baal mußte so gewaltig ausfallen, daß er allen in den Ohren und Seelen widerhallte.

Er hatte gefürchtet, die Atmosphäre beim Frühstück würde gespannt sein, doch Elia mußte feststellen, daß dies nicht der Fall war. Eliham versicherte ihm, er würde Jahwe ernstlich um genügend Glauben und Vertrauen bitten. Rehab und Mirjam, deren Glaube nie wankte, berichteten davon, daß überall in Israel Elias Prophezeiung bekannt sei. „Aber sie beten trotzdem zu Baal, für den Fall, daß er doch stärker sein sollte als Jahwe“, erwiderte Elia und dachte an die Begebenheiten, die er unterwegs selbst mit angesehen hatte.

„Ja“, meinte Rehab, „doch sie wissen, daß Jahwe gesprochen hat, und das ist schon der erste Schritt zum Sieg.“

Elia machte sich bald auf den Weg. Der Verpflegungsbeutel und auch der Wasserschlauch waren gefüllt. Eliham hatte ihm auch noch eine gute Beschreibung seines weiteren Weges gegeben. Er mußte zuerst noch westwärts gehen und morgen nach Süden einschwenken. Noch eine Nacht würde er irgendwo im Freien verbringen müssen, ehe er dann die Küste der Großen See (Mittelmeer) und bald darauf auch Sarepta erreichen würde, hatte Eliham ihm erklärt.

Genauso war es auch. Es ging schon auf Mittag des nächsten Tages zu, als er die Küstenstraße erreichte und sich nun südwärts wandte am Meer entlang. Ab und zu ging er langsamer oder blieb ganz stehen, um eines der Schiffe zu beobachten, die von Segeln getrieben, unter einem leichten Wind scheinbar mühelos dahinglitten; eine erstaunliche Sache für den Propheten aus dem rauhen Lande Gilead. Noch ein ganzes Stück vor ihm rückten die Berge sehr nahe an die See heran. Dort lag auch das Ziel seiner Reise, Sarepta. Die weißen Mauern seiner Häuser leuchteten hell in der Nachmittagssonne. Im Hafen lagen eine Anzahl Schiffe, wurden entladen oder warteten auf neue Fracht. Es war ein Bild des Friedens.

Als er näher kam, sah Elia eine Frau aus dem Stadttor kommen und zu einer Baumgruppe in der Nähe des Hafens gehen. Als sie die Bäume erreichte, begann sie dort dürres Holz zu sammeln, das herumlag. Sie war so eifrig mit ihrer Arbeit beschäftigt, daß sie nicht merkte, wie Elia sich näherte.

„Ich könnte einen Schluck Wasser gebrauchen", sagte er ruhig.

Die Frau fuhr erschrocken herum und ließ ihr Holzbündel fallen. Als Elia sich bückte, um es wieder aufzuheben, betrachtete sie ihn sorgfältig. Sein rauher und dicker Mantel sowie der steife Ledergürtel zeigten, daß er ein Prophet war, doch sein ungebändigtes Haar und der lange Bart machten sie ein wenig ängstlich. Jetzt richtete er sich wieder auf und übergab ihr das Holz. Sie war eine kräftige Frau, doch die eingefallenen Wangen und die Falten im Nacken zeigten auch an ihr die Wirkung der Hungersnot. Sie trug einen weiten Umhang, um ihren Kopf war ein Tuch gewunden, und sie war nicht viel kleiner als der Prophet. Er schaute ihr genau in die Augen und sagte: „Bitte, ich bin sehr durstig, bringe mir etwas Wasser zu trinken."

Sie konnte den Wunsch kaum abschlagen, denn die Sitte verlangte, daß man einem Fremden einen Trunk Wasser nicht verweigern sollte. „Gut", antwortete sie, „ich bin in wenigen Minuten zurück." Damit ging sie in Richtung auf das Stadttor zurück.

„Vielleicht ist dies die Witwe, die Gott gemeint hat", dachte Elia. Er rief hinter ihr her: „Bring mir doch bitte ein wenig Brot mit, ein kleines Stück genügt schon."

Sie blieb stehen und schaute zurück. In ihrem Blick lag so etwas wie Resignation. „Es tut mir leid", sagte sie, „ich habe nichts zu essen, das ich dir geben könnte."

Elia fühlte in seinem Inneren das Drängen, das ihm sagte,

dies hier müsse die richtige Frau sein. Also gab er nicht nach. ,,Überhaupt nichts?" forschte er.

Die Frau sah ihn eine Weile schweigend an. Elia bemerkte, wie ihr Tränen in die Augen traten. Endlich sagte sie: ,,Nein." Und als der Prophet nicht antwortete, fügte sie hinzu: ,,Ich sage die Wahrheit." Und als Elia immer noch nichts sagte, schwor sie: ,,So wahr der Herr Jahwe, dein Gott, lebt, ich habe nichts Gebackenes mehr im Hause, sondern nur noch eine Handvoll Mehl im Topf und ein klein wenig Öl im Krug. Ich habe dieses Holz gelesen, um für mich und meinen Sohn noch eine letzte Mahlzeit zu bereiten." Sie preßte die Kinnbacken zusammen, und Elia sah, wie sie mit den Tränen kämpfte. Leise sagte sie noch: ,,Dann werden wir uns hinlegen, um zu sterben."

Beruhigend antwortete Elia: ,,Fürchte dich nicht, sondern vertraue meinem Gott. Geh und bereite für dich und deinen Sohn diese letzte Mahlzeit. Doch zuerst mache für mich einen kleinen Brotkuchen. Jahwe verspricht dir durch mich, und ich stehe hier als Sein Zeuge, daß dies Versprechen wahr ist, daß dir das Mehl im Topf nicht ausgehen und das Öl im Krug nicht abnehmen wird, bis mein Gott Jahwe wieder Regen auf die Erde sendet."

Die Frau überlegte wieder, und Elia ließ ihr Zeit. Dann fragte sie: ,,Und Jahwe wird dies wirklich für mich tun, nur weil ich dir einen kleinen Brotkuchen gebe?"

Elia lächelte. ,,König Ahab läßt in ganz Israel nach mir suchen, denn nur wenn ich es sage, wird Jahwe es wieder regnen lassen. Ich bin nach Sarepta gekommen, um mich hier zu verstecken. Ich werde in deinem Hause wohnen."

,,Wenn es wirklich wieder regnet, wenn du es sagst, warum tust du es dann nicht und befreist uns alle aus der großen Not?"

,,Jahwe wird den Regen nicht eher senden, bis mein Volk bereit ist, sich von Baal abzuwenden."

,,Und du erwartest nun von mir, daß ich Jahwe über Baal stelle?" Elia antwortete nicht.

Die Frau nickte. ,,Also gut", sagte sie entschlossen, ,,ich habe nichts mehr zu verlieren. Lange genug habe ich zu Aschera gebetet, und sie hat nicht geholfen. Also komme mit mir, Prophet Jahwes.“ Damit drehte sie sich wieder um und ging zur Stadt zurück.

Elia folgte ihr durch das Tor und die Straßen von Sarepta. Nach einer kurzen Zeit kamen sie zu einem kleinen alten Steinhaus. Aus den Ritzen zwischen den Steinen fiel hier und da der Mörtel. Das Gästezimmer auf dem flachen Hausdach war kaum mehr als eine kleine Kammer, aus rohem Holz erbaut. Quer über den Rest des Daches war eine Leine gespannt, auf der Wäsche hing.

„Warum hast du dir noch die Mühe gemacht zu waschen, wenn du dich doch hinlegen willst, um zu sterben?“ fragte Elia.

„Wasser gibt es umsonst, und der Brunnen ist noch nicht trocken. Wenn mein Sohn und ich schon sterben müssen, soll es so ehrenwert und ordentlich wie möglich geschehen.“ Sie betrat das Haus und forderte Elia durch eine Handbewegung auf, ihr zu folgen.

Ein Junge von etwa zwölf Jahren saß lustlos auf einem Hocker. Als die beiden eintraten, hob er den Kopf und blickte zuerst Elia an und dann seine Mutter. Die Frau lächelte nicht, sondern ging schweigend zu einem Wandbrett, das an der hinteren Wand des Hauses befestigt war. Von dort nahm sie zwei große Tonkrüge und verließ mit diesen und dem Bündel Zweigen das Haus wieder durch die Hintertür und ging zum gemauerten Herd, der unter einem kleinen Überdach an der Rückseite des Hauses stand. Ihrem Sohn sagte sie beim Vorübergehen noch: „Gib dem Propheten einen Becher Wasser zu trinken.“

Der Junge blieb unbeweglich sitzen und starrte Elia an. Dieser sagte: „Mein Name ist Elia. Wie heißt du?“

Der Junge antwortete nicht, und auch in seinem Gesicht war keine Reaktion zu erkennen. Elia versuchte es nochmals. „Ich bin der Prophet Jahwes. Sagst du mir deinen Namen?“

„Ich bin Boseth“, murmelte der Junge.

„Mein Hals ist so trocken. Würdest du mir einen Schluck Wasser geben?“

Langsam erhob sich Boseth, nahm einen Becher, schob den

Deckel von einem großen Tonkrug beiseite und schöpfte Wasser daraus. Als er dem Propheten den Becher reichte, sah dieser, wie verzagt der Junge dreinblickte. „Vertraue mir", sagte Elia ruhig, „mein Gott Jahwe wird uns drei mit Nahrung versorgen."

Zum ersten Mal schaute Boseth ihn offen an. „Wirst du bei uns bleiben?"

„Ja", antwortete Elia, „ich werde oben im Gastzimmer wohnen."

Der Junge ging hinaus zu seiner Mutter. Elia hörte die beiden diskutieren, bis die Stimme der Mutter laut und ärgerlich wurde und dem Jungen zu schweigen befahl. Dann war Ruhe. Boseth kehrte nicht in das Haus zurück.

Elia setzte sich auf einen Schemel, der an der Wand stand, und lehnte sich zurück. Das Haus war klein und bestand nur aus diesem einzigen Raum. In einer Ecke stand der Tisch mit vier Holzschemeln. An der Rückwand waren einfache Bretter als Regale befestigt, auf und unter ihnen standen eine Reihe verschieden große tönerne Gefäße. Der andere Teil des Raumes war leer, nur in einer Ecke lagen eine Anzahl sorgfältig zusammengelegte Decken.

Nach einer Weile kehrte die Frau mit einem einzigen Brotkuchen mittlerer Größe zurück, der noch warm war. Schweigend stellte sie ihn vor Elia auf den Tisch, nahm den Becher und füllte ihn wieder mit Wasser, stellte ihn daneben und sagte herausfordernd: „Hier hast du deine Speise, Prophet Jahwes, jetzt iß."

Elia brach ein Stück von dem runden, warmen Brotkuchen ab, steckte ihn in den Mund und trank einen Schluck Wasser dazu. Erst als er den halben Brotkuchen verzehrt hatte, blickte er wieder auf. Die Frau stand neben ihrem Sohn, der leise wieder hereingekommen war, und hatte einen Arm um seine Schulter gelegt. Beide schauten zu, wie Elia den Brotkuchen verzehrte. Er biß wieder ein Stück ab und sagte, um die Gefühle der Frau zu prüfen, ein wenig lauernd: „Dein Brotkuchen ist wirklich gut." Tränen traten in die Augen der Frau.

Der Junge konnte sich nicht mehr zurückhalten. Er riß sich von der Mutter los und rannte auf Elia zu. Der Prophet konnte gerade noch seinen Arm heben, um die kleine Faust abzufangen, die auf sein Gesicht zielte. Boseth begann mit seinen dünnen Armen auf Elia einzuschlagen. Doch dieser fing die Schläge ruhig ab. „Du Dieb!" schrie Boseth, und als ihn erschöpft die Kraft verließ, rannte er zu den Decken in der Ecke, warf sich darauf und verbarg schluchzend sein Gesicht darin.

Elia blickte die Frau an, die das Gesicht in den Händen vergraben hatte und ebenfalls weinte. Er schob den letzten Bissen in den Mund und trank das Wasser aus. Dann stand er auf und ging zu der Frau, nahm ihre Hände in die seinen und blickte sie an. Ihr Gesicht war tränennaß. „Nun", sagte er, „geh und bereite eine Mahlzeit für dich und deinen Sohn."

Ungläubig starrte die Frau ihn an. „Obwohl dich Angst und Ärger packten, als du mir beim Essen zusahst, hast du dein Vertrauen in Jahwe bewiesen. Wären deine Zweifel größer gewesen als dein Glaube, hättest du mir das Brot wieder weggenommen. Geh jetzt, und mach das Essen für euch."

Langsam zog sie ihre Hände aus denen Elias. In ihrem Gesicht kämpften Unglaube und Staunen miteinander. Dann ging sie auf den Hof hinaus und zum Herd. Als sie in die beiden Krüge blickte, weiteten sich ihre Augen vor Staunen. Weil sie es nicht glauben konnte, griff sie in beide Krüge hinein, um sich von ihren Fingern bestätigen zu lassen, was ihre Augen sahen. Als sie die Hände wieder herauszog und in das Sonnenlicht hielt, waren die Finger der einen weiß von Mehl und die der anderen glänzten ölig. Sie blickte zurück zum Haus und dann hinauf in den Himmel. Mit steifen, unsicheren Schritten kam sie in das Haus zurück. Elia, der sie beobachtet hatte, stand nur wenige Schritte hinter der Tür. Sie fiel auf ihre Knie, schlang die Arme um seine Knöchel und begann seine Füße zu küssen. Verwundert schaute der Junge von den Decken aus seiner Mutter zu.

Elia bückte sich und zog die Frau empor. Er hielt sie bei den Schultern und sagte sanft aber fest: „Ich bin es nicht gewesen, der dir Öl und Mehl gegeben hat, sondern Jahwe. Also knie nie vor mir nieder." Dann zog er sie leicht an sich und hielt sie fest, bis sie sich beruhigte und ihr Weinen verstummte. Sanft schob er sie von sich und sagte freundlich: „Der Junge ist hungrig, geh und bereite das Essen."

10

Die scharfe Spitze des Pfriems berührte Baanas Ohrläppchen. Der Priester stieß das Werkzeug mit einem schnellen Ruck durch das Fleisch, bis die Spitze sich in den Lederflecken bohrte, der dahintergehalten wurde. Baana zuckte nicht. Mit zusammengebissenen Zähnen starrte er geradeaus ins Leere. Viele Dorfbewohner standen in der Straße vor dem kleinen Heiligtum und beobachteten die Zeremonie. Abinadab stand dem Priester gegenüber und lächelte. Er war in einen prächtigen weinroten Umhang gekleidet. Der große und breitschultrige Mann benahm sich so stolz, als wäre er ein Fürst.

Baanas Freunde schauten schweigend zu. Ihre Gesichter waren ausdruckslos und steinern. Der Priester ließ sich von Abinadab den Ohrring reichen und zog ihn durch das eben gebohrte Loch in Baanas Ohrläppchen. Als der Ring in Baanas Ohr befestigt wurde, der anzeigte, daß er nun Abinadab gehörte, runzelten einige der Zuschauer leicht die Stirn. Bisher war er ein freier Mann gewesen, einer von ihnen. Doch nun war er ein Sklave auf Lebenszeit.

Der Winterwind vom Hermon her war kühl, deshalb blieben die meisten nicht länger als nötig. Nun gingen sie langsam und schweigend einzeln oder zu zweien davon. Baana hätte eigentlich als erster gehen sollen. Doch er blieb noch stehen. Abinadab wollte ihn beim Arm fassen, doch der Priester machte ihm ein Zeichen, den neuen Sklaven noch für eine Weile allein zu lassen. Also ging auch Abinadab.

Der Priester stand neben Baana und beobachtete die sich zerstreuenden Zuschauer. Weder er noch Baana sprachen. Außer Baanas schweren Atemzügen und dem Geräusch der Sandalen der Davongehenden war Stille. Engere Freunde Baanas blieben einige Augenblicke länger stehen, bis auch sie schließlich gingen. Nur der Priester und Baana blieben noch zurück. Als aber Baana nicht sprach, noch sonst ein Zeichen der Anteilnahme gab, klopfte ihm der Priester ermutigend auf die Schulter und ging in das Heiligtum zurück. Baana rührte sich immer noch nicht. Seine in die Ferne gerichteten Augen sahen ein Weizenfeld und lange Reihen von Weinstöcken mit einem Wachturm in ihrer Mitte. Dies alles hatte einmal ihm gehört und vorher seinem Vater, und noch früher dem Vater seines Vaters und eher noch dessen Vater und so war es für Jahrhunderte gewesen. Doch jetzt gehörte alles Abinadab.

Als Meor-Baal und sein Gefährte, der Prophet, nach Dor gekommen waren, hatte Baana dem Propheten zugehört. Sogar jetzt noch, mit dem Schmerz in seinem Ohr und dem Gewicht des Sklavenrings, konnte er die geschlechtliche Erregung spüren, die ihn damals gepackt hatte. Sein Freund Schammah und er und eine Anzahl anderer junger Männer waren lachend und wie wild den Hügel hinauf in den heiligen Hain gelaufen. Er erinnerte sich an die heißen Umarmungen der Sona, an die sexuellen Erfahrungen und an die kühle Brise, die von der großen See herüberwehte. Es war die aufregendste Nacht seines Lebens gewesen.

Als Baana spät in der Nacht in sein Haus zurückgekehrt war, hatte seine Frau aufmerksam zugehört, als er ihr von dem erzählte, was der Prophet über Fruchtbarkeit gesagt hatte. Sie hatte Verständnis dafür gezeigt, daß sein Besuch bei der heiligen Sona notwendig und den Göttern wohlgefällig gewesen sei. Seine sexuelle Zuwendung zu seiner Frau von nun an bestätigte auch, daß die Göttin Aschera dem Hause Baanas größere Fruchtbarkeit geschenkt hatte. Baanas Frau wurde schwanger, was ein weiteres Zeichen der Macht Ascheras war. Die anderen Frauen zeigten ihre Bewunderung dafür, daß Baanas Frau von Aschera so sichtlich gesegnet war, und sie wurde von all ihren Freundinnen verehrt.

Dann besuchten sie den Priester Baals, den heiligen Mann, den Meor-Baal nach Dor gesandt hatte, um dort zu bleiben. Sie erzählten ihm von ihrem Glück. Er stimmte zu und meinte, es sei ein klares Zeichen, daß Aschera ihre Gebete erhört habe. Der Geist Baals mußte wirklich in der Sona gewohnt haben. Doch die Schwangerschaft sei nun etwas, womit Baal sie auf die Probe stellen wolle, meinte der Priester. Sicherlich würde ein Kind, das unter solchen besonderen Umständen empfangen worden war, der Göttin geweiht sein. ,,Du mußt Aschera das Kind geben", riet der Priester, ,,und zwar schon, wenn es erst eine Woche alt ist."

Baana hatte seine Hand auf den Leib seiner Frau gelegt, und in diesem Augenblick bewegte sich das Kind zum ersten Mal. Dies konnte nur ein weiteres Zeichen sein. Auch der Priester war davon überzeugt. Das Kind war der Aschera geheiligt.

Seine Frau weinte. Je näher der Zeitpunkt der Geburt rückte, um so mehr weinte sie. Baana versuchte das zu verstehen, doch andererseits hatte doch ein Gott zu ihm geredet. Wenn er das Kind Baal nicht auslieferte, konnte daraus großes Unheil entstehen; aber wenn er es hingab, würden aus diesem Opfer sicher mehr Kinder, gesunde Kinder, und vor allem — Jungen erwachsen. Und außerdem würde Baal das Getreide und die Weinstöcke und alles andere segnen, so daß er später sicher mehr ernten würde als je zuvor.

Das Kind wurde ein Junge. Dies war ein weiteres gutes Zeichen. Schammah hatte zwei Töchter, die schon fast erwachsen waren, er selbst hatte noch keine Kinder. Baana bedauerte jetzt fast sein Versprechen, denn seine Freude war groß, als er seinen Sohn sah. Doch er unterdrückte die Trauer; und so trugen er und seine Frau das Kind am achten Tage zum Priester.

Zu dritt stiegen sie den Hügel hinauf und gingen in das Baals-Heiligtum. Dort legte der Priester den kleinen Jungen auf den Altar. Das Baby schrie, als es aus den Armen der Mutter genommen wurde, und noch lauter, als es nackt auf den kalten Steinen lag. Die Sonas hatten sich draußen versammelt und bildeten einen Kreis um das Heiligtum. Sie sangen monotone Loblieder zu Aschera. Der Priester zog ein dünnes aber sehr scharfes Messer aus einem Loch im Altar. Eine einzige schnelle Bewegung, und das Schreien des Kindes verstummte in einem letzten Gurgeln. Das Blut lief durch eine Rinne am Altar hinunter.

Die Frau schrie auf und brach zusammen. Baana kniete neben ihr nieder und nahm sie in die Arme. „Jetzt", sagte der Priester zu ihm, „mußt du schnell zu einer Sona gehen und mit ihr Verkehr haben." Er zog Baana am Arm. „Schnell, suche dir eine Sona aus, sie sind alle draußen. Wähle, welche du willst und liege mit ihr unter den heiligen Bäumen."

Der Priester ging in das Heiligtum zurück, umschlang die immer noch in ihrem Kummer vor dem Altar liegende Frau, trug sie auf sein Lager und nahm sie dort für sich. Die Frau ließ alles dumpf über sich ergehen und wehrte sich nicht. Ihre Gedanken waren bei dem toten Körper ihres Kindes, der immer noch auf dem Altar lag.

Baana trug seine Frau auf den Armen nach Hause. Sie sprachen kein einziges Wort. Die Frau weinte die ganze Nacht. Doch als sie am nächsten Morgen aufstand, strahlte ihr Gesicht. Sie redete davon, daß beide, sie und Baana, mit den Göttern gelegen hätten. Als die Tage vergingen und sie wieder ihren alten Platz unter den Frauen und am Brunnen einnahm, redete sie immer mehr von den Verheißungen, die sie von Aschera empfangen haben wollte. Sie würde viele Kinder haben, und Baanas Felder würden mehr tragen als je zuvor.

Sie ermutigte Baana, von Abinadab Geld zu borgen, um neue Werkzeuge zu kaufen und eine größere Scheune zu bauen, damit sie Raum haben würden für die vielen Güter, die Aschera ihnen bei der nächsten Ernte geben würde. Sie drängte ihn auch, einen neuen Ochsen zu kaufen und damit den alten, müden zu ersetzen, der schon Baanas Vater gehört hatte. Baana hörte auf seine Frau. Erfreut von der offensichtlichen Gunst, die Aschera über sie ausgoß, ging er zu Abinadab und lieh Geld.

Doch er konnte das Geliehene nicht zurückzahlen. Die Ernte wurde durchschnittlich, doch er hatte mit überreichlicher Fülle gerechnet. Und früher, als Meor-Baal und der Prophet noch nicht nach Dor gekommen waren, war Abinadab nachgiebiger gewesen und nicht so hart wie jetzt. Der Geldverleiher wollte das Darlehen nicht noch länger stunden, deshalb nahm Abinadab ihm sein Feld fort. Baana konnte weiter in seinem Haus wohnen, wurde aber der Sklave Abinadabs.

Während des Winters suchte Baana nach Arbeit, während seine Frau bei Schammah und dessen Töchtern wohnte. Um seinen Freund dafür zu bezahlen, half Baana ihm beim Ackern und Säen seiner Felder. Dann ging er wieder auf Arbeitssuche. Doch es gab keine Arbeit in Dor und auch nicht in Dothan und nicht in Samaria. Die Sklaven, die Ahab von seinen siegreichen Feldzügen heimbrachte, arbeiteten auf den Feldern ihrer Herren, da konnte ein israelitischer Arbeiter nicht mithalten, der war zu teuer. Also kehrte Baana nach vielen vergeblichen Bemühungen zu Abinadab zurück und wurde sein Sklave. Das nächste Halljahr war nur noch ein Jahr entfernt, dann mußten alle Israeliten, die sich an andere Israeliten verkauft hatten, wieder freigelassen werden. Baana wohnte wieder in dem Hause, in dem er geboren war; und er bearbeitete wieder den Acker, der früher ihm und vorher seinen Vätern gehört hatte. Doch er bearbeitete ihn nicht mehr für sich selbst, sondern für Abinadab.

Ehe das Jahr herum war, begann die Dürre. Wenn Baana jetzt seine Freiheit zurückforderte, würden er und seine Frau verhungern müssen. Er hatte keine Wahl. Er ging zu Abinadab und bat ihn, weiter als sein Sklave dienen zu dürfen, bis die Dürre vorüber sei; dann wollte er seine Freiheit zurückfordern. Abinadab empfing ihn freundlich und ließ ihm sogar Wein vorsetzen, doch er erfüllte seine Bitte nicht. „Baana“, sagte sein Herr, „Baals Wege sind anders als die Jahwes. Melkart ist der Gott der Macht, und er wird aus Dor eine mächtige Stadt machen, doch dies geht nicht auf die alte Weise. Es muß eine neue Klasse von Landbesitzern geben, die vom Land den besten Gebrauch machen. Sie müssen stark genug sein, gute Handelsverträge abzuschließen, und reich genug, große Unternehmungen zu finanzieren."

Baana erzählte seinem Herrn von seinen Erfahrungen mit Aschera. Er verschwieg nichts und versuchte auf diese Weise Abinadab zu überzeugen, daß Baal auch ihn segnen wolle.

Abinadabs Antwort überraschte Baana, aber sie schien durchaus sinnvoll zu sein, nur daß Baana es noch nie von dieser Seite gesehen hatte. „Du bist ein guter Mann, Baana", sagte sein Herr. „Und jetzt, da ich weiß, welche Segnungen Aschera dir verheißen hat, schätze ich mich doppelt glücklich, dich in meinem Dienst zu haben. Könnte es sein, daß deine Segnungen durch mich kommen sollen?"

Abinadab sprach von seinen großen Plänen und davon, daß er Männer nötig habe, die das Land und die Menschen darin kannten; Männer, die er zur Aufsicht über andere setzen konnte. „Es wird dir in meinem Dienst besser gehen, Baana, als es dir mit deinem kleinen Feld je gehen könnte." Abinadab umarmte ihn, und Baana erinnerte sich daran, daß er ein wenig stolz darauf war, von einem so reichen und mächtigen Mann so zuvorkommend behandelt zu werden. Er willigte ein, für sein ganzes Leben Abinadabs Sklave zu werden.

Sein guter Freund Schammah war ärgerlich gewesen und hatte ihn nicht verstanden. Sie stritten miteinander, und Schammah beschuldigte ihn, er habe sein Geburtsrecht aufgegeben. Doch was war schon Freiheit? Er war doch nur frei, um zu verhungern oder, wenn er das nicht wollte, neues Geld zu leihen, das ihn wieder in Abhängigkeit brachte. Und außerdem würde sein Freund Schammah bald vor der gleichen Entscheidung stehen. Was würde er dann tun? Würde Schammah sich für die Freiheit entscheiden, wenn er merkte, was sie ihn kostete? Baana glaubte es nicht.

Jetzt, als er allein am Eingang zum Heiligtum stand, fühlte er doch die Schwere des Sklavenrings. Er hatte eine Entscheidung getroffen, von der es kein Zurück mehr gab. Er würde auf dem Land seiner Väter arbeiten, aber es würde nicht mehr sein Land sein. Das Getreide und der Wein gehörten Abinadab. Er selbst gehörte Abinadab. Und seine Kinder würden auch Abinadab gehören.

Noch einen Augenblick stand er nachdenklich still, dann zuckte er heftig mit den Achseln, als wolle er eine schwere Last abschütteln. Man mußte sich nicht unnötig Sorgen machen, die Entscheidung war nun einmal so gefallen und nicht mehr zu ändern. Sicher war es der Wille Baals. Vielleicht segneten Aschera und Melkart seinen neuen Herrn Abinadab deshalb mehr, weil er ihnen besser diente, als die anderen. Als er jetzt das Baals-Heiligtum verließ, nickte er versonnen mit dem Kopf und murmelte vor sich hin: „Ja, so muß es wohl sein, also werde auch ich Baal mehr dienen und mehr zu ihm beten als je zuvor." Vielleicht würde Aschera ihn eines Tages dafür auch belohnen.

★ ★ ★

Schammah war der letzte gewesen, der die Zeremonie am Baals-Heiligtum verlassen hatte. Er hatte es kaum mit ansehen können, als der Sklavenring durch das Ohr seines Freundes gezogen wurde. Aber nach ihrer Auseinandersetzung am letzten Abend gab es nichts mehr zu sagen. Langsam, als trüge er eine schwere Last, machte er sich auf den Heimweg.

Schammah konnte noch immer nicht ganz verstehen, welch unnatürliche Veränderungen in der letzten Zeit in Dor und ganz Israel vor sich gingen. Sollte ein einziger Mann so reich werden und so viele andere dafür so arm? Hatte Jahwe doch in Seinen Gesetzen, die Er durch Mose gegeben hatte, geboten, daß jede Familie ihr Land für immer besitzen sollte. Gehörte nicht das Land eigentlich Jahwe und war den einzelnen Familien nur für ihren Lebensunterhalt übergeben? Und forderten die göttlichen Gesetze von den Reichen nicht mehr, daß sie die Armen, die Geld von ihnen liehen, barmherzig behandeln sollten? Wo war Jahwe? War Er nicht der Gott dieser schrecklichen Dürre? War

Baal tatsächlich der stärkere Gott, wie Meor-Baal und jener Prophet es behauptet hatten? Und wollte Melkart tatsächlich, daß die Armen den Starken dienen sollten?

Das Haus Schammahs stand mit einigen anderen Häusern ein Stück außerhalb der Mauer von Dor. Während er durch die Felder ging, war es, als würden sie zu ihm reden. Das Land gehörte Jahwe und sollte immer bei der Familie bleiben, der Jahwe es geliehen hatte. Das Gesetz sagte, daß niemand die Not seines Mitbruders in Israel ausnützen sollte. Doch was konnte er tun? Er würde sein Feld verlieren. Er hatte zwar bei den Ältesten protestiert, doch sie sagten, daß dagegen nichts zu machen sei. Er hatte versprochen, von dem Verkauf der Ernte das Darlehen zurückzuzahlen, und nun konnte er es der Trockenheit wegen nicht. Also verlor er sein Feld.

Als er sein Haus betrat, hatte er einen Entschluß gefaßt. Er würde nicht gegen Baal kämpfen. Der Gott der Macht war vielleicht doch stärker als Jahwe. Aber seine Töchter würden nicht in die Sklaverei gehen, das würde er verhindern.

Seine beiden Töchter wollten ihn freudig begrüßen, zögerten aber, als sie den seltsamen Ausdruck seines Gesichts sahen. „Vater“, fragte Maachah, die ältere, „was ist nicht in Ordnung?“

Schammah zog sich einen Stuhl an den Tisch und sagte: „Setzt euch, meine Töchter, ich habe mit euch zu reden.“

Der Altersunterschied der beiden betrug nur ein Jahr. Die ältere war jetzt 17 und wäre vielleicht schon verheiratet, wenn die Dürre nicht wäre. Es war gut, daß ihre Mutter schon vor drei Jahren gestorben war, so brauchte sie nicht mit zu erleben, was jetzt über die Familie kam. Maachah und Selophed nahmen ihre gewohnten Plätze am Tisch ein und blickten den Vater fragend an: „Baana und seine Frau werden für ihr ganzes Leben nun Sklaven sein“, begann er, „und wenn sie noch weitere Kinder bekommen, sind diese ebenfalls Sklaven.“

„Aber das große Halljahr steht bevor“, unterbrach ihn Maachah, „da werden sie doch wieder frei und erhalten ihr Land zurück.“

Schammah antwortete: „Es wird wohl in ganz Israel im Jubeljahr kaum ein Sklave frei werden oder Felder an die rechtmäßigen Familien zurückkommen. Melkarts Methoden sind andere als die Jahwes."

Die Mädchen schwiegen. „Auch ich werde mein Feld an Abinadab verlieren, das wißt ihr. Baana übergab sich an Abinadab, weil er nicht mehr wußte, wie er hätte überleben sollen, viel weniger denn, daß er sein Feld zurückkaufen konnte."

„Also wirst du uns auch in die Sklaverei verkaufen", stellte Selophed schlicht fest. „Was du sagst, werden wir tun. Anderen Mädchen ist es auch schon so ergangen."

„Nein", antwortete er, „ich werde euch nicht in die Sklaverei verkaufen."

„Was dann?" wollte Maachah wissen.

„Ich werde euch in den heiligen Hain der Aschera bringen."

Die beiden Mädchen ergriffen sich erschreckt bei den Händen. „Vater, das kannst du nicht ernst meinen", protestierte Maachah.

„Doch!"

„Aber Israels Gesetze verbieten es einem Vater, seine Töchter zu Sonas zu machen."

„Baal ist stärker als Jahwe, das hat sich in vielen Dingen gezeigt."

„Aber ..."

Schammah unterbrach seine Tochter. „Besser eine freie Sona als lebenslang eine Sklavin."

„Eine Sona ist nicht frei", erwiderte Selophed.

„Freier als eine Sklavin immerhin", antwortete Schammah. „Und ihr werdet eine bessere Zukunft haben, vielleicht sogar in einem Tempel. Ihr werdet ein bequemes Leben führen und vielleicht sogar etwas Luxus besitzen. Eine von euch mag vielleicht sogar einen König gebären."

„Das ist nur ein Traum, Vater", widersprach Maachah. „Die Tempel-Sonas werden schon als junge Mädchen entsprechend erzogen."

„Ihr seid beide noch jung und intelligent. Und außerdem haben wir keine Wahl, hier bleibt euch wenigstens noch eine kleine Hoffnung. Ohne Hoffnung ist das Leben nichts mehr wert. Packt zusammen, was ihr mitnehmen wollt, dann gehen wir."

„Jetzt?"

„Jetzt — ehe ich noch schwach werde. Ehe es Abend wird, soll eure Zukunft gesichert sein."

„Und was wird mit dir, Vater?" fragte die ältere.

Bekümmert antwortete Schammah: „Ich gehe zu Abinadab und werde sein Sklave. Vielleicht werde ich zum nächsten Sabbatjahr wieder frei, wenn ich dann noch lebe, vielleicht aber auch nicht."

„Vater", fragte Maachah, „gibt es keinen Ort, an den wir gehen können, um zusammen zu bleiben? Vielleicht Samaria oder Jerusalem?"

„Nein, es gibt für uns keinen solchen Ort."

„Warum nicht? Warum versuchen wir es nicht wenigstens?"

„Weil ich viele andere beobachtet habe, die es versuchten und denen es nicht gelang. Der Geist in Israel ist verwandelt, für die Armen gibt es keine Hoffnung mehr. In den Städten ist die Sklaverei noch schlimmer als bei Abinadab. Jetzt geht und packt eure Sachen zusammen."

Die Mädchen erhoben sich langsam und umarmten sich. Selophed begann zu weinen. Schammah drehte ihnen den Rücken zu, um nicht zu zeigen, daß auch er mit den Tränen kämpfte. Die Mädchen würden gehorchen, das waren sie als Töchter in Israel gewöhnt.

Der heilige Hain war nicht weiter als drei Kilometer in östlicher Richtung entfernt. Unterwegs aßen Vater und Töchter unter einer großen Tamariske, die an der Straße stand, ihre letzte gemeinsame Mahlzeit. Dann gingen sie langsam und schweigend weiter bis zum heiligen Hain der Aschera.

★ ★ ★

Abinadab saß in seiner Sänfte und beobachtete, wie die Zuschauer sich langsam verliefen. Noch nie hatte er Baana so schweigsam und passiv gesehen. Der Mann war in ganz Dor für seine Aktivität und sein heiteres und lebendiges Wesen bekannt. Abinadab überlegte, ob sein neuer Sklave wohl davonlaufen würde. Doch das war nicht anzunehmen; hatte er doch aus eigenem Entschluß die Sklaverei gewählt. Er gab einen kurzen Befehl und zog dann die Vorhänge an beiden Seiten der Sänfte zu. Vier kräftige Sklaven hoben die Sänfte hoch und trugen ihn davon. Abinadab lehnte sich im Kissen zurück, er war mit sich zufrieden. In zwei Jahren war er der reichste Mann in ganz Dor und einer der reichsten und größten Landbesitzer in ganz Israel geworden. „Und wenn die Dürre erst vorbei ist", überlegte er, „bedeutet dieser Landbesitz noch mehr Reichtum und Macht als jetzt."

Als Abinadabs Sänfte bei seinem Haus ankam, es war das größte und schönste in Dor, er hatte es erst vor einem Jahr gekauft, erwartete seine Frau ihn an der Tür. „Es hat alles geklappt", sagte er auf ihren fragenden Blick.

„Baana ist ein guter Mann", nickte sie zustimmend. „Er wird unsere Felder ausgezeichnet beaufsichtigen und in Ordnung halten."

„Und ich werde ihn gut behandeln", meinte Abinadab. „Er wird bei mir als Sklave ein besseres Leben haben, als ihm das je als freier Mann mit seinem eigenen kleinen Landbesitz möglich war."

„Aschera ist zu uns allen gut, nicht wahr", bestätigte seine Frau.

Als Baana im Hause seines neuen Herrn eintraf, wurde er von diesem freudig begrüßt. Die anschließende Unterhaltung zeigte Baana, daß sein Herr große Pläne mit ihm hatte und spornte seinen Eifer und guten Willen sehr an. Abinadab ließ aber auch keinen Zweifel, daß Baana nun Sklave war und absolut zu gehorchen hatte. Nach der Unterhaltung gab er Baana für den Rest des Tages frei, damit er diese Zeit bei seiner Frau verbringen konnte.

Für den Abend des Tages hatte Abinadab alle reichen und angesehenen Leute der Stadt zu einem Fest eingeladen. Er erkundigte sich bei seinem Hausverwalter noch, ob alle Vorbereitungen für das Fest getroffen waren und verbrachte dann die restliche Zeit damit, sich auszuruhen.

Als dann gegen Abend nach und nach die Gäste eintrafen, begab er sich zu ihnen, um sie zu begrüßen.

Während er mit dem einen und anderen noch Willkommensworte wechselte, trat ein Diener zu ihm und flüsterte ihm etwas zu. Abinadab lauschte aufmerksam und gab dann den Auftrag, die Gäste gut mit Wein und allem anderen zu versorgen. Er selbst werde soeben noch einmal dringend fortgerufen, meinte er entschuldigend. Nach etwa einer Stunde kehrte Abinadab triumphierend lächelnd zurück und wandte sich wieder seinen Gästen zu.

„Was gab es so Dringendes, daß du dein eigenes Fest verlassen mußtest?“ fragte einer der Gäste; es war Dekar, der Oberste der Stadtältesten, die im Tor der Stadt saßen und die Angelegenheiten der Stadt berieten.

„Ich habe soeben noch einen anderen Sklaven erworben“, lächelte Abinadab.

„Wer ist es denn?“

„Schammah, Baanas bester Freund. Ich habe ihm vor längerer Zeit auf sein Feld Geld geliehen, weil auch er überzeugt war, Aschera würde ihm eine überreiche Ernte schenken.“

„Schammah, hat er nicht zwei Töchter im heiratsfähigen Alter?“

„Ja, aber sie werden nicht meine Sklavinnen. Schammah meinte, er habe für sie andere Vorkehrungen getroffen. Vielleicht hat er ja Sonas aus ihnen gemacht, das ist heute gar nicht so selten, wenn man für junge Mädchen die Sklaverei vermeiden will.“

„Dann lohnt es sich ja, den heiligen Hain wieder einmal zu besuchen“, lachte Dekar. „Abinadab, Aschera scheint dir sehr wohlgesonnen zu sein. Oder ist es etwa Jahwe?“

„Wer weiß das so genau“, meinte Abinadab, ebenfalls

lachend. ,,Ich jedenfalls versuche, es mit allen Göttern zu halten.“

,,Ah, da kommt Beriah, ich glaube, er hat ein Anliegen“, meinte Dekar, indem er auf einen Hinzutretenden deutete.

Beriah nickte dem reichen Gastgeber anerkennend zu. ,,Es ist ein großartiges Fest, Abinadab, da merkt man nicht, daß wir inmitten einer Dürre und Hungersnot leben.“

,,Es freut mich, daß es dir bei mir gefällt“, erwiderte Abinadab.

Beriah fuhr fort: ,,Unser Freund Machir hat eine Idee, die er gern mit einigen von uns besprochen hätte. Würde es deinem Fest sehr viel schaden, wenn wir diese Gelegenheit benutzen, wo wir alle hier sind, uns einmal eine kurze Zeit zusammenzusetzen? Eine Extra-Zusammenkunft würde vielleicht zuviel Aufsehen erregen.“

,,Nun, wenn dadurch unsere Geschäfte noch besser gehen, dann ist so ein Fest gerade der richtige Zeitpunkt dafür“, stimmte Abinadab zu. Ich habe da hinten rechts einen Raum, in dem wir uns ungestört zusammenfinden können. Sage also den anderen Bescheid.“

Beriah ging kopfnickend davon und verständigte unauffällig die anderen. Bald waren in dem Hinterzimmer acht Männer versammelt, alle reich und angesehen. Sie nahmen auf den herumstehenden niedrigen Sitzpolstern Platz. Abinadab bat Machir, das Wort zu ergreifen und seine Gedanken vorzutragen.

,,Ich möchte dir zunächst für das großartige Fest danken, Abinadab, und für die Möglichkeit, uns hier zu treffen“, begann Machir. ,,Meine Idee ist einfach, doch ich glaube, auch sehr wirksam. In der ganzen Geschichte Israels haben sich die Bauern bisher an die Erntegesetze gehalten, die Jahwe gegeben hat. Nie haben sie die Ecken der Felder abgeerntet, und auch die auf dem Feld zurückgebliebenen Getreidehalme wurden nicht aufgelesen. Außerdem wurden auch die Oliven und die Weintrauben nicht geerntet, die nach der Haupternte nochmals wuchsen. All das wurde für die Armen übrig gelassen, damit die es sammeln konnten und ein wenig Nahrung hatten.“

Er machte eine kurze Pause, da er merkte, daß seine Zuhörer immer zurückhaltender wurden, als sie begriffen, daß er sie wohl dazu auffordern wollte, ein altes Gesetz zu brechen. Er überlegte kurz und wählte seine Worte sorgfältig, als er fortfuhr: „Aber jetzt sind wir inmitten einer schlimmen Dürre, und nicht nur die Armen, sondern auch die Bauern und Landarbeiter haben Mühe, eine Ernte einzubringen, die für den allernötigsten Nahrungsbedarf vielleicht gerade reichen wird. Deshalb müssen wir, die wir am besten wissen, wie man die Nahrungsmittel einteilt ...", er wurde bei dieser Feststellung durch lautes Gelächter unterbrochen. Er fuhr fort: „Wir, die wir am besten einteilen können, müssen deshalb etwas zum Nutzen aller Bewohner Israels unternehmen."

Dekar, der Älteste und Richter, machte einen besorgten Eindruck. „Du redest davon, daß wir eines der alten Gesetze Israels brechen sollen, Machir, das würde uns aber in eine sehr unangenehme Position bringen."

„Laß mich meine Gedanken erst zu Ende bringen, Freund Dekar", entgegnete Machir. „Deine Aufgabe in meinem Plan wird eine sehr ehrenhafte sein."

Dekar nickte zustimmend, und Machir fuhr fort: „Elia ist ein großer und mächtiger Prophet; und er sagt, daß weder Regen noch Tau fallen soll, bis er ankündigt, daß Jahwe die Trockenheit beenden wird. Vielleicht wird ja Ahab den Propheten bald finden, aber ich persönlich glaube das nicht. Vielleicht erweist sich auch, daß Baal mächtiger ist als Jahwe; aber bis jetzt hat Baal die im Namen Jahwes verkündigte Dürre noch nicht brechen können. Deshalb ist es wohl klug gedacht, wenn wir annehmen, daß die Trockenheit noch weitergehen wird.

In diesem Jahr konnten wir nur noch in der Nähe der Flüsse und Bäche säen, die noch Wasser führen, deshalb wird es auch nur eine sehr geringe Getreideernte geben. Mit den Linsen wird es uns nicht viel besser ergehen. Nur Oliven und Weintrauben werden wir noch ein wenig mehr ernten, weil diese Wurzeln tiefer reichen. Doch auch hier wird es weniger sein als in normalen Jahren. Deshalb müssen wir das, was wir ernten, gut zusammenhalten und den besten Gebrauch davon machen. Auch so werden wir noch Nahrungsmittel von Ägypten kaufen müssen.

Ich schlage deshalb vor", fuhr er nach einer kurzen Pause, in der die anderen ihn erwartungsvoll anschauten, fort, „daß wir jeden Getreidehalm ernten, den wir sammeln können, und daß wir unsere Sklaven noch einmal hinter den Erntearbeitern über das Feld gehen lassen, damit nur ja nichts liegen bleibt. Gleiches sollte auch mit den Weintrauben und den Oliven geschehen. Auf diese Weise erreichen wir zwei Ziele. Wir bekommen erstens alles, was an Nahrung vorhanden ist, in unsere Kontrolle und können es auf die klügste Weise verteilen. Und zweitens werden die Armen, wenn sie auf den Feldern nichts mehr finden, womit sie sich ernähren könnten, gezwungen sein, sich uns als Sklaven auszuliefern."

„Machir", unterbrach Dekar wieder, „ich kann solche Mißachtung der Gesetze Israels nicht dulden."

Machir schüttelte den Kopf, als er antwortete: „Dekar, du siehst die Dinge falsch. Die Armen werden verhungern müssen, wenn die Trockenheit anhält; und sie wird anhalten. Wir zeigen doch nur Barmherzigkeit, wenn wir sie zu unseren Sklaven machen, denn der Herr ist durch das Gesetz verpflichtet, für die Ernährung seiner Sklaven zu sorgen. Viele von ihnen würden sonst sterben müssen. Sollten wir nicht lieber das Gesetz brechen, damit sie am Leben bleiben können? Sollten wir uns nun an das Gesetz halten, oder lieber den Armen gegenüber barmherzig sein?"

Ein Chor von Zustimmung erhob sich bei diesem Argument. Keiner dachte daran, der Hinterhältigkeit und dem Egoismus, die darunter versteckt waren, auch nur einen Gedanken zu schenken. „Du wirst die Sklaven natürlich zum nächsten Sabbat-Jahr wieder freilassen", fragte Dekar, „und ihnen auch das Land ihrer Familien zurückgeben, wie das Gesetz es fordert?"

„Natürlich", lächelte Machir. „Alles soll geschehen nach den Gesetzen Israels. Und wenn einer der Sklaven in der Zwischenzeit heiratet, dann müssen seine Frau und die Kinder natürlich in der Sklaverei bleiben. Auch das sagt doch das Gesetz, oder etwa nicht?"

„Ja", antwortete Dekar leise. Er blickte die anderen Männer an, um zu sehen, wie sie dachten. Abinadab nickte zustimmend, da stimmten auch die anderen Männer ein.

Abinadab ergriff das Wort. „Also ist es beschlossen. Um mit den Armen barmherzig zu sein und eine bessere Verteilung aller nur verfügbaren Lebensmittel zu erreichen, werden wir unsere Felder, Weinstöcke und Olivenbäume bis zum letzten Halm und zur letzten Frucht abernten. Und nun wollen wir zum Fest zurückkehren." Er erhob sich, um in den Festsaal und zur Tafel zurückzugehen. Die anderen folgten ihm.

„Abinadab", sagte Beriah bewundernd, als er die mit köstlichen Speisen überladenen Tische erblickte, „du weißt eine Tafel herzurichten wie ein König." Die Männer nahmen Platz, und das große Schlemmermahl begann.

11

Als Elia den Raum betrat, stand die Frau in der Ecke des Raumes auf den ausgebreiteten Schlafdecken. Sie hatte ihren Sohn auf den Armen, dessen starres Gesicht an ihrer Schulter lag. Seine Arme hingen leblos herunter. Sie stand unbeweglich und starrte den Propheten an. „Boseth ist tot", sagte sie verstört.

Elia ging auf sie zu. Doch die Frau sagte leise: „Geh fort!"

„Ich möchte den Jungen gern anschauen."

„Nein. Geh fort!" Die Frau drehte ihm den Rücken zu. Schluchzend sagte sie: „Was habe ich mit dir zu tun, Prophet Jahwes? Bist du in mein Haus gekommen, damit dein Gott sich mit den Sünden meiner Vergangenheit beschäftigt und mir zürnt? Straft mich dein Gott für all die bösen Dinge, die ich getan habe, indem Er mir meinen Sohn nimmt? Ist das der wahre Grund, weshalb du in mein Haus kamst?"

Elia stand jetzt neben ihr. „Gib mir den Jungen", sagte er.

Die Frau antwortete nicht. Ihr ganzer Körper schüttelte sich, so sehr schluchzte sie. Der Prophet nahm den Jungen aus den Armen der Mutter. Sie wehrte sich nicht, blickte ihm aber auch nicht nach, als er zur Tür ging. Draußen stieg er die Treppe zum flachen Dach hinauf und ging in seine Kammer. Man sah seinem Gesicht die innere Anspannung an, als er den Jungen auf sein eigenes Lager legte. Er kniete neben dem stillen Körper nieder, blickte zum Himmel auf und begann zu beten: „Oh, Jahwe Elohim, mein Gott, hast Du zu den Lasten, die diese Frau zu tragen hat, noch mehr Kummer hinzugefügt? Sie hat mir, Deinem Propheten, einen Platz gegeben, wo ich bleiben kann. Nimmst Du ihr jetzt ihren Sohn? Ist dies wirklich Dein Wille?“

Elia fühlte einen mächtigen Drang in sich, als würde ein starker Wind durch seine Lungen blasen. Er blickte wieder auf den bewegungslosen Knabenkörper vor sich. Die Lippen wurden immer dunkler, und der Leib starrer und kälter. Sorgfältig breitete er die Arme des Jungen aus und legte sich dann auf dessen Körper. Er tat dies so, daß seine Gliedmaßen auf denen des Jungen zu liegen kamen. Dann legte er seinen Mund auf den des Jungen und begann, Atem in ihn hineinzublasen. Langsam und gleichmäßig atmete er.

Nach einigen Augenblicken ging er von dem Jungen zurück. Die Farbe seines Gesichts sah ein wenig besser aus, aber er bewegte sich immer noch nicht. „Oh, Jahwe Elohim, mein Gott“, betete er wieder, „laß die lebendige Seele dieses Jungen zu ihm zurückkehren.“

Wieder legte er sich über den Jungen und blies von neuem Atem in dessen Lungen. Als er wieder beiseite rückte und den Jungen betrachtete, atmete dieser immer noch nicht. Elia betete nochmals, diesmal laut, und legte sich dann wieder über den Jungen. Wieder begann er dem Jungen seinen Atem einzuhauchen. Und diesmal hörte er nicht wieder auf, sondern fuhr fort damit, während er dabei still weiter betete.

Endlich fühlte er eine kleine Bewegung unter sich. Schnell rollte er sich zurück auf den Fußboden. Der Junge schnappte nach Luft. Seine Brust begann ganz leicht zu arbeiten, als die Luft seine Lungen erreichte. Während Elia ihn beobachtete, wurde der Atem regelmäßiger. Dann schlug der Junge die Augen auf. In seinem Blick schienen Überraschung und Schrecken zu stehen, als habe er ein böses Erlebnis gemacht. Mühsam blickte er Elia an.

„Wir hätten dich fast verloren“, sagte der Prophet.

Der Junge lächelte schwach. Elia nahm ihn auf die Arme und trug ihn hinaus. Boseth sprach nicht, legte aber einen Arm um den Nacken Elias. Die Frau lag auf den Schlafdecken, als Elia den Raum wieder betrat. Sie blickte nicht auf. Er ging zu ihr. „Boseth lebt", sagte er. „Schau her und überzeuge dich selbst."

Die Frau drehte sich langsam und ungläubig um. „Boseth?" flüsterte sie vorsichtig.

Die Stimme des Jungen war noch schwach, doch seine Mutter verstand ihn deutlich. Blitzschnell sprang sie auf und streckte die Arme aus. Elia legte ihr den Sohn sorgfältig hinein. Sie küßte den Jungen vorsichtig auf die Stirn.

„Der Junge braucht noch viel frische Luft. Die stickige Sommerhitze hier im Raum wird ihm nicht helfen. Ich nehme ihn wieder mit auf das Dach, dort spürt man die frische Luft von der See her besser." Elia nahm der Frau den Jungen wieder ab.

Die Mutter folgte ihm, als er auf das Dach stieg und den Jungen dort vorsichtig niederlegte. Lange schaute sie ihren Sohn an, dessen Gesicht langsam wieder Farbe bekam. Dann wandte sie sich an Elia: „In mir ist jetzt keinerlei Zweifel mehr. Daß ich Boseth wieder habe, kann nur bedeuten, daß du ein Mann Gottes bist und daß dein Gott Jahwe durch dich redet."

Elia wandte sich ab, um die Frau und ihren Sohn allein zu lassen. Er hatte seit langer Zeit nicht mehr geweint, doch jetzt mußte er die Zähne zusammenbeißen, um die Tränen zurückzuhalten. „Wenn eine heidnische Frau an Jahwe glaubt", dachte er, „sollte es dann nicht möglich sein, daß auch Israel seinen Glauben wiederfindet?"

Die Sommermonate waren sogar hier an der Küste der Großen See sehr heiß. Elia und der Junge schliefen auf dem flachen Dach des Hauses und überließen den Raum auf dem Dach der Frau, so daß alle drei noch ein wenig in den Genuß des geringen Windhauchs kamen, der von der See herüberzog. Hier in Phönizien war die Hungersnot längst nicht so hart wie in Israel. Die Produkte der Tyrer, vor allem ihre wunderschönen blauen und purpurnen Stoffe, gaben ihnen Möglichkeiten genug, durch umfangreichen Handel Lebensmittel in Ägypten und in Afrika zu kaufen. Tyrus war sogar noch in der Lage, an alle in Israel, welche die hohen Preise zahlen konnten, Nahrungsmittel weiter zu verkaufen.

Durch diesen Handel hörte Elia auch immer wieder Neuigkeiten aus Israel. Kein Regen war gefallen seit seiner Prophezeiung vor Ahab, und das war nun schon fast anderthalb Jahre her. Auch der schwere und reiche Tau, der sonst von der Großen See her jeden Morgen auf die Felder Israels getragen wurde, war ausgeblieben. Doch die Israeliten wandten sich nicht zu Jahwe, sondern sie beteten und opferten noch mehr zu Baal und trieben noch häufiger Unzucht in den heiligen Hainen der Aschera. „Wenn eine heidnische Frau an Jahwe glaubt", dachte Elia immer wieder, „sollte es dann nicht möglich sein, daß auch Israel seinen Glauben wiederfindet?"

Elia, die Frau und Boseth unterhielten sich oft. Die Frau konnte nicht verstehen, daß Israel anderen Göttern als Jahwe dienen konnte, um so weniger, je mehr sie von Elia über die Geschichte Israels hörte. Er erzählte von Mose und den Plagen, die über Ägypten gekommen waren. Er berichtete vom Durchzug durch das Rote Meer, vom Manna, das vom Himmel fiel, als das Volk durch die Wüste wanderte, von der donnernden Stimme Jahwes, die vom rauchenden Berg Sinai zu dem Volk gesprochen hatte und von der Eroberung des Landes Kanaan und den Wundern, die Gott dabei getan hatte.

War es nicht an der Zeit, fragte die Frau den Propheten, daß Jahwe ein neues Zeichen sandte, ein neues Wunder, um Seine Macht zu beweisen?

Ja, es war wirklich höchste Zeit, davon war auch Elia überzeugt. Aber welches Wunder würde es sein? Er betete sehr viel über diesen Punkt. Als der Winter kam und es wieder kühler wurde, gingen die Frau und ihr Sohn wieder in den unteren Raum. Dadurch hatte der Prophet mehr Zeit für sich allein, die er im Gebet und im Nachdenken über das Ende der Dürre und das Wunder, das Jahwe tun würde, verbrachte.

Es war eine Bemerkung des Jungen, die Elia wie eine Antwort erschien. Boseth erwähnte den Berg Karmel seiner Mutter gegenüber. War sie nicht einmal nach dort gegangen, um Baal ein Dankopfer zu bringen für die Geburt ihres gesunden Knaben? Die Frau wurde verlegen. Doch es stimmte, sie war einmal nach dort gegangen, ehe sie Jahwe kannte.

Der Berg Karmel! Mächtig schob er sich in die Große See hinein, wie ein großer Wächter für das hinter ihm liegende Land. Hier kämpften die Götter der See und die Götter des Landes miteinander. „Und auch jetzt", dachte der Prophet, „liegt Jahwes Altar auf dem Berg zerbrochen, während die Israeliten an dem viereckigen Steinaltar auf dem Berg, der Melkart und Aschera geweiht ist, anbeten und opfern."

Welch besseren Kampfplatz für die Götter konnte es geben? Weit hinaus auf die Große See und weit hinein in die fruchtbaren Ebenen von Jesreel und Saron konnte man von da aus schauen. Dies war wohl der rechte Platz für Jahwe Elohim, den Gott Israels, um die falschen Götter der Macht und der Fruchtbarkeit in die Flucht zu schlagen. Doch es mußte ein bestimmter Kampf und ein klarer und deutlicher Sieg sein. Kein Zweifel durfte zurückbleiben, welcher Gott der wahre war.

Der Winter mit seiner trockenen Kälte verging nur langsam. Die Menschen wunderten sich darüber, daß die Hänge des Libanon in diesem Jahr nicht weiß leuchteten, weil kein Schnee fiel, sondern das schmutzige Grau der nackten Felsen zeigten. Auf den Marktplätzen sprach man über Israel, da diese Nation von Aschera scheinbar besonders verflucht wurde. Die Karawanen der Kaufleute, die Nahrungsmittel nach Israel brachten, zogen jetzt nur noch mit starker Begleitung von bewaffneten Soldaten, weil sich immer mehr Banden zusammenrotteten, die jeden überfielen, bei dem auch nur geringe Mengen von Nahrungsmitteln vermutet wurden. Die zurückkehrenden Händler erzählten, daß sich die Bettler in ihrer Verzweiflung den Karawanen einfach in den Weg warfen und um ein wenig Brot flehten. Sie ließen sich lieber von den Hufen der Pferde und Kamele zertreten, als daß sie aus dem Wege gingen. Auf den Feldern und in den Wäldern war keine einzige Beere und kein einziger Strohhalm mehr zu finden. Und trotzdem ließen die Israeliten nicht nach, immer mehr zu Aschera zu beten, ihr Opfer zu bringen und mit den Sonas Verkehr zu pflegen. Und die Dürre hielt an.

Im Spätwinter fiel immer wieder starker Tau in Phönizien, auf der schmalen Ebene zwischen dem Meer und dem Libanon. Auch einige Regentropfen gab es hier ab und zu. So konnten die Menschen die Erde umpflügen und säen, um wenigstens eine magere Ernte einzubringen. Doch in Israel fiel kein Regen und kein Tau.

Dieser dritte Dürresommer wurde der heißeste. Elia und Boseth schliefen wieder auf dem offenen Dach und die Frau in dem oberen Raum. Jeden Tag betete Elia, mit dem Gesicht nach Jerusalem gewandt, und bat Jahwe, Er möge endlich zu ihm reden. Für viele Monate hatte Jahwe nun geschwiegen, nur dafür hatte Er gesorgt, daß Öl und Mehl im Haus nie zu Ende gingen. Diese fortwährende wunderbare Versorgung stärkte immer wieder den Glauben des Propheten, während dieser Zeit, in der Jahwe schwieg.

Auf dem Markt waren immer wieder Neuigkeiten zu erfahren. Elia ging nie selbst nach dort, da jeder Karawanenhändler, jeder Soldat und jeder Beamte nach ihm Ausschau hielt, denn Ahab hatte jeder Nation, die dem Propheten Unterschlupf gewähren sollte, harte Vergeltung angedroht. Boseth und manchmal auch die Frau brachten die Neuigkeiten nach Hause. Die Priester und Propheten Baals herrschten in Israel, erzählten sie. Die verzweifelten Menschen brachten ihre Opfer, das letzte an Nahrungsmitteln, das sie hatten, zu Aschera, und die Priester lebten davon im Überfluß, während das Volk hungerte und viele gar verhungerten. In heuchlerischer Weise ermutigten die Priester die Leute, immer noch mehr zu opfern, um Baal zu bewegen, endlich Regen zu senden. Und die Menschen ließen sich immer wieder von den trügerischen Hoffnungen auf die Hilfe Melkarts und der Aschera hinreißen, welche die Priester ihnen vormachten.

Der Sommer verging, und der Frühwinter begann wieder. Es war etwa zwei Wochen nach dem Zeitpunkt, da eigentlich der

Frühregen hätte beginnen sollen zu fallen, als Jahwe zu Elia redete. Eines Morgens, als er wieder auf dem Dach kniete und betete, fühlte er ein Drängen in seinem Inneren. Es schien, als wolle es in seiner Brust zu brennen beginnen. Das Blut rauschte heftiger als sonst durch seine Adern. Er spürte, daß die Zeit gekommen war.

Elia ging nach unten, um sein letztes Frühstück mit Boseth und der Frau zu essen. Öl und Mehl würden solange reichen, bis im Frühjahr nach dem Regen die Erde wieder anfangen würde zu grünen und zu blühen, sagte er ihnen. Dann band er seinen Ledergürtel um, nahm den Beutel mit seinen wenigen Habseligkeiten und etwas Reiseverpflegung und verabschiedete sich. Wenige Minuten später ging er durch das Stadttor von Sarepta und wandte sich südwärts.

* ★ *

„Obadja ist hier, mein König."

„In Ordnung, laßt ihn herein." Ahab blickte seinem hochgewachsenen Hausverwalter entgegen, von dem er wußte, daß er, wenn auch schweigend, so doch unerschütterlich daran festhielt, daß Jahwe der einzig wahre Gott sei. Der König war froh, daß Obadja sich während dieser Krisenzeit so bewährte, denn Isebel verachtete ihn. Ahab wußte, daß Isebel seinen Verwalter schon längst zu einem Märtyrer für Jahwe gemacht hätte, wenn sein Dienst nicht so wertvoll und unentbehrlich gewesen wäre. „Sei willkommen, Obadja", grüßte der König.

Obadja beugte kurz ein Knie und sagte dabei: „Ich hoffe, mein König, daß es dir in allem gut geht."

„Das weiß ich erst, wenn ich deinen Bericht gehört habe, Obadja."

„Ich habe nichts Gutes zu melden, König. Deshalb bat ich um diese Audienz."

„Dann laß mich das Schlechte hören. Komm, setz dich zu mir."

Obadja setzte sich auf einen Stuhl, der neben dem Thron des Königs stand. Er zog eine Rolle aus dem Gürtel seines Gewandes. ,,Ich habe hier eine Aufzeichnung über die Abgaben, die wir von jeder Stadt und jedem Bezirk erhalten haben, seit die Dürre begonnen hat. Auch habe ich mit den Steuereinnehmern jedes Bezirks gesprochen. Ich kann dir also über alle Einzelheiten berichten, die du wissen möchtest.''

Die Einzelheiten können warten. Wie schätzt du die allgemeine Lage?''

,,Ich glaube nicht, daß wir aus der Bevölkerung noch mehr Nahrungsmittel für den königlichen Haushalt oder gar für unsere Vorratshäuser herausholen sollten. Die Bevölkerung hat so gut wie nichts mehr und hungert, nur die Priester haben noch reichlich zu essen.''

,,Die Priester'', meinte Ahab nachdenklich. ,,Ja, ja, Aschera versorgt und beschützt ihre Leute.''

,,Das Volk ist reif für einen Aufruhr, mein König. Sie haben keinen Zorn auf dich, aber sie sind verzweifelt. Bei einer weiteren Steuer kann sich ihr Zorn aber leicht auch gegen die königliche Familie richten.''

,,Ich weiß. Meine Räte sind derselben Meinung.''

,,Mein König, das wenige Vieh, das die Bauern noch haben, wird bald sterben, wenn wir ihnen kein Futter beschaffen. In ein bis zwei Wochen werden die letzten Vorräte verbraucht sein. Offen gesprochen, ich weiß nicht, was wir noch tun sollen.''

,,Wir werden das ganze Land durchstreifen und einsammeln, was wir finden können, Obadja, so wie es die Bevölkerung auch tut.''

,,Da wird kaum noch etwas zu finden sein, mein König, alles ist leergesammelt.''

,,Stimmt schon. Doch an manchen vergessenen Orten und in einsamen Winkeln, wo es noch kleine Wasserstellen gibt, mag auch noch einiges wachsen, was die Leute noch nicht gefunden haben. Wir werden zwei Abteilungen zusammenstellen. Ich führe die eine und reite nach Süden ins Jordantal. Du nimmst die andere und hältst dich nördlich. Zieht durchs Tal von Jesreel und bis hinauf nach Dan. Auf dem Rückweg streift ihr bis an die Küste der Großen See. Vergiß die Quellen rund um Megiddo nicht. Vielleicht können wir genug Futter für das Vieh finden, um es bis zum Regen am Leben zu erhalten."

Ahab bemerkte, wieviel Zweifel in den Gesichtszügen seines Verwalters zu lesen war. „Der Regen wird kommen, Obadja. Jahwe wird Sein Volk nicht umkommen lassen."

Überrascht blickte Obadja auf. „Sagtest du Jahwe, mein König?"

„Ja", antwortete Ahab, „ich sagte Jahwe. Ich verstehe nicht viel von den Wegen der Götter, aber ich bin immer noch Israelit."

Obadja nickte.

„Geh jetzt und stelle die Abteilungen zusammen", forderte der König. „Morgen früh machen wir uns auf den Weg."

Jede der beiden Abteilungen bestand aus einem Wagen — der große königliche für Ahab und ein kleinerer für seinen Verwalter — und fünfzig Reitern. Jedes der Pferde trug rechts und links einen leeren Korb; und jeder Reiter führte noch einen Esel mit sich, der ebenfalls mit leeren Körben behängt war. Am Morgen verließen die beiden Gruppen Samaria.

⋆ ★ ⋆

Elia konnte von dem Platz aus, an dem er geschlafen hatte, noch die weißen Mauern von Tyrus sehen. In kurzer Zeit würde es dunkel werden, dann wollte er seine Reise fortsetzen. Die Wanderung in der Nacht verlief ohne Schwierigkeiten, und gegen Morgen überquerte er die Grenze von Israel. Nun mußte er noch vorsichtiger sein, daß man ihn noch nicht entdeckte. Er ging einige Stunden, manchmal rannte er sogar eine Strecke, bis er sich wieder einen guten versteckten Platz zum Schlafen suchte. Ermüdet fiel er in einen unruhigen Schlaf, aus dem er am späten Nachmittag wieder erwachte.

Nachdem er noch etwas gegessen und getrunken hatte,

machte er sich in der Abenddämmerung wieder auf den Weg in Richtung Samaria. In der Morgendämmerung erreichte er die große Nord-Süd-Straße ein wenig nördlich der Stadt. Als er sich beim ersten Sonnenschein der Stadt näherte, sah er eine Reiterschar mit einem Wagen an der Spitze aus dem Stadttor kommen. Die Abteilung wandte sich nordwärts und kam dem Propheten schnell näher.

Bald war die Reiterschar so nahe, daß Elia den im Wagen sitzenden Führer erkennen konnte. Es war Obadja. Der Prophet stellte sich an den Rand der Straße und wartete. Als die Gruppe herankam, hob er den Arm. „Mein Freund Obadja!" rief er laut.

Der königliche Haushalter riß vor Überraschung so hart an den Zügeln, daß die beiden Pferde sich aufbäumten. „Elia!" rief er, „Elia, bist du das wirklich?"

„Jawohl, mein Freund."

Obadja sprang aus dem Wagen, kniete vor Elia nieder und verbeugte sich tief. „Mein Herr Elia", sagte er.

Elia machte keine Anstalten, den Verwalter aufzurichten, sondern sagte mit seiner tiefen Stimme im lauten Befehlston: „Geh zu Ahab und sage deinem Herrn, ich wolle mit ihm reden. Ich werde hier auf ihn warten."

Doch Obadja blieb auf seinen Knien und rührte sich nicht. Er blickte auch nicht auf und gab keine Antwort. „Was hast du, mein Freund?" fragte Elia erstaunt.

Endlich blickte Obadja auf und sagte anklagend: „Du verlangst von mir etwas, das mir den Tod bringen wird." Er erhob sich jetzt und fuhr ein wenig ärgerlich fort: „Ich bin froh, dich zu sehen, Elia. Wir haben auf des Königs Befehl hin überall nach dir gesucht. Nun soll ich dem König erzählen, du seiest einfach wie aus dem Nichts erschienen und würdest hier am Straßenrand auf ihn warten. Warum verlangst du das? Warum darf ich dich nicht mit zum König nehmen?"

Elias Augen leuchteten zornig auf. Hart sagte er: „Weil Ahab zeigen muß, daß er noch Achtung vor Jahwe, dem Gott Israels, hat."

„Wenn du nun nicht mehr hier bist, wenn ich mit dem König zurückkehre, und wir dich wieder nicht mehr finden können?"

„Ich werde hier sein", versicherte Elia.

„Aber welche Sünde habe ich gegen Jahwe begangen, daß du von mir forderst, mich von Ahab hinrichten zu lassen? Was habe ich getan?"

Elia schüttelte erstaunt den Kopf über seinen alten Freund. „Warum redest du denn so?" antwortete er. „Du hast nicht gegen Jahwe gesündigt."

Obadja sagte: „Ich schwöre, so wahr Jahwe, dein Gott lebt, daß es keine Nation und kein Königreich auf Erden gibt, in dem Ahab nicht hat nach dir suchen lassen. Und wenn die Könige und Herrscher antworteten, du seiest in ihrem Reich nicht zu finden, ließ Ahab sie dies sogar beschwören. Du kannst dir nicht vorstellen, wie gründlich Ahab gesucht hat und wie zornig er auf dich ist. Und nun soll ich einfach zu ihm gehen und ihm sagen, du seiest hier. Wenn ich dies nun tue, und in der Zwischenzeit kommt der Geist Jahwes und führt dich an einen anderen Ort, von dem ich keine Ahnung habe, was wird Ahab dann sagen, wenn wir hierher zurückkommen? Er wird mich töten, weil ich dich nicht gleich zu ihm gebracht habe."

Des Königs Verwalter schwieg einen Augenblick und fuhr dann fort: „Elia, ich folge Jahwe seit meiner Jugend und habe Ihm immer gedient, so gut ich konnte. Hat niemand dir erzählt, daß ich 100 Propheten Jahwes in den Höhlen hier bei Samaria versteckt und mit Wasser und Brot versorgt habe, all diese Zeit hindurch? Und nun soll ich einfach zu Ahab gehen? Nein, Elia, weder du noch ich können die Wege Jahwes so genau wissen. Vielleicht ruft Er dich in der Zwischenzeit von hier fort. Dieses Risiko kann ich nicht eingehen. Ich werde dich jetzt mit zu Ahab nehmen."

„Das wirst du nicht tun, Obadja, sondern der König wird hierher kommen und mit mir sprechen, oder, bei dem Wort Jahwes, die Dürre in Israel wird nicht zu Ende gehen." Elia packte seinen Freund am Arm. „Obadja, so wahr Jahwe, der

Gott aller Macht im Himmel und auf Erden, lebt und ich Sein Prophet bin und in Seinem Auftrag rede, ich sage dir, ich werde ganz gewiß hier warten und heute Ahab sehen.“

Des Königs Verwalter starrte den Propheten einen Augenblick an, dann drehte er sich um und bestieg wieder seinen Wagen. „So sei es denn“, sagte er. „Du hast bei Jahwe geschworen, hier heute mit Ahab zu reden. Du bist gebunden an deinen Eid, und wenn du nicht hier bist, mag Jahwe mit dir das tun, was Ahab dann mit mir tun wird.“

„Ich bin durch meinen Eid gebunden“, antwortete Elia.

Obadja gab den wartenden Reitern ein Zeichen, drehte den Wagen und fuhr schnell zur Stadt zurück. Die Soldaten folgten ihm. Ahab würde noch keine große Strecke südwärts zurückgelegt haben. Elia setzte sich unter einen Baum neben der Straße und schaute den eilig Davonreitenden nach.

Eine reichliche Stunde später traf Ahab ein. Er kam auf einem Pferd, nicht im Wagen, und ritt schnell. Nur fünf Reiter hatte er als Begleitung dabei. Obadja war nicht bei ihm. Der Prophet hatte sich in der Zwischenzeit nicht von der Stelle bewegt. Mit einem wilden aber zugleich unsicheren Blick schaute der König ihn an. Als er sprach, mischten sich in seiner Stimme Zorn und Erstaunen. „Bist du es, der Israel in so große Schwierigkeiten gebracht hat?“ fragte der König hart.

Elia erhob sich. Er verbeugte sich nicht, sondern ging schnell auf den König zu. Seine Stimme war ebenso laut und zornig wie die Ahabs. „Ich bin es nicht, der Israel in diese Schwierigkeiten gebracht hat“, antwortete er, „sondern du bist es. Denn du und deines Vaters Haus, ihr habt euch von Jahwe und Seinen Geboten abgewandt, und statt dem Gott Israels zu dienen, folgt ihr jetzt den Baal-Göttern.“

Einer der Soldaten ärgerte sich über den respektlosen Ton des Propheten und wollte auf ihn losreiten, doch Ahab stoppte ihn mit einer Handbewegung. Wie damals, vor knapp drei Jahren, als Elia das letzte Mal vor König Ahab stand, hob er auch jetzt wieder seinen Arm. „Nun, König Israels, Jahwe wird jetzt allen Seine Macht beweisen. Auf den Befehl Jahwes hin sage ich dir: Sende Boten in jede Stadt Israels und versammle das Volk auf der Spitze des Berges Karmel. Rufe auch alle Propheten von Baal-Melkart nach dort, alle 450, und auch alle 400 Propheten der Aschera. Versammle alle Propheten, die vom Tische Isebels, der Königin essen, auf dem Berg Karmel. Dort wird Jahwe Elohim, der einzig wahre Gott, ein großes Werk tun, über das du staunen wirst. Und das ganze Volk Israel wird erkennen, wer wirklich Gott ist.“

Er hielt inne. Der König und der Prophet schauten sich fest in die Augen. Der eine Mann, der die Heere Israels kommandierte, und der andere, der die Heerscharen des Himmels hinter sich wußte. Keiner schlug die Augen nieder. Dann fuhr Elia fort: „Versammle alle Propheten und alle großen Männer Israels auf dem Karmel. Ich sage dies auf das Gebot Jahwes hin. Wenn du Israel nicht versammelst, wird die Dürre nicht enden. Wenn du aber gehorchst, wird Jahwe ein großes Wunder tun, über das alle staunen werden, und die Dürre wird aufhören.“

Ahab starrte vom Pferd herab auf den Propheten. Zweimal setzte er zum Sprechen an, besann sich aber immer wieder. Endlich sagte er: „Die Dürre muß zu Ende gehen. Ich kenne die Wege der Götter nicht, doch einer von ihnen muß endlich siegen. Ich werde tun, wie du gesagt hast. Ich werde Boten nach ganz Israel aussenden, und in sieben Tagen wird sich das Volk auf dem Karmel versammeln. Alle Führer Israels werden dort sein und alle, die sonst gern kommen wollen. Auch die Propheten Melkarts und die der Aschera werden dort sein. Und ich werde ebenfalls dort sein.“ Er wendete sein Pferd und blickte nochmals zurück. „Wir werden sehen, wer die Himmel kontrolliert. Wenn die Dürre nicht durch das Wort Jahwes beendet wird und Jahwe Seine Macht nicht beweist, dann mußt du sterben.“ Er gab seinem Pferd die Zügel frei und ritt schnell nach Samaria zurück.

Elia lächelte. Noch sieben Tage. „Ja“, sagte er leise zu sich selbst, „Jahwe wird Seine Macht beweisen.“ Dann reckte er sich und schrie hinter Ahab her: „Jahwe wird Seine Macht beweisen, und ganz Israel wird wissen, wer der wahre Gott ist!“ Doch es war zweifelhaft, ob Ahab es noch hörte.

Elia stand wieder allein am Straßenrand. Wohin sollte er für die nächsten sieben Tage gehen? Er überlegte und sah sich nach allen Seiten um. Wieder westwärts zur Großen See? Oder nach Norden, in die fruchtbare Ebene Jesreel? Oder sollte er sich südwärts wenden nach Juda und zur heiligen Stadt Jerusalem? Rehab, sein Freund, fiel ihm ein. Wäre Rehab noch dort, würde er jetzt nach Beth-Sean gehen. Es gab da eine Familie, überlegte er, die Rehab einige Male erwähnt hatte, einen Freund, der Jahwe treu war. Rehab hatte oft Feldprodukte von ihm gekauft. Saphat war der Name des Mannes, und er wohnte in Abel-Meholah. Der Prophet spürte in seinem Innern, daß dies der richtige Weg sein würde; dahin wollte er gehen. Die Stadt lag sogar näher bei Samaria als Beth-Sean. Wenn er sich beeilte, konnte er noch vor Dunkelheit dort sein.

Eilig machte sich Elia ostwärts auf den Weg. Es dämmerte noch nicht einmal, als er in der Nähe von Abel-Meholah das Jordantal erreichte, das an dieser Stelle besonders breit war. Weite grüne Wiesen hatte es hier gegeben, daher kam wohl auch der Name der Stadt Abel-Meholah, er bedeutete „Wiese des Tanzes“. Jetzt war die ganze Gegend braun und dürr.

Saphat war einer der führenden Männer in Abel-Meholah. Elia erfuhr, daß er große Felder und mehrere Ochsen besaß. Sein Haus war leicht zu finden. Es war groß, hatte im Erdgeschoß vier Räume und noch einen großen Raum auf dem flachen Dach. Der Prophet klopfte an die Tür und wurde von einem großen jungen Mann hineingebeten, der ziemlich dunkle Haut hatte. Zu Elias Überraschung hing das Haar des jungen Mannes bis weit über seine Schultern. Es war wenig gebändigt, ähnlich wie sein eigenes.

„Bist du ein Nasiräer?“ fragte Elia, ohne sich selbst vorzustellen.

„Das bin ich“, antwortete der junge Mann. „Ich habe einen Eid geschworen, kein Schermesser an mein Haupt zu lassen, solange noch ein einziges Heiligtum der Aschera in Israel steht und solange von dem verfluchten Tempel Melkarts auch noch ein Stein auf dem anderen ist."

Elia jauchzte. Er sprang in die Luft und drehte sich dabei um seine eigene Achse. „Preis sei Jahwe!" rief er. „Ich habe nicht geglaubt, daß es immer noch solchen Glauben in Israel gibt."

„Und du, Herr, bist ein Prophet, nehme ich an", sagte der junge Mann. „Woher kommst du, und wieso hat Isebel dich noch nicht gefunden?"

„Ich bin Elia, ein Freund von..."

Er konnte nicht weitersprechen. Dieses Mal jauchzte der junge Mann. Er machte zwar keinen Luftsprung, dafür packte er aber Elia, umarmte ihn heftig und küßte ihn auf beide Wangen. Als er ihn wieder aus seinem Griff ließ, strahlten seine Augen vor Freude. „Du bist wirklich Elia? Ist es wahr, ganz bestimmt?"

Der Prophet lachte. „Ja, ich bin wirklich Elia." Doch der junge Mann drehte sich schon um und rief nach seinen Eltern. Als sie erschienen, rief er aufgeregt: „Vater, Mutter, das hier ist Elia! Versteht ihr nicht — der Prophet Elia!"

Die beiden kamen nun schnell näher. Weit breitete der Mann die Arme aus und umarmte den Propheten. Tränen erschienen in seinen Augen. „Ich bin Saphat", sagte er, „und dies ist meine gute Frau Debora." Dann bat er Elia, an einem niedrigen Tisch in der Ecke Platz zu nehmen und brachte einige Kissen herbei. Er war so groß wie sein Sohn und sehr hager. Sein volles Haar war schon weiß.

Während Debora eilig in die Küche lief, um Wein und etwas zu essen zu bringen, wandte sich der Prophet an den jungen Mann. „Du hast mir deinen Namen noch nicht gesagt."

„Ich bin Elisa", antwortete dieser.

„Elisa! — »Gott ist Heil« — ein guter Name."

„Ich bin stolz, diesen Namen tragen zu dürfen."

Die Tage vergingen sehr angenehm, und mehr als das, denn Elia fand bald heraus, daß Elisa sich in der Geschichte Israels sehr gut auskannte; und der Eifer des jungen Mannes für Jahwe konnte sich durchaus mit seinem eigenen messen. Die Männer führten lange Diskussionen während der sieben Tage. Elia erfuhr, daß Isebel die Propheten gefunden hatte, die Obadja in den Höhlen verbarg. Sie waren auf ihren Befehl hin alle umgebracht worden. Saphat meinte, die Königin würde auch Obadja getötet haben, wenn er nicht bei Ahab in so hohem Ansehen stünde. Elisa erzählte begeistert von der Verlegenheit der Baalspropheten, weil sie die Dürre, die durch den Spruch Jahwes über Israel gekommen war, nicht brechen konnten. Doch ernst und zornig berichtete er dann von den vielen kleinen Kindern und manchmal sogar Jugendlichen, die von verzweifelten Eltern auf Geheiß der Baalspriester den Göttern als Opfer gebracht wurden. Die Dürre hatte ihr Werk getan. Jeder in Israel wußte von Jahwes Fluch, der durch den Mund Elias verkündet worden war. Die meisten von ihnen versuchten, alle Götter zufrieden zu stellen. Sie liefen zu den Heiligtümern Melkarts und der Aschera. Daheim sagten sie oft die Gesetze Jahwes her und beteten zu Ihm. Und zwischendurch liefen sie immer wieder zu den Sonas in die heiligen Haine. Elia wurde immer zorniger, als er den Berichten zuhörte, obwohl auch er wußte, wie die Leute verfuhren.

Als die Tage vergingen, begann Elisa den Propheten zu drängen, ihn als Diener mitzunehmen. Lange unterhielten sie sich über diesen Gedanken. Saphat war einmal dafür, und dann zögerte er wieder. Obwohl er in der Nähe des Jordans wohnte und deshalb große Gefäße voll Wasser auf Ochsenkarren laden und so ein kleines Feld bewässern und bebauen konnte, hatte auch ihn die Hungersnot hart getroffen, und er brauchte Elisa dringend als Hilfe. Doch es war Elia selbst, der am meisten zögerte. „Ich habe meine Aufgaben immer allein ausgeführt“, meinte er, „und manchmal gehe ich sehr schnell von einem Ort zum andern. Ich weiß wirklich nicht, ob ich einen Diener haben möchte.“ Endlich stimmte er doch zu; einmal, weil es auf dem Karmel sicher viel Arbeit geben würde, aber hauptsächlich deshalb, weil er im Leben des jungen Mannes Qualitäten sah, die er gern weiter entwickelt hätte.

12

Aus ganz Israel kamen die Menschen zu dem großen, wie ein Naturtheater aussehenden Versammlungsplatz auf dem Berg Karmel. Sie lagerten sich meist an dem kleinen Fluß Kischon, der vom Karmel in die Große See fließt. Selbst an dem großen Tag eilten noch eine ganze Anzahl Spätkommende auf den verschiedenen Pfaden den Karmel hinan.

Elia und Elisa waren schon einen Tag früher eingetroffen. Sie sahen, daß die Baalspropheten unter einer Gruppe Terebinthen, ganz in der Nähe des heiligen Versammlungsplatzes, ihr Lager aufgeschlagen hatten. Die beiden Männer suchten sich einen angenehmen Lagerplatz in einer kleinen Schlucht südlich davon.

Ahab kam bei Tagesanbruch, er hatte die Nacht in seinem Sommerpalast in Jesreel verbracht. Isebel war nicht anwesend, sie hatte sich entschuldigt, weil sie darüber verärgert war, daß der König sich in die ihr übertragenen religiösen Angelegenheiten eingemischt hatte. Ahab ließ seinen Wagen und einige Begleiter am Fuße des Berges zurück und stieg wie ein Pilger zum Gipfel hinauf. Die Propheten Baals versammelten sich um ihn, als er sich dem Melkart-Heiligtum näherte.

Elia und Elisa beobachteten die Begrüßung des Königs

durch die Baalspropheten aus größerer Entfernung und machten sich dann auch auf den Weg zum heiligen Versammlungsplatz. Ein Baalspriester, der ihr Näherkommen bemerkte, machte seine Kollegen auf die beiden Männer aufmerksam. Daraufhin brach der ganze Haufen in lautes Gelächter aus.

Die Sonne stieg langsam höher und vertrieb die Morgenkühle, die in dieser Höhe doch empfindlich zu spüren war. Es war ganz windstill, kein einziges Blatt bewegte sich. Es schien, als würde die Natur selbst den Atem anhalten vor den Ereignissen dieses Tages. Elia forderte seinen Diener auf, am Rande des heiligen Platzes zu warten und ging weiter. An der Nordseite standen eine Reihe Felsen, die dort steil fast hundert Meter tief zum Kischon hinunter abfielen. In der Nähe dieser Felsen lag ein unordentlicher Steinhaufen. Es war der Altar Jahwes, der auf den Befehl Isebels hin zerstört worden war. An den anderen drei Seiten wölbten sich leichte Hänge empor, so daß viele Menschen dort stehen oder sitzen konnten. In der Mitte des Platzes stand der aus gehauenen Steinen erbaute Melkart-Altar, der etwa hüfthoch war. Zornig betrachtete der Prophet den Altar und schaute dann zu der versammelten Prophetenschar hin. Laut rief er: „Wo sind nun die Propheten Melkarts?“

Ihr Sprecher trat aus der Gruppe vor und rief mit gleichlauter Stimme: „Wir sind alle hier!“

„Und wo sind die Propheten der Aschera?“ rief Elia wieder ebenso laut.

Doch niemand antwortete.

„Nun, wo sind die Propheten der Aschera?“ rief Elia nochmals.

Niemand rührte sich. Die Propheten Melkarts murmelten unter sich, man hörte ihren Stimmen die Überraschung an.

„König Ahab von Israel“, rief Elia laut, „wo sind die Propheten der Aschera?“

Ahab kam nach vorn geschritten und ging langsam und in königlicher Haltung auf Elia zu. Kurz vor ihm blieb er stehen. „Elia“, sagte er in normalem Ton, „ich habe auch sie eingeladen, so wie alle anderen, genau wie du es gesagt hast. Sie wissen um diese Versammlung heute. Ich weiß keine Erklärung für ihre Abwesenheit."

Elia blickte sich langsam im großen Halbkreis der Menge um, die sich beim Schall seiner Stimme schnell zu versammeln begann. „Das ganze Israel soll wissen", rief er laut, „daß Aschera keine Göttin ist und daß ihre Propheten Feiglinge sind. Sie wagen es nicht, die Macht der Aschera der Macht Jahwes gegenüber auf die Probe zu stellen."

Die Menge antwortete nicht, doch immer mehr Menschen drängten sich jetzt um den heiligen Platz, und es kamen immer noch viele herzu. Der Sprecher der Melkart-Propheten trat wieder vor. „Aber wir sind hier, Elia, Prophet Jahwes", rief er. Er trug einen feinen Prophetenmantel, der mit Purpur aus Tyrus abgesetzt war. Wir sind 450, die sich versammelt haben, um zu beweisen, daß Baal-Melkart so viele Male mehr Macht hat als Jahwe, als wir in der Zahl mehr sind als du."

„So sei es", antwortete Elia. „Ihr alle sollt für Baal stehen, und ich allein werde für Jahwe stehen." Er wandte sich wieder der Menge zu und streckte seine Arme aus. „Volk von Israel", schrie er, „wie lange wollt ihr von einem verkrüppelten Fuß auf den anderen hinken, wie ein lahmer Mann, der auf dem Weg an einen Punkt kommt, wo er sich gabelt und der sich nicht entscheiden kann, welchen Weg er nun wählen soll? Entscheidet euch jetzt! Wenn Jahwe Gott ist, dann folgt Ihm nach — und wenn Baal Gott ist, folgt ihm nach!"

Die Menschen schwiegen. Einige lächelten erwartungsvoll. Die Sache schien sich wirklich so zu entwickeln, daß die Reise nach hier der Mühe wert zu sein schien.

Elia senkte seine Arme wieder, rief aber aufs neue laut: „Ich stehe hier allein und bin der einzige noch lebende Prophet Jahwes. Nur ich stehe noch für den Gott Israels." Dann deutete er auf die Männer Melkarts. „Aber seht da, Baal hat 450 Propheten. Doch Jahwe wagt es, Baal herauszufordern."

Die Menge schien immer noch unbeeindruckt zu sein. Elia rief weiter: „Laßt die Propheten Baals zwei junge Bullen herbeischaffen. Sie sollen dann von diesen zweien zuerst einen auswählen, damit ihr Opfer ganz sicher für Baal akzeptabel ist. Sie sollen das Tier in Stücke zerlegen, so wie es ihr Ritus fordert, und sollen es dann auf das Holz des Altars legen. Doch sie sollen kein Feuer an das Holz legen, sondern zu ihren Göttern rufen, damit die Feuer schicken. Anschließend werde ich das gleiche tun. Der Gott nun, der dadurch antwortet, daß er Feuer vom Himmel sendet, der soll der wahre Gott sein."

Jetzt erhob sich ein Murmeln unter der Menge. Viele Köpfe nickten zustimmend. Ahab stand in stoischer Ruhe, umgeben von seinen Höflingen. Auch Obadja stand neben ihm. Eine Stimme rief: „Gut gesprochen, Elia!" Und nun stimmten viele ein: „Ja, Elia, das ist eine gute Probe! So soll es sein!" Die Zurufe wurden immer lauter, und auch Lachen war zu hören. Doch als Elia wieder den Arm hob, verstummten alle.

„Also wählt, ihr Propheten Baals!" rief er, „wählt einen jungen Bullen für euch. Ihr sollt den Vortritt haben, denn ihr seid viele. Macht den Bullen opferfertig und ruft eure Götter an. Aber legt kein Feuer an das Holz." Damit drehte er sich um und ging zum Rand des Platzes, wo Elisa stand. Er zog seinen Mantel aus, breitete ihn auf dem Boden aus und setzte sich darauf. Die in der Nähe Stehenden wichen ein wenig vor dem seltsamen Mann zurück.

Die Propheten Baals hatten eine Anzahl von Tieren mitgebracht, da sie sicher gewesen waren, daß an diesem Tage irgendwelche Opfer gebracht werden mußten. Der Sprecher befahl den Dienern, die zwei besten Bullen herbeizuholen. Schnell wurden zwei herbeigetrieben. Es waren stattliche Exemplare. Es wäre vor den Augen des Volkes nicht richtig gewesen, Elia ein armseliges Tier anzubieten. Die Menge hätte das wohl als Ungerechtigkeit empfunden. Sorgfältig wählte der Sprecher den Bullen für das Opfer Baals. Auf sein Zeichen hin kamen sechs Baalspriester nach vorn. Einer von ihnen gab dem Tier mit einer Axt einen gewaltigen Schlag zwischen die Ohren, so daß es zu Boden fiel. Ein anderer stieß sein Schwert in das Herz des Bullen. Während sieben Priester das Tier zerlegten, trugen die Propheten Holz auf den Altar.

Das Herz und die Nieren wurden mit den ausgewählten Stücken des Fleisches auf den Altar gelegt. Der Sprecher der Baalspriester begann zu beten. Da es für einen solchen Fall, wo man um Feuer vom Himmel bat, keine vorgeschriebenen Gebete gab, flehte er zu Baal, Barmherzigkeit mit denen zu haben, die ihm dienten und ganz Israel zu beweisen, daß er Gott sei. Andere Propheten stimmten mit ein, und bald schrien alle 450 in ganz verschiedenen Tönen zu Baal und sprangen um den Altar herum.

Die Menge schaute nicht übermäßig interessiert zu. Fast alle von ihnen hatten schon vorher an Opferritualen teilgenommen, wenn Priester mit voller Lautstärke zum Himmel schrien und das Blut der Opfertiere in Strömen vom Altar lief, um dadurch Baal zu bewegen, Regen zu senden.

Doch der Himmel antwortete nicht. Die Gebete gingen weiter, einmal laut und fordernd, dann wieder erbarmungswürdig und flehend. Die Propheten warfen sich Staub ins Haar und ins Gesicht. Die Sonne brannte erbarmungslos vom Himmel. Rund um den Altar wurde durch die tanzenden und springenden Propheten viel Staub aufgewirbelt. Die Propheten schrien mit immer heißerer werdenden Stimmen zur Stille des Himmels hinauf. Doch die Stille antwortete nicht. Also sprangen manche von ihnen selbst auf den Altar. Sie legten sich über das Opferfleisch. Immer neue sprangen hinauf, so daß einer vom anderen wieder heruntergeschoben wurde. Ihre Kleidung war mit Blut vom Opferfleisch bedeckt. Und immer noch war der Himmel still.

Elia beobachtete. Ab und zu lachte er vor sich hin, so daß die Leute, die in der Nähe standen, es hören konnten. Endlich stand er auf und schrie den Männern Baals zu: „Schreit lauter, ihr Propheten Baals, denn Baal ist doch ein Gott, oder etwa nicht?! Vielleicht denkt er über einige neue Erfindungen für die Leute in Tyrus nach, oder er spricht gerade mit Aschera über einige neue Ideen. Ihr müßt wohl lauter schreien, damit ihr ihn von seiner Beschäftigung weglockt.“

Laut lachend lief er jetzt am Rand des Platzes entlang. Wie Spott und Hohn klang sein Gelächter. „Schreit lauter“, schrie er den sich schon anstrengenden Propheten zu. „Schreit doch lauter. Vielleicht ist Baal gerade einmal an einen bestimmten Ort gegangen und kann euch deshalb nicht hören." Er lachte den Propheten, die sich empört und in frustriertem Zorn gegen ihn wandten, ins Gesicht. „So schreit doch. Vielleicht ist Baal gerade auf Reisen nach Spanien, um dort eine neue Kolonie von Tyrus zu beschauen. Ihr werdet dann lauter schreien müssen, damit er euch auch noch auf der anderen Seite der Großen See hört." Elias Gelächter war jetzt so laut wie das Rufen der Männer Melkarts. „Schreit lauter! Vielleicht schläft Baal und muß aufgeweckt werden."

Elias Spott und ihre eigene Frustration nach drei Stunden vergeblicher Gebete spornte die Propheten zu größerem Eifer an. Sie schrien so laut, daß selbst Elias lautes Gelächter darin unterging. Sie warfen sich vor dem Altar auf die Knie oder lang ausgestreckt in den Staub. Andere drehten sich im wilden Wirbel um die eigene Achse. Und immer noch bewegten sie sich im Kreis rund um den Altar. Dabei stießen sie fortwährend schreckliche Schreie aus und rissen ihre Arme ruckartig in die Luft. Manche der Zuschauer hielten ihre Ohren zu, weil sie die Schreie nicht mehr hören konnten. Andere aber stimmten in die Gebete und Schreie ein und bewegten sich ebenfalls im Takt hin und her.

Dann sprang einer der Propheten auf den Altar und hob sein scharfes zweischneidiges Messer. Er schrie und schnitt sich dann quer über die Brust. Ein breites Band von Blut erschien, und wieder schrie er seine Verehrung zu Baal in den Himmel. Dann schnitt er sich von der anderen Seite quer über die Brust, so daß darauf ein blutiges X entstand. Und wieder hob er schreiend seine Arme, um dadurch seine Hingabe an Baal zu bezeugen. Dann brachte er sich überall auf seinem Körper weitere größere und kleinere Schnitte bei. Überall lief ihm das Blut vom Körper herunter auf den Altar. Seine Schreie waren mehr ekstatisch als schmerzvoll.

Sein Beispiel steckte an. Andere Propheten zogen ihre Messer, sprangen ebenfalls auf den Altar und begannen sich Wunden beizubringen. Viele der Propheten hatten mittlerweile ihre Kleidung weggeworfen und waren nackt. Einige hatten Stöcke ergriffen und schlugen sich damit auf ihre Rücken, bis die Haut aufplatzte und das Blut herausfloß. Immer mehr schrien sie. Die Lautstärke lag bei vielen jetzt über der eines normalen Menschen. Sie schrien von der Mittagszeit an noch weitere drei Stunden, bis zur Stunde des üblichen Nachmittagsopfers. Sie schrien und sprangen und brachten sich Wunden bei, bis einer nach dem anderen in völliger Erschöpfung vor dem Altar zusammenbrach und endlich nur noch fünf von ihnen wie in Trance sich um den Altar bewegten.

Elia kümmerte sich jetzt nicht mehr um sie, sondern ging wieder zu den Felsen der Nordseite hinüber. Dann wandte er sich wieder der Menge zu. Alle, mit Ausnahme weniger, saßen still da. Ihre Sinne schienen nicht mehr länger in der Lage zu sein, das schreckliche Schauspiel vor ihnen zu ertragen. Sie blickten stumpfsinnig vor sich hin. Manche hatten das Gesicht auf den Knien in die Hände gelegt, um die schrecklichen Bilder nicht mehr mit ansehen zu müssen. Einige wenige waren auch betrunken.

„Kommt", rief Elia der stumpfsinnig gewordenen Menge zu, „kommt näher zu mir!" Köpfe hoben sich, und die Augen der meisten richteten sich auf ihn. „Kommt heran! Kommt näher zu mir", wiederholte der Prophet.

Ahab reagierte als erster. Obadja folgte ihm. Längst war der stoische Gesichtsausdruck des Königs in schockiertes Erstaunen übergegangen, ungläubig und entsetzt über die Exzesse der Baalspropheten. Er war Soldat, kein Verwalter. Er hatte bisher weniger von der Baalsreligion gesehen als die einfachen Leute; und was er gesehen hatte, war immer durch die würdevolle Atmosphäre des königlichen Hofes in Schranken gehalten worden. Er fragte sich das erste Mal, wie Isebel mit dieser Religion zurecht kam.

Die Menschen folgten ihrem König und versammelten sich um Elia. Er schaute sie einen Augenblick schweigend an. Ohne ein Wort zu sagen, ging er dann zu dem zerstörten Altar

Jahwes. Er wählte einen großen Stein aus und hob ihn auf. Der Prophet schnaufte unter der Last des Steines. Man konnte sehen, wie sich die Muskeln seiner bloßen Arme spannten. Dann trug er den Stein ein wenig näher zu den Felsen und legte ihn dort hin. Nun holte er von dem zerbrochenen Altar einen zweiten Stein ähnlicher Größe, dann einen weiteren und noch mehr, bis er zwölf Steine so neben- und aufeinander aufgebaut hatte, daß sie einen niedrigen Altar bildeten. Er schaute wieder die Menschen an. Jeder verstand, was hier geschah. Es waren zwölf Stämme Israels. Wohl waren sie jetzt politisch zerteilt, aber geistlich sollten sie sich nie teilen.

Der Prophet bat Obadja, ihm ein Werkzeug zum Graben zu bringen und begann dann damit, rings um den Altar eine Rinne auszuheben. Elisa schaute seinem Herrn zu und hätte ihm wohl gern bei der schweren Arbeit geholfen. Doch der Prophet wollte sie wohl allein tun.

Als er diese Arbeit beendet hatte, sammelte er einige Arme voll Holz. Dabei bat er Elisa, ihm nun zu helfen. Die Menschen schauten schweigend zu. Die beiden legten das Holz geordnet auf den Altar. Auf einen Befehl Elias hin brachte Elisa den Bullen herbei, der an einem Baum angebunden war. Elia tötete den Bullen und schnitt ihn in Stücke, in ähnlicher Weise, wie dies auch die Priester Baals mit dem ihren getan hatten. Dann legte er die richtigen Stücke auf das Holz.

„Und nun", sagte er zu den Zuschauern, „füllt vier große Gefäße mit Wasser." Dies waren seine ersten Worte zu dem Volk nach mehr als einer Stunde. Einige junge Männer beeilten sich, dem Befehl zu gehorchen. Unter den Vorräten der Baalspriester fanden sie Krüge, damit liefen sie hinunter zu den Kischonquellen, die unten an den steil abfallenden Felsen einen Teich bildeten. Nach kurzer Zeit kehrten sie zurück. Sie schwitzten vor Anstrengung, da sie die schweren gefüllten Krüge die steile Schlucht herauftragen mußten. Fragend blickten sie Elia an. „Gießt das Wasser auf das Opfer", forderte er sie auf.

Erstaunt schauten sie sich an, sie konnten nicht glauben, was sie gehört hatten. „Auf das Opfer?" fragte einer von ihnen.

„Ja, auf das Opfer", wiederholte Elia.

Die Männer gehorchten. Jeweils zu zweit hoben sie die schweren Krüge. Das Wasser spritzte über das Opferfleisch und das Holz und lief dann zwischen den Steinen des Altars hindurch. Dann kam der nächste Krug an die Reihe, bis der letzte geleert war. Elias Handeln war so außergewöhnlich, daß niemand auf die Idee kam zu fragen, ob es richtig sei, während der Dürre das kostbare Wasser so zu verschwenden.

Die acht jungen Männer standen bei ihren vier leeren Krügen. „Jetzt tut es noch einmal", befahl Elia. Erstaunt, aber ohne zu widersprechen, gehorchten sie. Wieder brachten sie die vollen Krüge geschleppt. Und als sie das Wasser dieses Mal ausgossen, liefen schon einige schwache Rinnsale in den kleinen Graben, den Elia rund um den Altar ausgehoben hatte.

Zum Erstaunen aller befahl Elia, die Krüge noch ein drittes Mal zu füllen. Leises Murmeln ging durch die Zuschauenden. Die Männer kehrten mit den vollen Krügen zurück und fragten dieses Mal gar nicht erst, sondern gossen das Wasser über den Altar. Diesmal füllte sich der kleine Graben fast mit Wasser, als es durch die Steine herunterfloß.

Nun war es getan. Vier Krüge — die symbolische Zahl für die Welt mit ihren vier Winden und vier Ecken. Dreimal waren sie ausgeleert worden — die Drei war die symbolische Zahl für den göttlichen Jahwe. Die Zuschauer verstanden die Botschaft: Jahwe ist es, der die Erde regiert.

Elia forderte die Menge auf, weiter zurückzutreten. Dann stellte er sich vor den Altar und hob das Gesicht zum Himmel auf. Er sprach laut aber gleichmäßig, so daß alle seine Worte verstehen konnten: „Jahwe Elohim", rief er, „Gott Abrahams, Gott Isaaks, Gott Israels! Laß heute offenbar werden, damit es alle erkennen, daß Du Gott bist, der einzig wahre Gott in Israel, und daß ich, Elia, Dein Diener bin. Laß ganz Israel erkennen, daß die Dürre, die ich durch meinen Mund verkündigt habe, und alles, was heute hier geschieht, nicht mein Werk ist, sondern daß dies alles auf Deinen Befehl hin und durch Deine Macht geschehen ist."

Das Volk, die Führer Israels, die großen Männer der Nation, standen aufrecht und still, während der Prophet sprach.

„Höre mich, o Jahwe", fuhr er fort und streckte seine Arme aus, „höre mich, damit all diese Menschen, das ganze Volk Israel, erkennen, daß Du der Herr und der wahre Gott bist. Laß sie erkennen, daß Du durch dieses Wunderzeichen ihre Herzen wieder von Baal zu Dir zurückkehren willst."

Elia trat weiter zurück, bis er am Ende der Felsen stand. Wieder hob er seine Arme empor. Alle konnten sie den einsamen Mann dort stehen sehen. Seine Zuhörer wagten kaum zu atmen, so gewaltig und packend war der Unterschied zwischen dem einsamen, ruhigen und gefaßten Propheten und der aufgeregten Schar der Baalsdiener.

Die Sonne stand im Westen über der Großen See. Über ihnen wölbte sich der blaue Himmel. Nirgends war auch nur eine Spur von einem Wölkchen zu sehen. Aber die Menschen folgten Elias Blick aufwärts. Auch die Natur schien ganz still zu stehen. Und dann geschah es! Ein Blitz zuckte aus dem wolkenlosen Himmel und fuhr mitten in den Altar. Der Donner folgte unmittelbar und war ehrfurchtgebietend. Es war die donnernde Stimme Jahwes, die das Gebet Seines Propheten beantwortete. Das gesamte Rund um den Altar schien in Flammen explodieren zu wollen. Blaues Feuer erhob sich in lodernden Flammen vom Holz, vom Opferfleisch und vom Altar, als ob es durch einen unsichtbaren Schornstein zum Himmel emporgezogen würde. Flammen fuhren zwischen den Steinen dahin, über den nassen Grund und auch noch in den Graben mit Wasser. Sie leckten das Wasser auf und verbrannten den Boden darunter, und sie fraßen das Holz und das Opfer, und die intensive Hitze ließ die Steine in kleine Stücke zerschmelzen.

Innerhalb weniger Augenblicke war alles vorbei. Noch ehe sich die Menschen von dem furchtbaren Brüllen des Donners erholt hatten, waren Opfer, Holz, Altar und Wasser verzehrt. Alle Menschen fielen nieder und preßten ihre Gesichter auf die Erde. Und dann dauerte es nicht lange, da hörte man hier und da erst eine einzelne Stimme und dann wurden es mehr und immer mehr. Es klang wie ein Gesang, der wie Wellen das Volk ergriffen hatte: ,,Jahwe ist der einzige Gott! Jahwe ist der einzige Gott!" Die Menschen sagten und sangen es aus ihren übervollen Herzen. Und als sie sich von ihrem Schock erholten und wieder aufstanden, sangen sie es noch lauter: ,,Jahwe ist der einzige Gott!"

Elia hatte sich bis jetzt nicht bewegt. Nun senkte er seine Arme und deutete mit einer Hand auf die Propheten Baals, die immer noch in ihrer Erschöpfung rund um den Altar Baal-Melkarts lagen. Er rief laut: ,,Ergreift die Propheten Baals! Laßt nicht einen einzigen von ihnen entkommen!" Männer, die näher standen, hatten Elias Befehl verstanden und gehorchten schnell. Die anderen beobachteten, was geschah. Wieder schrie Elia seinen Befehl, und jetzt stürzte sich eine große Menge Männer auf die Baalspropheten.

Erschöpft und durch ihr ekstatisches Schreien und Tanzen immer noch in Trance, leisteten die Propheten kaum Widerstand, als sie ergriffen wurden. Elisa, der Diener des Propheten, zeigte den Weg. Erbarmungslos wurden die nackten und blutenden Propheten Baals die steile Schlucht über die Felsen hinweg bis zum Kischonfluß hinabgeschleift. Die meisten von ihnen waren schon bewußtlos, als die Männer sie dort liegen ließen und als Elisa begann, einem nach dem anderen von ihnen mit einem scharfen zweischneidig geschliffenen Messer in das Herz zu stechen. Die Getöteten wurden dann alle in den Fluß geworfen.

Die Männer folgten Elisas Beispiel, griffen zu ihren Messern und töteten jeden noch lebenden Baalspropheten und warfen alle in den Fluß. Das Wasser des Kischon färbte sich rot vom Blut der getöteten Propheten der falschen Götter.

Ahab hatte sich während des Massakers nicht bewegt, und Obadja neben ihm ebenfalls nicht. Wie betäubt war er von der enormen Macht Gottes, die sich in diesem Feuer- und Wunderzeichen kundgetan hatte. Die Tötung der Baalspriester hatte er kaum bewußt mitbekommen, er dachte vielmehr an Isebel.

Auch Elia war bewegungslos stehen geblieben, doch auf seinem Gesicht lag das Leuchten des Sieges. Zwar hatte er die Antwort Gottes erwartet, doch eine so gewaltige Demonstration der Macht Gottes überwältigte auch ihn. Er fühlte in sich eine Freude wachsen, die sein ganzes Wesen durchdrang und ihn fast zersprengen wollte. Wie würde jetzt im ganzen Land Jahwe verherrlicht und verkündigt werden! Doch er konnte sich diesen Gefühlen nicht hingeben, denn es war noch Arbeit zu tun.

Er rief einige der älteren Männer, die noch bei ihnen standen. „Geht und schlachtet aus der Herde der Opfertiere einen weiteren jungen Bullen und richtet ihn für ein Fest zu. Euer König muß essen.“. Dann rief er Ahab zu: „Folge den alten Männern noch ein Stück höher hinauf, sie werden ein Fest vorbereiten. Iß und trink reichlich von dem guten Wasser, und feiere das Ende der Dürre, denn in meinen Ohren ist schon das Rauschen eines großen, überfließenden Regens.“

Ohne zu antworten folgte Ahab den Worten des Propheten. Obadja ging schweigend neben ihm und das königliche Gefolge schloß sich an. Viele Gedanken gingen durch des Königs Kopf — über Jahwe, den Gott Israels, über die Beendigung der Dürre, über Isebel. Vor allem die Gedanken an Isebel ließen ihn nicht los. Was würde sie sagen? Und was würde sie tun? Würde die Tötung der Baalspriester dazu führen, daß das Bündnis mit Tyrus zerbrach? Wie konnte er den Jahwe-Gottesdienst unterstützen, ohne die Bedingungen zu brechen, auf denen seine Ehe mit Isebel beruhte? Die Entwicklung, die sich jetzt zeigte, war für König Ahab weniger ein religiöses als vielmehr ein politisches Problem. Wie konnte er den religiösen Eifer für Jahwe, der jetzt im Volk sicher aufbrechen würde, fördern und doch die gewinnbringende Verbindung mit Tyrus aufrecht erhalten?

Elisa kehrte zurück, als Ahab und sein Gefolge sich gerade hinter einer Baumgruppe lagerten. „Komm mit mir“, befahl Elia. Die beiden Männer gingen noch weiter den Berg hinauf, bis fast zum höchsten Punkt. Die See konnte man von hier aus immer noch nicht sehen, da der Gipfel hinter ihnen die Sicht darauf versperrte. Elia setzte sich und verbarg das Gesicht in seinen Händen. „Ich will beten“, sagte er leise zu Elisa. „Gehe ganz nach oben und blicke zur See hin.“

Eiligst gehorchte Elisa und lief, so schnell er konnte. Hier auf dem Gipfel war es nicht mehr sehr steil bis zur höchsten Stelle. Auch sein Herz war noch voller Jubel über den soeben miterlebten großen Sieg Jahwes. Auf dem Gipfel angelangt, legte er die Hand vor die Augen, weil er in die schon tiefer stehende Sonne schauen mußte und blickte nach Westen, in Richtung der See. Mehrere Minuten hielt er mit immer größer werdender Enttäuschung Ausschau, doch so weit er sehen konnte, war der Himmel ganz klar. Er kehrte zu Elia zurück und berichtete: ,,Ich habe nichts gesehen. Der Himmel ist ohne das kleinste Wölkchen.''

Ohne aufzuschauen winkte Elia mit der Hand und erwiderte: ,,Geh und sieh nochmals nach.''

Der Diener nickte und ging zum Gipfel zurück. Wieder durchforschte er mit zusammengekniffenen und von der Hand abgeschirmten Augen den Himmel, doch er konnte keine Veränderung erkennen. Verzagt kehrte er mit seinem entmutigenden Bericht zu Elia zurück. Doch dieser forderte ihn auf, wieder zum Gipfel zurückzukehren und nochmals Ausschau zu halten.

Elisa mußte den Weg zum Gipfel noch mehrere Male machen. Immer, wenn er mit einem negativen Bericht zurückkam, sandte ihn Elia mit einer eindeutigen Handbewegung wieder nach dort. Jedes Mal, wenn er wieder auf dem Gipfel anlangte, war die Sonne ein Stück tiefer zum Horizont gesunken. Als er zum siebenten Mal auf dem Gipfel stand, sah er ganz in der Ferne eine kleine Wolke. Das siebente Mal! Elisa fühlte einen Schauer über seinen Rücken laufen. Die Zahl war bezeichnend. Die Sieben war für die Hebräer die heiligste Zahl, sie setzte sich aus den Zahlen Drei und Vier zusammen und bezeichnete so die vollkommene Einheit zwischen Himmel und Erde. Er rieb sich die Augen, um besser zu sehen. Die Wolke blieb; klein und noch weit entfernt, aber sie war da. Eiligst machte er sich auf den Rückweg. Als er außer Atem bei Elia ankam, berichtete er: ,,Da ist weit weg ein kleines Wölkchen zu sehen, aber sie ist nicht größer als die Hand eines Mannes.''

Elia erhob sich. ,,Das genügt'', sagte er. ,,Geh jetzt zu König Ahab, der noch beim Fest sitzt, und sage ihm, er soll sich schnell zu seinem Wagen zurückbegeben. Er soll eiligst vom Berg gehen und nach Jesreel fahren, damit er nicht von Regen und Sturm überrascht wird."

Ahabs Lachen, als er die Botschaft empfing, war weit zu hören. Jubelnd klopfte er Obadja auf den Rücken, als er aufstand, um zu seinem Wagen zu gehen. Er überließ es seinem erprobten Verwalter, das Einsammeln aller mitgebrachten Ausrüstungsgegenstände und aller anderen Dinge zu überwachen und den ganzen Zug sicher zurückzuführen. Das war bei Regen gar nicht so einfach, denn das Lavagestein wurde sehr glatt und tückisch, wenn es naß war.

Elia war auch schon den Berg hinuntergegangen, und als Ahab seinen Wagen abfahrbereit gemacht hatte, befand sich der Prophet schon in der Ebene Jesreel. Im schnellen Lauf durchquerte er die Ebene, in Richtung Jesreel. Die Stadt lag etwa 25 Kilometer entfernt am Fuße des Berges Gilboa. In der Stadt befand sich ein Aschera-Tempel, den Isebel gebaut hatte. Der Tempel war der Hauptwohnsitz der 400 Propheten und Priester der Göttin Aschera. Sie würden sicher für sich den Verdienst in Anspruch nehmen, die Dürre gebrochen zu haben. Deshalb mußte der Prophet schneller sein als der Regen, damit es so aussah, als ob er ihn im Namen Jahwes mitbrächte. Die Torhüter und alle Einwohner Jesreels mußten auf diese Weise erkennen, daß der Regen von Jahwe kam.

Schnell stiegen die dunklen und schweren Wolken hinter ihm höher, so daß es früher zu dämmern begann als sonst. In der Ferne konnte man von der See her schon den Donner rollen hören. Das dumpfe Dröhnen ließ Elia noch schneller laufen. Er rannte quer über die ausgedörrten Felder, während Ahabs Wagen allen Windungen der Straße folgen mußte. Er wollte den Wettlauf mit dem Wagen des Königs gewinnen, um Ahab ins Gesicht schauen zu können, wenn er durch das Stadttor Jesreels einfuhr. Seine kurzen, muskulösen Beine bewegten sich im schnellen Rhythmus. Tief und gleichmäßig arbeiteten seine mächtigen Lungen.

Kurz vor Ahab erreichte der Prophet das Stadttor, und auch der Sturm war schon sehr nahe. Elia stand neben dem Tor und wartete auf den König. Wind kam auf und fuhr in ersten Stößen über das Land, auf diese Weise den folgenden Regen ankündigend. Elia atmete schwer und tief, und seine Beine fühlten sich an, als wollten sie unter ihm nachgeben. Da kam auch schon Ahabs Wagen in schneller Fahrt heran. Elia hob die Hand zum Gruß. Der König zügelte die Pferde und brachte den Wagen zum Halten. Er sagte kein Wort, sondern schaute nur zu dem Propheten herunter. In diesem Augenblick begann es zu regnen. Elia hob seine Arme dem Regen entgegen und lachte: „Nun, mein geliebter König, an diesem Tage hat Jahwe dem ganzen Israel Seine Macht bewiesen!"

Der König fühlte, wie der Regen ihm in den Nacken zu laufen begann und den Rücken hinunter. Doch er lächelte nicht. Er hätte dem Propheten gern erzählt, wie froh er als Israelit war, daß Jahwe gewonnen hatte, daß aber die Last, König zu sein, ihn noch mehr bedrückte. Er mußte immer wieder an Isebel und an das Bündnis mit Tyrus denken. Ohne ein Wort gab er den Pferden die Zügel frei und fuhr durch das Tor.

In seinem Sommerpalast angekommen, ließ Ahab sofort die Königin bitten, zu ihm zu kommen. Sie hatte aufgeregt auf Nachricht über den Ausgang des Kampfes der Götter auf dem Karmel gewartet, deshalb kam sie nun, so schnell sie konnte. Ahab war noch dabei, seine nassen Kleider zu wechseln, als die Wache die Königin ankündigte. „Der Sturm ist fürchterlich", sagte sie, als sie eintrat. Sie gab sich Mühe, ihre Freude nur vorsichtig zu zeigen.

„Ja", antwortete Ahab, „aber es ist nicht Baal, der ihn sendet. Der Regen kommt von Jahwe."

Nur kurz zeigte sich im Gesicht Isebels ein Erschrecken. Schnell hatte sie sich wieder in der Gewalt. „Wieso das?" wollte sie wissen.

„Elia forderte die Propheten heraus, ein Opfer zuzubereiten und Melkart zu bitten, Feuer vom Himmel zu senden, um das Holz und das Opfer anzuzünden. Sie beteten den ganzen Tag, vom Morgen bis zum Nachmittagsopfer. Ich habe in meinem ganzen Leben noch kein solches Schauspiel gesehen, das zum Ende hin richtig widerwärtig wurde. Deine Propheten gebärdeten sich wie wild. Als alles nichts half, begannen sie, sich mit scharfen Messern Wunden beizubringen und sich im Staub zu rollen. Sie waren nicht nur müde, sondern auch nicht mehr ganz bei Verstand. Entweder sind sie verrückt oder ihr Gott ist es."

Isebel setzte sich auf einen niedrigen Polstersessel und lehnte sich zurück. In möglichst gleichgültigem Ton fragte sie: „Und Jahwe? Hat denn Jahwe mit Feuer geantwortet?" Sie lachte. „Ich hätte gern gesehen, wie Elia um den Altar getanzt ist. Der behaarte Mann muß einen komischen Anblick abgegeben haben."

Ahab band den Gürtel seines Überkleides zu und antwortete: „Jahwe hat tatsächlich geantwortet, und ich habe noch nie einen so ruhigen Propheten gesehen wie Elia heute."

Die Königin versuchte immer noch, nur höfliches Interesse vorzugeben, als handele es sich um den Bericht über irgendeinen sportlichen Wettkampf. Lächelnd fragte sie: „Und wie hat Jahwe geantwortet?"

„Jahwe antwortete mit Feuer." Ahab hatte jetzt seine Hände auf die Hüften gestützt und stand direkt vor der Königin. „Isebel, deine Propheten sind besiegt. Jahwe beantwortete das Gebet Elias in ganz außerordentlich wunderbarer Weise. Nie, seit dem Auszug unseres Volkes aus Ägypten, hat Jahwe so klar und eindeutig geredet. Alle Anwesenden fielen auf ihr Gesicht und bekannten laut ihre Treue zu Jahwe. Dann brachten sie, auf Elias Befehl hin, alle deine Propheten um. Nicht einer lebt noch. Ihre toten Körper liegen jetzt noch im Wasser des Kischon-Flusses.

Isebel saß jetzt aufrecht. Nervös spielte sie mit den Falten ihres Kleides. Schweigend und ein wenig amüsiert beobachtete Ahab ihre Bemühungen, die Selbstbeherrschung nicht zu verlieren. Als sie endlich sprach, war zu merken, daß sie innerlich hart getroffen war. „Also gut", sagte sie. „Erzähle, was geschehen ist."

Ahab setzte sich ebenfalls und berichtete alles von Anfang an in allen Einzelheiten. Als er zu Ende war, fragte Isebel ruhig: „Wo ist Elia jetzt?"

„Er stand im Stadttor und grüßte mich, als ich in Jesreel einfuhr." Der König ging zu seiner Frau und legte ihr die Hand auf die Schulter. „Isebel, es wäre töricht, wenn du deinen Kampf gegen Jahwe weiter fortsetzen wolltest. Die enge Verbindung zwischen Israel und Tyrus ist mir wichtig. Aber deine Bemühungen, unsere beiden Religionen zu vereinigen, hast du sicherlich stark übertrieben. Ich habe dir einmal gesagt, daß ich nicht erlauben würde, wenn du die Propheten Jahwes verfolgst. Doch du hast sie alle töten lassen, nur Elia ist noch übrig. Ich habe dir freie Hand gelassen, weil sie sich so sehr dem Bau deines Melkart-Tempels in Samaria widersetzten. Ich durfte ihnen nicht erlauben, deine Rechte zu verletzen, die in unserem Ehevertrag niedergelegt sind." Er schwieg einen Augenblick und fuhr dann fort: „Isebel, ich weiß wenig über die Götter, aber von heute an ist mir ganz klar, daß in Israel immer Jahwe Gott sein wird. Du mußt damit zufrieden sein, nur mit deiner Hofgesellschaft zu Baal zu beten. Dies, und nicht mehr, verlangt auch unser Ehevertrag. Du mußt deine Bemühungen aufgeben, Israel zu Melkart und Aschera zu bekehren."

Leicht strich Isebel über Ahabs Hand. „Ich muß nachdenken, Ahab. Ich möchte allein sein." Sie erhob sich und verließ den Raum.

Meor-Baal, der oberste Priester der Aschera in Israel, hatte mittlerweile auch schon von den Geschehnissen auf dem Karmel gehört. Er war sofort zur Königin gegangen und wartete bei deren Rückkehr im Vorzimmer. Als sie eintrat, ließ er sich auf die Knie nieder.

„Steh auf, Meor-Baal", sagte Isebel schnell.

Der Priester erhob sich. Isebel befahl ihren beiden Kammerfrauen, im Vorzimmer zu warten und nahm Meor-Baal mit in ihr Arbeitszimmer. Allein mit ihm, ließ sie ihre bisher mühsam aufrecht erhaltene Gleichmut fallen. Sie packte ihn am Arm und sagte wütend: „Bringe die folgende Nachricht zu Elia. Sage ihm, ich, Isebel, schwöre bei allen Göttern, daß ich ihn bis zum morgigen Tage töten lassen werde. Ich werde seinen toten Leib genauso in den Kischon werfen lassen, wie er dies mit meinen Propheten getan hat.“ Sie schob Meor-Baal zur Tür. Als er den Raum verlassen wollte, sagte sie: „Halt, Priester der Aschera. Sage Elia, daß ich geschworen habe, die Götter sollen mir tun, was er meinen Propheten getan hat, wenn ich ihm nicht bis morgen sein Leben genommen habe.“

Der wohlerzogene Priester zeigte seine Besorgnis und Erregung nicht. „Ich werde tun, wie du befiehlst, Königin“, antwortete er und verließ mit einer Verbeugung den Raum.

Elia saß bei einem der reichsten Männer von Jesreel beim Abendessen, als er die Botschaft erhielt. Meor-Baal, der befürchtete, der siegreiche Prophet würde auch ihn töten lassen, hatte einen neutralen Boten zu ihm gesandt, der ihn von dem Eid, den die Königin geschworen hatte, in Kenntnis setzte. Elisa war erst vor wenigen Augenblicken eingetroffen, er war durchnäßt und zitterte heftig. Er kam deshalb so spät, weil er zunächst noch auf dem Karmel nach dem Mantel seines Herrn suchte, den Elia dort liegengelassen hatte; und als er dann in Jesreel eintraf, brauchte er einige Zeit, bis er erfuhr, wo Elia sich aufhielt.

Als es an die Tür klopfte, ging der Hausherr nach draußen. Dann rief er den Propheten. „Hier steht ein Bote für dich, Elia, er sagt, er habe eine Nachricht vom Königshof.“ Der Bote flüsterte Elia die Nachricht ins Ohr und trat dann einige Schritte zurück, weil er Angst hatte, der unberechenbare Prophet könne den Fluch Gottes auf ihn herabrufen. Elia war von der Nachricht sichtlich überrascht. Er ging in den Raum zurück und schloß langsam die Tür hinter sich. „Ich muß fort“, sagte er zu dem Hausherrn.

„Jetzt?“ fragte dieser. „Du hast doch noch so gut wie nichts gegessen. Stärke dich erst und gehe dann, wenn du mußt.“

„Nein, ich muß jetzt gehen.“ Ohne weitere Erklärung warf der Prophet seinen Mantel um die Schultern und verließ das Haus.

Der Hausherr starrte ihm nach. „Dein Herr ist ein seltsamer Mann", sagte er zu Elisa.

Elisa antwortete nicht. Ohne einen weiteren Blick rückwärts zu tun, ergriff er seinen eigenen Mantel und ging ebenfalls schnell davon.

13

Die beiden Männer lagen, erschöpft vom langen Rennen, in einem dichten Olivenhain, in dem man sie wenigstens nicht gleich entdecken würde. Elia hatte bisher noch kein Wort gesprochen, seit Elisa ihn kurz hinter dem Stadttor von Jesreel eingeholt hatte und die ganze Wegstrecke bis hierher mitgerannt war. Regen und Sturm hatten vor kurzer Zeit ein wenig nachgelassen, und die eng beieinander stehenden dichtbelaubten Bäume boten so etwas Schutz.

Sie hatten mehr als 10 Kilometer rund um den Fuß des Berges Gilead im raschen Lauf zurückgelegt und hatten nun En-Gannim erreicht, so daß sie vor eventuellen Suchtrupps, die am Morgen vielleicht beginnen würden, nach Elia zu forschen, einen guten Vorsprung besaßen. Elisa machte sich Gedanken darüber, warum sein Herr so schweigsam und voller Furcht floh, nachdem er soeben erst auf Karmel einen so gewaltigen Sieg errungen hatte. Er konnte sich nur Isebel als Grund vorstellen, es sei denn, der Prophet hatte an einem anderen Ort noch ein weiteres Wunder zu vollbringen. Doch wenn Elisa an den Gesichtsausdruck seines Herrn dachte, mit dem er in Jesreel so überstürzt das Haus ihres Gastgebers verlassen hatte, zweifelte er daran.

Elia lag auf dem Rücken. Seine kräftige Brust hob und senkte sich, während er schwer Atem holte, um die Erschöpfung nach dem langen Lauf zu überwinden. Seine Augen waren offen. Von Zeit zu Zeit schüttelte er den Kopf, wenn Tropfen von dem immer noch fallenden Regen durch das Blätterdach hindurchdrangen und ihn trafen.

Einige Male setzte Elisa an, um seinen Herrn anzureden, doch dessen ungewöhnliches Benehmen ließ ihn immer wieder schweigen. Endlich erhob er sich und zog seinen Mantel aus. Sorgfältig legte er ihn über einige Zweige, um daraus so etwas wie ein primitives Schutzdach über seinem Herrn zu errichten. Sein Unternehmen ließ zunächst einen ganzen Schwall von Tropfen auf Elia herabfallen. Dieser schüttelte sich heftig und setzte sich auf. Er rieb sich die Nässe vom Gesicht und schien erst jetzt seinen Diener wahrzunehmen. Elisa hatte seinen kleinen Regenschutz fertiggestellt und ließ sich darunter nieder.

Elia sprach noch immer nicht und erwiderte auch das Lächeln seines Dieners nicht. Wieder schüttelte er den Kopf, als sei er nicht in der Lage, seine Gedanken in Worte zu fassen. Mit einer Handbewegung forderte er Elisa auf, näher zu ihm und dadurch besser unter das Schutzdach zu rücken. Die beiden Männer legten sich schweigend wieder hin, und bald war Elia eingeschlafen. Doch während der ganzen Nacht bewegte er sich unruhig und sprach oft im Schlaf, so daß Elisa einige Male davon erwachte.

Gegen Morgen hörte der Regen völlig auf, doch starker Morgennebel hatte sich im ganzen Tal ausgebreitet. Die beiden Männer gingen in Richtung Dothan, überquerten einen niedrigen Hügelrücken und waren schon am späten Vormittag am Rande der Stadt angelangt. Von hier gingen sie in südöstlicher Richtung auf der Straße nach Tirza weiter. Elia schien immer noch nicht reden zu wollen, deshalb ging Elisa schweigend neben ihm her und sann über das veränderte Wesen seines Herrn nach.

In Tirza blieb Elia stehen und wies mit der Hand auf die abzweigende Straße, auf der sie vor wenigen Tagen von Elisas Heimatstadt her gekommen waren. In entschiedenem Ton sprach er den ersten Satz, seit sie Jesreel verlassen hatten: „Elisa, du mußt mich jetzt verlassen und nach Hause zurückkehren."

Der Diener blickte die Straße entlang und wandte sich dann an seinen verzagten Herrn: „Und wohin willst du ohne mich gehen, Prophet Jahwes?"

„Ich gehe südwärts."

„Nach Süden?"

„In die Wüste, wo Israel seinen Gott fand. Das ist im Augenblick passend für mich."

„Was willst du dort tun?"

Elia antwortete nicht. Er nickte abschiednehmend und schlug den Weg nach Süden ein. Elisa folgte seinem Herrn, ohne auch nur einen Augenblick zu zögern. Mehr als 3 Kilometer ging er hinter Elia her. An einem Punkt, wo die Straße einen Berg überquerte, blieb Elia stehen. Lange schaute er in das Tal hinunter, das sich nach Osten, dem Jordan zu erstreckte. Man konnte von hier in die tiefe Schlucht des Jabbock-Flusses sehen, der von der anderen Seite her in den Jordan floß. Der Fluß war die südliche Grenze von Gilead, der Heimat des Propheten. Er wandte sich an Elisa, der schweigend neben ihm stand und sagte: „Es scheint schon ein ganzes Leben her zu sein, als ich aus jenen Hügeln dort kam. Ein ganzes Leben." Er streckte seine Hand zum Tal hin aus. „Und doch ist es erst knapp 3 Jahre her, daß ich bei Nacht durch dieses Tal ging, um nicht Ahabs Suchtrupps in die Hand zu fallen."

„Elia", antwortete der Diener ermutigend, „diese Jahre sind den Preis wert gewesen, den du dafür bezahlt hast. Warum bist du so bekümmert? Welche Nachricht könnte denn den Sieg vom Karmel zerstören?"

„Ja, der Sieg", sagte der Prophet leise. Stöhnend setzte er sich, um ein wenig auszuruhen. „Die Nachricht, mein Freund, kam von Isebel. Sie kündigte mir an, mich bis spätestens heute abend töten zu lassen."

Elisa setzte sich neben ihn. „Würde sie so etwas überhaupt tun können?" fragte er. „Das Volk würde es nicht erlauben.

Das wäre doch der Versuch, Jahwe selbst einen Schlag zu versetzen."

„Und genau das beabsichtigt sie."

„Aber Jahwe wird dich beschützen. Er hat dich in all den schrecklichen Monaten, die hinter uns liegen, bewahrt."

Elia hatte keine Lust, dem jüngeren Mann die Wirklichkeit eines Prophetenlebens zu erklären; er fühlte sich nicht gerade in der Stimmung, Lehrer zu sein. „Wie viele Propheten Jahwes leben noch, Elisa?" fragte er.

Der Diener schüttelte erstaunt und ungläubig den Kopf. „Aber du bist doch Elia. Bei dir ist es ganz anders. Jahwe hat dich auf wundersame Weise bewahrt. Und was war auf dem Berg Karmel? Elia, das war einer der größten Siege Jahwes in der ganzen Geschichte Israels. Kannst du einfach von einem solchen Sieg fortlaufen?"

Elia hob einen Stein auf und warf ihn sorglos ins Tal hinunter. „Isebel ist eine Baals-Fanatikerin. Sie ist noch fanatischer, als ich dachte. Der große Sieg hat ihr Herz nicht verändert."

„Du bist müde, Elia, und brauchst Ruhe. Wenn du dich erholt hast, wirst du wieder anders denken."

„Vielleicht."

„Welche Absichten hast du jetzt?"

„Ich bin noch nicht sicher. Ich denke, ich werde in das Land der Geburt unseres Volkes gehen."

„Du bist immer noch entschlossen, in die Wüste zu gehen?"

„Ja."

Elisa nickte zustimmend und schüttelte seine Besorgtheit ab. „Vielleicht ist es sogar gut. Die Wildnis hat eine besondere Art, die Seele eines Mannes zu erneuern, obwohl mir scheint, du gehst zu einer seltsamen Zeit."

Elia lächelte gequält, antwortete aber nicht. Er machte Anstalten aufzustehen. Elisa sprang schnell auf und ergriff seine Hand, um ihm auf die Füße zu helfen. „Danke", sagte der Prophet einfach.

Schweigend gingen sie Seite an Seite in das Tal hinunter und erreichten das schöne wasserreiche Sichem kurz vor Mittag.

Elisa ging in die Stadt, um Lebensmittel einzukaufen. Elia trug ihm auf, sich an Jakobs Brunnen wieder mit ihm zu treffen.

Der Prophet fand den Brunnen leicht und setzte sich an den felsigen Rand, um auszuruhen. Hier holten schon seit Jahrhunderten Frauen das Wasser und tränkten Hirten ihre Herden. Stattlich erhoben sich im Norden der Berg Ebal und im Süden der Berg Gerizim. Er dachte an die Segnungen und Flüche, die von den beiden Bergen ausgerufen worden waren, als Israel in das Land einzog. „Und sogar damals", dachte Elia, „vor 400 Jahren, war dieser Brunnen schon alt." Wie oft war die Einfassung wohl schon erneuert worden, seit Jakob, 400 Jahre vor Moses Zeit, diesen Brunnen gegraben hatte?

Die Mahlzeit erfrischte beide. Gestärkt setzten sie ihre Wanderung südwärts fort bis zur Stadt Lebona, die etwa 20 Kilometer weiter lag. Auf Elisas Anregung hin verließen sie hier die Hauptstraße, um in dieser Nacht am zerstörten Heiligtum von Silo zu schlafen. Doch die Anregung war ein Fehler. Elisa hatte geglaubt, die Begegnung mit Israels Vergangenheit würde seinen Herrn neu ermutigen. Doch die Nacht war schrecklich. Der wolkenverhangene Himmel war dunkel, und die Steintrümmer rund umher erinnerten Elia an eine der dunkelsten Zeiten Israels. Silo war einmal eines der größten Heiligtümer Israels gewesen. Doch während Samuels Zeit hatten es die Philister zerstört, und es war nie wieder aufgebaut worden. Andere Altäre, die an günstigeren Orten lagen, hatten Silos Platz eingenommen. Und andere Götter, denen man bequemer dienen konnte, hatten auch hier Jahwe ersetzt.

Durch die Erfahrung der Nacht in Silo klüger geworden, fürchtete Elisa den Einfluß, den Bethel auf die Stimmung des Propheten haben würde. In dieser alten Stadt hatte Jakob einen Altar für Jahwe gebaut, nachdem er von der Himmelsleiter träumte. Jerobeam hatte später ein goldenes Kalb hier aufrichten lassen, um das Interesse der Israeliten, die er von Juda abgespalten hatte, von Jerusalem wegzuziehen.

Elisa überzeugte den Propheten davon, daß sie vor Isebels Suchtrupps sicherer sein würden, wenn sie einen Nebenweg benutzten, der um Bethel herumführte und erst bei Gibea, jenseits der Grenze von Juda, wieder in die Hauptstraße einmündete. Am späten Nachmittag konnten sie in Jerusalem sein.

Elia schien ein wenig lebendiger zu werden, als sie die Grenze nach Juda überschritten. Er blieb stehen und atmete tief. Im Westen konnten sie jenseits der Ebene Sarons die Große See erkennen. Elia meinte: „Hätte Gott es doch so geführt, daß ich in Juda Prophet sein könnte, mit einem König, der Jahwe wirklich liebt."

„Ja", stimmte Elisa zu, „das wäre leichter. Doch dann solltest du einen anderen Namen haben."

Fragend blickte Elia seinen Gefährten an. Dieser fuhr fort: „Was würde ein Name, der »Jahwe ist Gott« bedeutet, in einem Lande nützen, wo die Menschen alle dies schon selbst wissen und glauben?"

Der Prophet lächelte. „Ja, aber dafür würde ich meinen Namen gern ändern."

„Elia", der Diener sprach in ernstem Ton, „ist es nicht sehr tröstlich zu wissen, daß Juda treu zu Jahwe hält?"

Elia blickte über das Land hinweg. „Aber für einen Propheten in Israel ist das ein recht leerer Trost." Seine Stimme wurde leiser, als würde er mehr zu sich selbst als zu Elisa sprechen. „Bedeutet dies etwa, daß Israel seine Berufung aufgegeben hat? Wird Jahwe Seine ganzen Bemühungen nun nur noch auf Juda konzentrieren?"

„Ich teile deine Liebe zu Israel", stimmte Elisa zu, „bin aber trotzdem froh, daß König Josaphat Jahwe und Seinen Geboten treu ist und dennoch ein großes Reich aufbauen kann. Ahab baut Israel auf, indem er an Habsucht und Liebe zur Macht appelliert. Doch Josaphat macht Juda dadurch groß und stark, daß in seinem Reich Gerechtigkeit für alle herrscht und das ganze Volk sich treu an Jahwe hält. Und bei dieser Politik geht es Juda gut."

„Ja, Juda geht es gut, weil es Jahwe treu ist", nickte Elia.

Jerusalem lag auf einem Bergrücken und war als Festung so uneinnehmbar, wie eine größere Stadt nur sein konnte. Sie betraten die Stadt durch das Tor Ephraim, eines der drei Haupttore, die vom Norden her in die mit Mauern umgebene Stadt führten. Der Tempel war von hier aus nicht weit entfernt. Ohne vorher darüber gesprochen zu haben, schlugen sie die Richtung zu diesem großen und wunderbaren Bauwerk Salomos ein.

Bald standen Elia und Elisa ehrfürchtig nebeneinander vor dem mächtigen Tempeleingang. Zwei 10 Meter hohe, freistehende Säulen ragten rechts und links vom Eingang in die Luft. Ihre Namen waren „Jachin", was „Jahwe festigt" bedeutet, und „Baas", was sagen will: „In Jahwe ist Kraft". Auf jeder der beiden Säulen brannte Feuer. Die beiden Männer wurden bei diesem Anblick daran erinnert, daß Jahwe das Volk Israel bei seinem Zug aus Ägypten bei Tage durch eine Wolkensäule und nachts durch eine Säule aus Feuer führte.

Als sie nun den Tempel betraten, sahen sie rechts den großen Brandopferaltar stehen. Zu ihrer Linken befand sich ein großes Becken aus Bronze, das durch zwölf aus Bronze gegossene Ochsen getragen wurde. Die Priester wuschen in diesem Becken ihre Hände und Füße, ehe sie sich dem Altar näherten oder das Heiligtum betraten.

Ohne ein Wort zu sprechen, gingen die beiden Männer weiter bis zum Eingang in das Heiligtum, wo sie stehen blieben. Direkt vor ihnen lag der Räucheraltar und dahinter der Vorhang zum Allerheiligsten. Jeden Morgen und jeden Abend verbrannte der Priester Weihrauch auf dem Altar, um dadurch die Verehrung und Anbetung zu bezeugen, die das Volk seinem Gott entgegenbrachte.

Und im Allerheiligsten hinter dem Räucheraltar, das durch einen Vorhang abgetrennt war, wohnte Gottes Gegenwart selbst, in der gleichen Weise, wie Er auf dem Sinai in Feuer und Rauch gegenwärtig gewesen war. In der ganzen Geschichte Israels hatten bisher nur wenige Menschen den Raum des Allerheiligsten betreten, denn nur der Hohe Priester durfte einmal im Jahr — am großen Versöhnungstag — in diese dunkle Kammer gehen.

Nachdem die beiden Männer lange schweigend und in Gedanken versunken gestanden hatten, sagte Elia leise: ,,Ich wollte, das Herz eines jeden Israeliten wäre ein solches Allerheiligstes.“ Noch von Ehrfurcht, aber auch von Freude über die Herrlichkeit Jahwes durchdrungen, wandten sich die beiden um und gingen langsam durch die Höfe des Tempels zurück nach draußen.

Es waren noch rund zwei Stunden bis zur Abenddämmerung, und da Bethlehem nur etwa 8 Kilometer entfernt lag, machten sie sich eiligst wieder auf den Weg. Die Straße führte durch hügeliges Gelände. Auf der linken Seite war es schon ziemlich öde und zeigte in seiner Dürre und den herausragenden felsigen Hügelspitzen schon die Vorboten der Wüste Juda, nur unterbrochen durch einen schmalen grünen Saum, wo der Kidronbach, jetzt durch den Regen der letzten Tage gefüllt, durch das Land floß. Rechts waren die Hügel grüner, und überall waren Männer und Frauen dabei, kleinere Felder zu bestellen, um dem kargen Boden die nötige Ernte abzugewinnen. ,,Ob sie wohl von dem Kampf und Sieg auf dem Karmel wissen?“ fragte sich Elia. ,,Ob sie wissen, daß Jahwe es war, der die Dürre gebrochen hat, und daß Sein Prophet, durch den Er dies tat, jetzt so nahe an ihnen vorübergeht?“

Das harte Land dieser Gegend war nicht so fruchtbar und viel schwieriger zu bearbeiten und zu bebauen als die gute Erde in Israel. Die Felder waren voller Steine, und überall brachen größere oder kleinere Kalksteinfelsbrocken durch das Erdreich. Elisa, der mehr vom Ackerbau verstand als sein Herr, erklärte diesem, wie der ausgestreute Same in dieser dünnen Ackerkruste, unter der das harte Felsgestein lag, viel schneller aufging, weil die Sonne die dünne Schicht fruchtbaren Landes viel schneller erwärmen konnte. Die Pflanzen wuchsen schnell und entfalteten sich. Doch ihre Wurzeln hatten nicht die Möglichkeit, in den darunter liegenden harten Kalkstein einzudringen, sie liefen sehr flach unter der Oberfläche dahin. Deshalb vertrockneten sie auch sehr schnell, wenn es eine Zeit nicht regnete.

Elisa bereute seine Erklärung in dem Augenblick, als sie beendet war. Elia blieb stehen und blickte über die Felder. Dann sagte er leise: „Israel ist genauso.“ Er blieb noch einen Augenblick stehen, schüttelte dann betrübt den Kopf und schritt entschlossen weiter. Nach einiger Zeit sagte er: „Mein Freund Elisa, ich kann nicht verstehen, warum Israel so schwer von Jahwes Wort zu erreichen ist. Unser Land ist viel reicher und fruchtbarer als Juda und gibt seinen Bewohnern seinen Überfluß viel leichter, als es hier auf dieser kargen Erde geschieht. Auch unser Handel ist viel umfangreicher als der in Juda. Doch die Menschen hier sind Jahwe dankbar für alles, was Er ihnen durch die Arbeit ihrer Hände und das Wachstum auf den Feldern gibt.“

„Weißt du, Prophet Jahwes“, erwiderte Elisa, „es mag zum Teil daran liegen, daß sie hier den richtigen Führer haben. König Josaphat von Juda ist gerecht und weiß, daß nur Jahwes Gebote wirkliche Gerechtigkeit lehren. Ahab dagegen weiß viel von der Macht der Waffen und der Diplomatie, doch von Religion versteht er nichts. Deshalb erlaubt er Isebel auch, dafür zu sorgen, daß sich die Religion von Tyrus in Israel so ausbreiten kann, eine Religion, die den Göttern der Macht und der Fruchtbarkeit dient.

Elia antwortete nicht. Es kam ihm seltsam vor, daß der jüngere Mann ihn, den Propheten Jahwes, unterwies, und er war beeindruckt von der Weisheit des jungen Mannes. Doch fühlte er in seinem Inneren auch, daß eigentlich er, der Prophet, seinen Diener in den Wegen Jahwes unterweisen sollte.

In dieser Nacht schlief Elia unruhig, obwohl sie, dank des Geldes, das Elisa besaß, ein gutes Nachtlager hatten. Elia schien es, als würde sein Leben keinen Sinn mehr haben. Immer wieder standen die Ereignisse auf dem Berg Karmel lebendig vor seinen Augen. Er versuchte, die Gedanken zu vertreiben und sich zu entspannen, doch es gelang ihm nicht. In seiner Vorstellung umtanzten ihn die Propheten Baals, wie sie dies bei der Entscheidung auf dem Karmel um ihren Altar getan hatten.

Ab und zu übermannte die Müdigkeit den Propheten, und er fiel in kurze, flache Schlafperioden, aus denen er jedes Mal wieder aufschreckte, um neu nachzudenken. Die Israeliten hatten auch nach dem großen Sieg auf dem Karmel Jahwe nicht wirklich wieder als ihren einzigen Gott und Herrn angenommen, dachte er. Sie waren überwältigt von dem, was sie miterlebt hatten. Die Offenbarung der Kraft Gottes war ja auch wirklich beeindruckend genug gewesen. Deshalb gehorchten sie auch dem Befehl, alle Propheten Melkarts zu töten, doch es war ein Gehorsam, wie er jedem siegreichen General nach gewonnener Schlacht entgegengebracht wird. Bei der nächsten Bewährungsprobe würden sie sich, wie gemietete Soldaten, ebenso schnell wieder von Jahwe abwenden.

Am Morgen war der Himmel teilweise von Wolken bedeckt. Elia erwachte durch die Geräusche, die sein Diener verursachte, aus einem kurzen tiefen Schlummer, wie er nach einer schlaflosen Nacht manchmal zum frühen Morgen einen Menschen überfällt. Elisa versuchte, eine freudige und optimistische Stimmung zu verbreiten. Er hatte schon Frühstück kommen lassen und machte lustige Bemerkungen über den heutigen Reiseabschnitt von Bethlehem nach Hebron. Als es dann Zeit war, weiter zu wandern, hatte Elisa seine Bemühungen, seinen Herrn ein wenig aufzuheitern, wieder aufgegeben. Obwohl er sich über Elia und sein Benehmen Sorgen machte, wußte der Diener doch, daß manche Probleme nur von dem Mann selbst bewältigt werden können, der sich mit ihnen herumschlagen muß.

Die beiden Männer machten sich erst am späten Morgen auf den Weg, und es war schon früher Nachmittag, als sie Beth-Zur erreichten. Sie stiegen den Hügel zur Stadt hinauf, um sich zu erfrischen und an dem reichen Brunnen der Stadt ihre Wasserschläuche neu zu füllen. Nirgends waren Rinder oder Schafe am Brunnen zu sehen, da es ja erst am frühen Nachmittag war. Nachdem sie einige Zeit ausgeruht hatten, gingen sie wieder den Hügel hinunter und zur Straße zurück, die sich im Tal hinzog.

Hebron war nun nur noch etwa eine Stunde entfernt. Von den vielen Berichten wußte Elia, daß sie nun bald ein Eichenwäldchen erreichen würden, den Hain Mamres, in dem Abraham während seiner Reisen durch das Land für längere Zeit gewohnt hatte. Bald hatten sie den Hain erreicht, doch obwohl es hier landschaftlich so schön und schattig war, konnte man unter den dicken Bäumen keine Zelte sehen. Der Platz war heilig, niemand baute hier sein Lager.

Es gab keinen Aufenthalt, als sie bei Machpela, nordwestlich von Hebron, vorbeikamen, obwohl Elisa sich gewünscht hätte, das Felsengrab zu besuchen, das Abraham von Ephron, dem Hittiter, gekauft hatte, als Sara starb. Auch in Hebron hielten die beiden Wanderer nicht an, obwohl sie es ursprünglich geplant hatten, um dort zu übernachten, und obwohl es schon bald Abend wurde. Elia bestand darauf, weiterzugehen, obwohl es in der Wüste in der Nacht sicherlich recht kalt werden würde. Er schritt vorwärts, als triebe ihn etwas, und redete bald so unaufhörlich und ausführlich über die Wüstenwanderung des Volkes Israel, daß der müde Elisa sich nach der Ruhe und Schweigsamkeit der vorhergehenden Zeit zurücksehnte.

Elisas Magen rebellierte während der Wanderung in der Nacht vor Hunger. Er hatte seit dem späten Frühstück in Bethlehem noch nichts wieder gegessen, und Elia hatte noch viel weniger gegessen als er. Doch der Prophet zeigte kein Zeichen von Hunger, und auch die Kälte schien ihm nur wenig auszumachen. „Er ist ein Mann, der immer geradewegs auf sein Ziel zugeht", dachte Elisa, „und jetzt denkt er nur noch an die Wüste."

Auf halbem Wege nach Beerseba verließen die Straße und das Tal den unfruchtbaren Kalksteinboden und liefen durch etwas besseres Land. Die Hügel waren hier niedrig und fielen zur Wüste hin sanft ab. Hier und da lag ab und zu auf einem Hügel seitlich der Straße ein dunkles und stilles Dorf; und zwar immer dort, wo aus einem kleinen Nebental dünne Wasserrinnsale in das Hauptwadi des Khalilflusses einmündeten.

Die Straße wurde bald sandig, und die beiden Reisenden näherten sich nun schon Beerseba. Auf dem sandigen Boden, der unter ihren Schritten immer wieder nachgab, ging es sich schlechter. Sie waren nun auch schon müde, und die Muskeln der Beine taten bei jedem Schritt weh. Die Schritte wurden kürzer und langsamer, und die kalte Nachtluft machte das Atmen schwerer. Doch trotzdem erreichten sie gegen Mitternacht endlich Beerseba.

Die Stadt besaß nur leichte Befestigungen. Es gab, außer um ein kleines inneres Stück der Stadt, keine durchgehende Mauer. Die Häuser lagen weit verstreut in dem großen Wadi. Auf dem Marktplatz saßen Reisende zusammengekauert in Toreinfahrten, oder sie waren eng aneinander gerückt, um sich gegenseitig vor der Kühle der Nacht zu schützen und zu wärmen. In die Mäntel hatten sie sich fest eingewickelt und diese oft noch über den Kopf gezogen. Der Schlaf dieser Leute war sehr leicht, weil sie ständig fürchteten, belästigt oder beraubt zu werden. Sie warteten hier in Beerseba, der letzten Stadt vor der Wüste, darauf, sich einer Karawane anschließen zu können, die sie mit durch die gefährliche Wüste in Richtung Ägypten oder einen anderen Ort, der ihr Ziel sein mochte, nahm. Einige von ihnen würden für mehrere Tage warten müssen.

Elia und Elisa gingen, so leise sie konnten, durch die überall umherliegenden Schläfer hindurch. Einige wachten trotzdem auf und beobachteten mißtrauisch die beiden Männer, die hier nachts herumliefen; doch keiner von ihnen bewegte sich so, daß man es bemerkt hätte. Kurz nachdem sie den Marktplatz hinter sich gelassen hatten, kamen sie zu dem kleinen Wadi es Seba. Hier hielt Elia an und sagte ruhig: „Elisa, ich möchte allein in die Wüste gehen." Die Stimme des Propheten war freundlich aber fest.

Elisa hatte erwartet, daß sein Herr dies sagen würde, obwohl er während der ganzen Zeit gehofft hatte, Elia davon überzeugen zu können, daß er in seiner entmutigten Stimmung einer Hilfe und Begleitung dringend bedürfe. Doch Elia war als Prophet die meiste Zeit seines Lebens allein gegangen. Er hatte sich auch keiner der Prophetengruppen in Samaria oder den anderen Städten angeschlossen, obwohl er immer freundschaftliche Verbindungen zu ihnen hielt. Mehr als die meisten anderen Propheten holte er sich neue Kraft immer wieder in der Einsamkeit der Wüste. Doch sein Diener konnte seine Sorge nicht verbergen, denn mit der südlichen Wüste hier war auch Elia nicht vertraut.

„Du solltest zuerst noch etwas essen", sagte er vorsichtig.

„Nein, ich werde jetzt sofort weitergehen."

„Du kennst diese Wüste nicht, Elia. Warte doch wenigstens bis zum Morgen, wenn es hell wird, dann kannst du auch nach dem besten Weg fragen."

„Nein."

„Wohin willst du denn gehen, wenn du hier die Gegend und Wege nicht kennst?

„Dahin, wohin der Geist Jahwes mich führt."

„Es ist doch vielleicht ein wenig töricht, jetzt, mitten in der Nacht, und ohne Nahrung zu gehen. Du mußt doch schon einen sehr großen Hunger haben."

Elia ging auf die Sorgen und Argumente seines Dieners nicht ein. „Bleibe hier in Beerseba, Elisa", befahl er. „Wenn ich innerhalb weniger Tage nicht zurückkomme, dann gehe nach Hause."

Elisa nickte. Er hatte während der letzten Tage diesen unruhigen und immer vorwärtsstrebenden Propheten gut genug kennengelernt, um zu wissen, daß alles weitere Reden und Bitten vergebens sein würde. „Ich werde mehrere Tage hier warten. Jahwe sei mit dir", sagte er.

Elia blickte zum Himmel hinauf, um an den Sternen die Richtung zu erkennen. Dann kniete er an dem schmalen Bach nieder und füllte seinen Wasserschlauch neu. Als er sich erhob, durchquerte er mit zwei langen Schritten das schmale Rinnsal und ging weiter südwärts. Elisa schaute ihm noch für mehrere Minuten nach, wie er zwischen den niedrigen Häusern dahinging. Doch bald entschwand die nun schon vertraute Gestalt des Propheten in der Dunkelheit seinen Blicken. Noch eine geraume Weile starrte der Diener in die nun leere Nacht hinein, bis er die Kühle zu spüren begann. Besorgt erinnerte er sich an des Propheten Blick zum Himmel und an seine entschlossenen Schritte, als er sich wieder auf den Weg gemacht hatte. „Er ist weiter direkt nach Süden gegangen", dachte Elisa. „Weil er den Weg nicht kennt, geht er geradeaus nach Süden. Und er wird nicht von seinem Wege abweichen."

14

Etwa eine Stunde, nachdem Elia Beerseba verlassen hatte, ging der fruchtbare Boden des breiten Tales allmählich in Wüste über. Die niedrigen Hügel wurden steiniger und kahl, und überall schauten Felsen sowie größere und kleinere Brocken aus dem Erdreich, an denen sich der Prophet manchmal stieß, so daß er auch einige Male zu Boden stürzte.

Als es hell wurde, befand er sich in der Nähe des Berges Haleikim. Dadurch, daß er jetzt besser sehen konnte, wurde die Wanderung leichter. Durch die Stürze in der Dunkelheit hatte er sich die Unterarme und Knie doch erheblich aufgeschlagen an den scharfen Steinen. Obwohl er keinen Hunger fühlte, ließ seine Kraft doch fühlbar nach, so daß er auch nicht mehr so schnell vorwärts kam. Doch Elia war entschlossen, weiterzugehen und schlug nun eine südöstliche Richtung ein. Das Land war baumlos, doch weit im Westen konnte er ab und zu von einem Hügelrücken aus einen schmalen Vegetationsstreifen oder eine kleine Gruppe Bäume erkennen.

Die Berge wurden nach und nach höher und kahler. Als er einen Übergang über die Berge fand, konnte er weit und breit kein Zeichen von Leben mehr erkennen, obwohl an einigen Merkmalen hier am Paß zu sehen war, daß ab und zu Wanderer oder kleine Karawanen durchzogen. Als er den Paß in östlicher Richtung überquert hatte, mußte er eine Zeitlang zwischen zwei hohen Bergen fast wieder nördlich gehen. Der schmale Pfad führte hoch hinauf, bis er zu einer kleinen ebenen Stelle kam. Mitten in diesem ebenen Stück gab es eine kleine Vertiefung, in der sich von irgendwoher Wasser sammelte, und daneben wuchs, durch das wenige Wasser am Leben erhalten, ein großer Ginsterbusch. Der Busch war noch ohne Laub, doch seine vielen Zweige boten ein wenig Schatten. Dankbar trank Elia von dem Wasser, setzte sich unter den Busch und entspannte sich. Seine Muskeln und Gelenke schmerzten, als er sich ausstreckte.

Lange Zeit saß er still da. Nur ab und zu bewegte er einmal einen Arm oder ein Bein, wenn die Lage unbequem wurde. Er betrachtete seine zerschundenen Knie und Ellbogen und spürte nun auch die Schmerzen darin. Doch da er nichts dagegen tun konnte, entschloß er sich, einfach nicht darauf zu achten.

Er hätte gern geweint, doch Tränen wollten nicht kommen. Statt dessen fühlte er, als würde sich ein eiserner Ring um seine Brust legen. In einer Art von Betäubung saß er da, noch nicht einmal in der Lage, Worte zu finden und zu formulieren, mit denen er seine Verzweiflung hinwegbeten konnte. Mehr als eine Stunde starrte er so die Felswände an, die sich rund um ihn erhoben. Alles schien vertrocknet, einsam und wüst zu sein. Die Einsamkeit der Wüste schien von zeitlosem Frieden und zugleich von zeitloser Unruhe zu reden. Sie schien ein rechtes Spiegelbild seiner Seele zu sein, in der einerseits die tiefe Gewißheit vorhanden war, daß Jahwe Gott war und er Sein Prophet, und andererseits die Verzweiflung darüber, daß er mit seinem ganzen Einsatz scheinbar nichts erreicht hatte.

Auf dem Karmel hatte er seinen ganzen Glauben und sein ganzes Leben eingesetzt. Niemals hatte Jahwe ein größeres, entscheidenderes und überzeugenderes Zeichen dafür gegeben, daß Er allein der Herr und ein Gott über alle Götter war, als diesmal. Nicht einmal die Teilung des Roten Meeres, als Mose das Volk Israel aus Ägypten führte, oder die Ernährung des Volkes in der Wüste durch Brot vom Himmel, waren größere Zeichen gewesen als das Feuer vom Himmel. Aber Isebel war nicht überzeugt worden. Und wenn sie nicht überzeugt war, würde auch Israel nicht umkehren.

Ein wenig Ärger gegen Gott wollte sich in seinem Herzen breit machen. Kein Zweifel. Natürlich nicht! Er zweifelte nicht an Gott, sondern er war ärgerlich — ärgerlich auf Gott, weil Jahwe ihn zu einer so gewaltigen Bezeugung Seiner Macht geführt und durch ihn ein so großes Wunder getan hatte, und anschließend doch die Ergebnisse, die man davon erwarten konnte, nicht herbeiführte. Als die Israeliten trockenen Fußes durch das Rote Meer gingen, glaubten sie wenigstens eine Zeitlang an Jahwe. Sie aßen in der Wüste das Manna vom Himmel und glaubten an Jahwe, wenigstens auch hier wieder eine Zeitlang. Doch nun hatten sie Feuer vom Himmel fallen sehen, und das Opfer, der Altar und sogar das Wasser waren davon verzehrt worden, doch sie wollten nicht glauben, nicht einmal für eine Weile.

Elias Träume all der vergangenen Jahre schienen sich hier in der Einsamkeit der Wüste und unter der heißen Sonne in nichts aufzulösen. Denn in all den Jahren, in denen er auf Marktplätzen und Straßen predigte, in den einsamen Gegenden Gileads gebetet und meditiert und beim flackernden Schein der Öllampen im engeren Kreis oft leidenschaftlich diskutiert hatte, war es sein Traum gewesen, eines Tages mit König Ahab auf dem Balkon seines Palasts in Samaria zu stehen und dem versammelten Israel zu verkündigen, daß von nun an Jahwe für immer Gott, und zwar der einzige Gott, in Israel sein würde.

Und wenn der Augenblick, an dem seine Träume Wirklichkeit werden mußten, je hätte kommen sollen, dann jetzt, nachdem Jahwe auf dem Karmel ein so gewaltiges Wunder getan hatte, daß niemand an Seiner Macht zweifeln konnte.

Elia legte sich zurück. Die Müdigkeit des Körpers griff nun auch auf die Seele über; und sein Geist schien so kraftlos zu sein wie seine matten Arme und Beine. Er hatte versagt; und sein Versagen schloß sozusagen alles Versagen der anderen vor ihm mit ein. Mose versagte in ihm, und David und Samuel und Nathan und all die Menge ungezählter Tausender, die Jahwe freudig bezeugt hatten und deren Namen allein Gott bekannt waren. Er war das Ende der Linie all dieser Zeugen. Ihre Erfolge waren wertlos ohne seinen Erfolg — und er hatte keinen Erfolg gehabt. Alle Bemühungen der treuen Gläubigen waren nun an ein Ende gekommen. Jahwe war angesichts der Offenbarung Seiner unendlichen Allmacht zurückgestoßen und endgültig verworfen worden.

Immer wieder zogen diese Gedanken durch die erschöpften Sinne des Propheten. Viele Ereignisse aus der Geschichte Israels zogen an ihm vorüber und trugen zu der Entmutigung noch bei, die ihn ergriffen hatte. Moses Gesicht, so wie er es sich oft vorgestellt hatte, groß und breit, mit einem langen Bart und dichten buschigen Augenbrauen, tauchte visionenhaft vor ihm auf; doch diesmal standen in diesem Gesicht nicht feste prophetische Entschlossenheit und heiliger Eifer, sondern die Haut schien faltig herabzuhängen und die Augen waren hohl und müde.

Samuels Augen starrten auf einen Thron, und er schüttelte sein niedergebeugtes Haupt langsam hin und her, denn was er warnend über einen König gesagt hatte, wenn Israel weiterhin fortfahren würde, einen zu fordern, war alles eingetroffen.

Dann tauchte David vor ihm auf, kräftig, groß und schön, der große Krieger und Dichter. Doch sein Gesicht schien das betrübteste von allen zu sein. Mehr Leiden noch als nur Enttäuschung zeichnete sich in seinen Gesichtszügen ab. Das Königreich, das er durch ein Leben großartiger Führerschaft und Hingabe an Jahwe aufgebaut hatte, war nun zerbrochen, und der größere und reichere der beiden Teile entfernte sich immer mehr von Jahwe und dem festen Felsengrund, hin zu dem trügerischen Boden fremder und falscher Götter.

Davids Gesicht verschwand, statt dessen erschien ein Meer von Gesichtern. Die meisten waren leer und ohne bestimmte Gesichtszüge, doch einige erkannte er; da waren Kaleb und Josua, Ahia und Nathan und manche andere, alle mit den Gesichtszügen, die er ihnen schon in der Kindheit in seiner Fantasie zugeordnet hatte, während er seinem Vater zuhörte, der ihm all die Geschichten aus der Vergangenheit Israels erzählte. Alle von ihnen, bis zum letzten, hatten umsonst gelebt. Ihre Führereigenschaften, ihre Gebete und Leiden, ihre Hingabe an Jahwe waren vergeudet. Und warum sollte er, Elia, ein einsamer Prophet inmitten eines abgefallenen Volkes, glauben, die Strömung der Gottlosigkeit oder Götzendienerei in Israel, die alle immer schneller mit sich riß, noch einmal aufzuhalten oder gar umzukehren?

Plötzlich begann er laut zu dem Gott zu sprechen, den er nicht mehr fühlen konnte, von dem er aber wußte, daß Er gegenwärtig war.

„Es ist genug", sagte er. „Nun, Jahwe, nimm mein Leben und laß mich sterben. Ich bin auch nicht besser als meine Väter." Dann schlossen sich seine Augen vor Müdigkeit, und er fiel in tiefen Schlaf. Sein letzter Gedanke war der Wunsch, nie wieder aufzuwachen.

Die Sonne stand jetzt im Scheitelpunkt des Tages und warf ihre Strahlen unbarmherzig auf den lang ausgestreckten und regungslos daliegenden Propheten. Er lag da, die Arme weit von sich gestreckt und rührte sich nicht ein einziges Mal; auch dann noch nicht, als die Sonne sich anschickte, im Westen zu versinken und die Schatten in dem ebenen, von hohen Felsen umgebenen Kessel länger wurden. Die Nacht brach herein, und damit die Wüstenkälte des Winters, doch immer noch rührte er sich nicht.

In der Morgendämmerung, als der Himmel sich orange und rosa zu färben begann, fühlte Elia einen leichten Schlag an seiner Schulter. Eine Stimme brach in seinen tiefen ohnmachtähnlichen Schlaf. Ihm war, als höre er diese Stimme nur aus ganz weiter Ferne. Es war die Stimme eines Boten Gottes, die Berührung eines Engels, der zu ihm sprach und ihn mit der Zartheit der Liebe anrührte und weckte.

Langsam kam er wieder zu Bewußtsein und kletterte Stufe um Stufe von dem tiefen Abgrund des Schlafes, in den er gefallen war, zum Tageslicht empor. Die Stimme sprach zu ihm:

„Stehe auf und iß!“ Und dann war die Stimme verklungen und die Berührung an der Schulter verschwunden.

Elia setzte sich auf, öffnete seine Augen und drehte sein Gesicht in die Richtung, von wo der feine Duft warmen und frischen Brotkuchens in seine Nase zog. Nur wenige Meter von ihm entfernt brannte ein kleines Feuer und darin, auf einem breiten, flachen Stein, lag ein großer Brotkuchen, der durch die Hitze des Feuers fein gebacken war. Gleich daneben stand ein Krug mit Wasser.

Elia rutschte auf Händen und Füßen zum Feuer hin. Vorsichtig zog er den Brotkuchen von dem heißen Stein und nahm ihn immer wieder von der rechten in die linke Hand und so fort, bis er genug abgekühlt war. Langsam begann er zu essen. Ab und zu nahm er einen Schluck von dem klaren kühlen Wasser aus dem Krug. Er dachte dabei über die Treue Gottes und die wunderbare Versorgung nach, die ihm wieder zuteil wurde. Doch in seinem Herzen wünschte er sich immer noch, Gott hätte ihn sterben lassen.

Nachdem er gegessen hatte, legte er sich wieder an den Platz unter dem Ginsterbusch und fiel erneut schnell in tiefen Schlaf.

Wie am Tage vorher, so brannte auch jetzt wieder die Sonne auf ihrer Wanderung von Osten nach Westen unbarmherzig heiß in das Tal, und die Wüstennacht wurde kalt wie die vorherige. Doch Elia schlief, ohne einmal aufzuwachen, und ohne Träume und Visionen von Israels Vergangenheit und Zukunft, tief und fest bis zur Dämmerung des nächsten Tages. Als der Morgen graute, fühlte er wieder die Berührung an seinem Arm, und in seinen Schlaf drang erneut die entfernte und freundliche Stimme: „Steh auf und iß!“ Und dieses Mal hörte er einen weiteren Satz: „. . . denn der Weg, den du zu gehen hast, ist zu weit für dich.“

Dieses Mal war er schneller wach als am Morgen vorher. Drei große Brotkuchen sah er dieses Mal auf dem großen Stein in der Mitte des Feuers liegen. Wieder ergriff er sie vorsichtig und aß sie langsam auf, dazu das kühle Wasser trinkend, das sich ebenfalls wieder in dem Krug befand.

Die Stimme hatte gesagt: „Der Weg ist zu weit für dich.“ Elia dachte über die Worte nach. „Jahwe wollte noch nicht, daß ich sterbe“, überlegte er. „Sicherlich soll ich nach Isebels Drohungen nicht nach Israel zurückkehren. Aber wohin soll ich dann gehen?“

Als die Brotkuchen verzehrt und der letzte Schluck Wasser getrunken war, hatte Elia einen Entschluß gefaßt. Er würde zum Berg Horeb gehen, dem Berg Jahwes im Sinai, wo Jahwe Seinem Volk das Gesetz gegeben hatte. Dort würde er entweder Gott so klar und deutlich hören, wie Mose Ihn gehört hatte, oder er würde sterben.

Elia erhob sich und ging den Weg zurück in das Tal. Er ging in schnellem Tempo westwärts. Er wußte, dort, irgendwo im Westen, ging eine Straße von Beerseba nach Kadesch-Barnea.

Bald verließ er die unfruchtbaren Kreidehügel und wanderte durch ein Stück Wüste, in dem es mehr Vegetation gab. Doch die Gegend war immer noch trostlos genug, obwohl die wenigen kleinen Bäume und das jetzt braune Wintergras im Gegensatz zu den Hügeln, die er verlassen hatte, viel freundlicher aussahen. Doch auch hier war die Wüste noch mühsam und weglos genug, um jedem klar zu machen, daß es gut war, sich genau nach dem Weg zu erkundigen, ehe man sich in die noch größere und schreckliche Wüste Sinai begab. Auch dem Propheten war klar, daß es notwendig sein würde, nach Kadesch zu gehen und genaue Erkundigungen einzuziehen, ehe er seine Pilgerreise in die Wüste begann, in der Israel die größte Zeit seiner 40jährigen Wanderung verbracht hatte.

Es begann schon dunkel zu werden, als Elia Kadesch erreichte. Die Stadt bestand aus vielen Häusergruppen, die weit verstreut in dem großen Tal lagen. Deshalb hatte sie auch kein eigentliches Zentrum, sondern nur einen armseligen Marktplatz, der sich, als Elia ihn am nächsten Morgen betrat, bald mit Beduinen füllte, die von ihren Stämmen in der Wüste nach hier zum Handel und zum Einkaufen kamen. Die Wüste schien sie zäher und dunkler gemacht zu haben als ihre Verwandten im Norden.

Kadesch lag am Rande der schrecklichen Wüste. Die Stadt war der letzte menschliche Vorposten, ehe man sich den Gefahren und Anstrengungen der erbarmungslosen Wildnis aussetzte. Hier hatten seine Vorväter für 40 Jahre am Rande des Existenzminimums gelebt. „Und heute", dachte er, „leben sie geistlich gesehen wieder in einer Wüste, und zwar haben sie sich freiwillig dazu entschlossen."

Südwärts der Stadt begann die Wüste mit ihrer vollen Gewalt. Elia blickte von der Stadt aus hinaus in die in der Sonnenhitze flimmernde Weite. Dies war der schwerste Weg zum Berge Horeb, wenn auch der kürzeste. „Vielleicht", so dachte er, „ist der schwere Weg der bessere für die wandernde Seele. 40 Jahre ist Israel hier gewandert — zehn mal 4 Jahre."

Die heilige Bedeutung der Zahl kam ihm wieder einmal klar zu Bewußtsein. Diese 40 Jahre hatten ihren göttlichen Zweck, sie sollten Gottes Volk heranreifen lassen. Elia starrte den nördlichen Hang hinunter ins Tal. Die Reise, die er sich vorgenommen hatte, würde zu schwer werden, wenn Gott nicht in der großen Wüste auf wunderbare Weise für ihn sorgen würde. Er würde seine Reise zum Horeb so einrichten, daß sie 40 Tage dauerte, je einen Tag für ein Jahr der Väter. Vielleicht würde Jahwe in seiner Seele das tun, was Er damals für Israel tat.

Bei einem älteren Juden erkundigte sich der Prophet genau nach dem Weg, den er zu gehen hatte. Sie saßen mehr als zwei Stunden unter einer großen Terebinthe. Der alte Mann freute sich, sein Wissen mit dem Reisenden teilen zu können; vor allem, weil es sich um einen Propheten Jahwes handelte, der auf einer Pilgerfahrt zum Berge Horeb war. Er beschrieb die Wüste mit großer Genauigkeit und mit vielen Einzelheiten. Als Elia sich von ihm verabschiedete, begann er seine Wanderung mit neuer Zuversicht.

Elia verbrachte seine Tage damit, die ganze Gegend genau kennenzulernen. Er untersuchte jedes Tal und lagerte an jeder Wasserstelle. Dabei versuchte er in Gedanken sich zurückzuversetzen in das, was die Vorväter wohl dachten und empfanden, als sie hier leben mußten. Er bemühte sich auch, um das Geheimnis ihres Unglaubens und ihrer Schwachheit zu erkennen, wegen der sie gezwungen waren, diese 40 Jahre in der Wüste zu bleiben. Dann wieder versuchte er, das Geheimnis des Glaubens und der totalen Hingabe zu ergründen, durch die die nachfolgende Generation unter Josua das Land Kanaan erobert hatte.

Der Prophet durchstreifte die weite Ebene westlich der Wüste von Paran und wandte sich dann ostwärts, um die Wüste von Paran selbst zu erforschen. Er versuchte zu erraten, wo seine Vorväter wohl ihre Herden gehütet hatten, wo sie lagerten und ihre Zelte standen. In all diesen Tagen verspürte er die Härte und Gnadenlosigkeit und doch auch die Großartigkeit dieser weiten einsamen Landschaft. Er aß nur sehr spärlich, um die Zeit mit möglichst viel Fasten durchzustehen. Als sich seine Wanderung dem Ende näherte, meinte er, erkannt zu haben, wieso in dieser Landschaft aus einer Nation von Sklaven ein Volk von Kämpfern werden konnte. Doch er fand keine Antwort für sein eigenes Leben. Wieso konnten die Israeliten trotz Gottes gewaltiger Offenbarung auf dem Berge Karmel immer noch anderen Göttern dienen?

Langsam hatte er sich auf seiner Wanderung dem Berge Horeb genähert, der nun, noch zwei Tagereisen entfernt, direkt vor ihm lag. Es war der höchste Punkt der ganzen Halbinsel. Elia war in den vergangenen harten Wüstentagen dünner geworden, und die Backenknochen traten stärker im Gesicht hervor, weil die Wangen eingefallen waren. Entschlossen ging er weiter. Sein Wille bestimmte seinen Körper und wollte ihn nicht ruhen lassen.

Das Land veränderte sich wieder, je mehr er sich dem Horeb näherte. Hier gab es in den Tälern wieder Vegetation, und im Vergleich mit der Wüste draußen, vor allem der Wüste Paran, schien hier schon fast das Paradies zu sein, obwohl alles hart und steinig genug war. Am späten Nachmittag erreichte er das große Wadi Feiran. Auf diesem Wege waren die alten Israeliten vom Roten Meer zur Wüste gezogen. Es war hier in diesem Wadi, daß Mose einige der schwersten Kämpfe und Prüfungen mit dem Volk durchzustehen hatte. „Doch“, so meinte Elia,

„Jahwe hat bestimmt klar und viel deutlicher zu Mose geredet in diesen Tagen als zu mir.“

Am Nachmittag des nächsten Tages konnte der Prophet seine immer mehr zunehmende Erregung nicht mehr zügeln. Er begann zu rennen, die ersten Minuten recht schnell, und dann ging er in einen gleichmäßigen Lauf über. Das Tal, das er durchquerte, war voller Vegetation. Akazienbäume mit ihren flachen, breiten Kronen wuchsen in Gruppen, Palmen erhoben überall ihre stolzen Häupter, und auch Terebinthen wuchsen reichlich. Dazwischen gab es Gras und viele Büsche. Doch Elia nahm dies alles nicht zur Kenntnis. Er bemerkte auch nicht, daß die Gipfel der Berge ringsum immer höher und imposanter wurden, je mehr er südwärts kam. Er lief aufrecht, mit kurzen gleichmäßigen Schritten. Seine Arme schwangen im Rhythmus seines Laufs, und seine Augen waren nur auf das Ende des Hochtals gerichtet, das er durchlaufen mußte.

Etwa 7 Kilometer eilte Elia in diesem gleichmäßigen Lauf weiter. Als er dann einen Bergrücken umrundete, kam der Horeb in Sicht. Er blieb stehen. Seine Hände hatte er in die Hüften gestemmt, und er atmete nach der Anstrengung des Laufs in tiefen Zügen. Der untere Teil des Horebs war durch die aufsteigenden Hänge des Wadis, in dem er sich befand, verborgen, doch die steilen Felshänge zum Gipfel zu türmten sich in beeindruckender Gewalt und Majestät auf.

Er fiel auf seine Knie. Seine Arme hingen wie gelähmt herunter, doch das Gesicht war zum Berg Gottes emporgehoben. Der Horeb machte einen ehrfurchtsvollen und mächtigen Eindruck, doch nichts rührte sich dort. Keine Gewitterwolken hingen über seinem Gipfel. Keine Höhle tat sich auf, um daraus die Stimme Gottes zu vernehmen. Keine Botschaft war in die steilen Felswände eingeschrieben. Langsam ließ die Erregung, die Elia die ganze Zeit gepackt hatte, nach. Er fühlte sich innerlich ganz leer und war nicht in der Lage, seinen Gefühlen von Beschämung und Ärger Ausdruck zu geben. Doch er wußte aus den Erfahrungen, die er in seinem ganzen Prophetenleben mit Gott gemacht hatte, daß Jahwe oft nicht gerade dann spricht, wenn

Sein Diener es erwartet. Enttäuscht, doch zuversichtlich, daß Jahwe zu Seiner Zeit doch noch reden würde, erhob er sich, um an das Ziel seiner Reise zu kommen.

Nach weiteren 30 Minuten kam er zu der weiten Ebene, in der Israel sich versammelte, um der Lesung des Gesetzes zuzuhören. Der Prophet blickte über die mehr als 3 Kilometer breite Ebene von Raha. Auf dieser weiten Fläche hatte das ganze Volk leicht Platz gefunden.

Sorgfältig betrachtete Elia die ganze Umgebung. Er überlegte, auf welchem der hervorspringenden Felsen wohl Mose gestanden hatte, als er die heiligen Worte des Gesetzes las. Eine ganze Reihe von Plätzen boten sich dafür an. Sicherlich hatten um ihn herum, vielleicht ein wenig unter ihm, auch die Führer der verschiedenen Stämme gestanden. Wie ein großes natürliches Theater kam ihm diese weite Ebene mit ihren hier und da aufragenden Felsen und den sie umgebenden Felswänden vor.

Ein besonders aufragender Felsrücken erregte des Propheten Aufmerksamkeit. Es schien fast eine Miniaturausgabe des gesamten Berges zu sein. „Dies ist ein perfekter Ort, um darauf ein goldenes Kalb als Gottheit zu errichten", dachte er. „Gewiß, er ist längst nicht so hoch wie der Gipfel des Berges, aber man kommt leichter dorthin. Und es ist nun einmal die Natur des Menschen, sich mit weniger zufrieden zu geben als mit dem, was Jahwe zu bieten hat."

Wieder wollte ihn Mutlosigkeit ergreifen. Wie muß Mose wohl gefühlt haben, als er von der Spitze des gewaltigen Berges herabkam, die beiden Gesetzestafeln in seinen Armen, und auf jenem niedrigen Felsvorsprung das goldene Kalb erblickte? Auch Mose hatte seine gewaltigen Wunder erlebt, und trotzdem betete das Volk andere Götter an.

Elia blieb lange in Gedanken versunken stehen und starrte auf den Berg Gottes, bis es langsam dunkel wurde. Jetzt fühlte er auch die hereinbrechende Kühle des Abends. Mit einem leichten Schauer, der Abendkühle wegen, drehte er sich um und machte sich auf die Suche nach einem geschützten Schlafplatz. All die Wunder, die Gott beim Auszug Seines Volkes aus Ägypten und nachher in der Wüste und auch an diesem Berg hier getan hatte, konnten die Israeliten nicht davon abhalten, Jahwe zu verlassen und sich ein goldenes Kalb zu machen.

15

Während der nächsten Tage erforschte Elia methodisch die ganze Umgebung. Wasser gab es hier reichlich; wahrscheinlich mehr als irgendwo anders im ganzen Sinai. In vier Tälern, die sich rund um den Horeb erstreckten, fand er Bäche mit fließendem Wasser. Unterhalb des Bergkammes fand er ein großes und sehr schön gelegenes natürliches Wasserbecken, und rund um den Berg in verschiedener Höhe gab es weitere kleine Senken mit Wasser und reicher Vegetation, Gras, Büschen und Bäumen, die man vom Tale aus nicht erkennen konnte.

In diesen Tagen erstieg er einen der Gipfel nach dem anderen. Immer erwartete er dabei, daß Jahwe zu ihm reden würde, doch jedes Mal fand er sich wieder allein mit seinen eigenen Gedanken. Immer wieder, während er den Horeb erforschte, versuchte er sich in Moses Erlebnisse zu versetzen. Etwa auf halbem Wege zum Gipfel war eine kleine Senke mit Wasser. Hier hatte Mose vielleicht die Ältesten der Stämme Israels zurückgelassen, während er weiter zum Gipfel hinaufgestiegen war.

Der lange hohe Bergkamm hinter dem Gipfel war es vielleicht, schloß Elia, wo Mose das Gesetz empfangen hatte. Eine kleine Höhle, die sich dort befand, hatte ihm vielleicht während der 40 Tage, die er hier auf dem Berg verbracht hatte, Schutz gewährt. Vielleicht hatte er von dieser Höhle aus auch einen Blick auf die Herrlichkeit Gottes werfen dürfen. Der Gipfel selbst hob sich über diesem Bergkamm; und vielleicht war es auch oben auf der höchsten Spitze gewesen, wo Mose das Gesetz Jahwes empfangen hatte.

Auf den höchsten Gipfel kletterte der Prophet erst, als es Frühling wurde und Schnee und Eis zu schmelzen begannen. Auch auf den anderen Gipfeln war es schon kalt genug, vor allem, wenn der Wind scharf blies. Er hätte sich zu dieser Jahreszeit wahrscheinlich überhaupt nicht in diese Bergwelt hineingewagt, würde ihn nicht seine Ungeduld, die Plätze zu erforschen, an denen Israels Geschichte als Volk ihren Anfang nahm, getrieben haben.

Jahwe schwieg während der ganzen Zeit, in der Elia die Gegend durchforschte, und Er war immer noch still, nachdem Elia jeden Punkt, mit Ausnahme des höchsten Horebgipfel, untersucht hatte. Auch der Prophet war still. Er konnte nicht beten, so oft er es auch versucht hatte. Es war ihm einfach nicht möglich, den Aufruhr, der seine Seele durchzog, in Worte zu fassen. Ihm schien es, als habe er sein Leben sinnlos an einem Volk verbraucht und vergeudet, das nicht hören und nicht auf die Stimme Gottes eingehen wollte. Er hätte sich früher nicht träumen lassen, daß er einmal der letzte Prophet in einer langen Liste des Glaubens sein würde, statt dessen hatte er geglaubt, seine Bemühungen würden dadurch mit Erfolg gekrönt, daß sich das Volk wieder Jahwe zuwenden würde. Die Einsamkeit, die er auf sich genommen hatte, sowie alle Entbehrungen, Kämpfe, Gefahren und der Zorn und die Drohungen der Könige lohnten sich, wenn sein Einsatz am Ende mit Erfolg gekrönt war, doch sie waren sinnlos gewesen, wenn der Kampf verloren wurde.

Die unbeweglichen Berge schienen zu Elia zu reden, doch er konnte nicht recht verstehen, was sie sagen wollten. Einmal sprachen die unfruchtbaren Felshänge zu ihm von der Härte und Unfruchtbarkeit der Herzen in Israel, an einem anderen Tag schien es ihm, als wollte die grüne Vegetation in den Tälern ihm von der Hoffnung auf reiche Frucht erzählen. Einmal hatte

Elia Visionen von großen Scharen von Israeliten, die in den Wadis lagerten und ein goldenes Kalb machten; ein anderes Mal sah er Visionen von demselben Volk, das sich doch endlich wieder Jahwe zuwandte und Ihm folgte.

Als die Zeit so dahinging, verbrachte Elia lange Stunden damit, von dem einen oder anderen Gipfel der rundum sich erstreckenden Felsmassen aus lange über das Land hinwegzustarren. Es schien, als würde durch die Härte der Felsen rundum auch sein Geist nach und nach wieder gestählt. Er konnte spüren, wie sich seine Nerven erholten und beruhigten. Die Nahrung, die er hier reichlich fand, kräftigte seinen Körper, und er wurde langsam wieder der harte und zähe Mann, der er vor seiner langen Fastenzeit gewesen war. Seine Augen verloren den verwirrten und unruhigen Ausdruck und nahmen langsam wieder den durchdringenden Blick an, der dem Propheten früher zu eigen gewesen war.

Doch Jahwe redete immer noch nicht zu ihm.

Elia wurde langsam unruhig, seine Gedanken beschäftigten sich immer mehr mit Israel. Als der März den Winter endgültig vertrieb, mußte er immer häufiger an die vielen Altäre Baals denken, die immer noch in Israel standen, und der Zorn wollte oft wieder seine Brust füllen. Doch stets endeten solche Überlegungen in neuer Frustration, denn nicht er, sondern Isebel hatte den Kampf gewonnen. Jahwe hatte in Israel keinen Stützpunkt mehr, von dem aus Er das Volk wieder zu sich rufen konnte.

Es war in den ersten Apriltagen, als Jahwe dann doch sprach. Elia saß auf einem Felsvorsprung unter der Höhle, in der er seit einiger Zeit wohnte, und betrachtete die steinernen Gipfel, die in der Frühlingssonne kupfern leuchteten. Die Stimme verwirrte ihn, so plötzlich brach sie in seine Gedanken. Er sprang auf und blickte um sich. Die unbeweglichen Berge mit den tiefen Schatten ihrer Höhlen und Kluften in den Wänden hatten sich nicht verändert. Die Stimme war nicht laut gewesen, und er war sich auch nicht sicher, ob sie vom Horeb her gekommen war oder aus seiner eigenen Brust. Die Stimme hatte einfach gefragt: „Was tust du hier, Elia?“

Der Prophet antwortete laut; und es war ein wenig Ärger in seiner Stimme, etwa wie wenn ein Mensch sich mißverstanden fühlt: „Ich habe für Dich geeifert, Jahwe, weil ich weiß, daß Du der Herr aller Heerscharen des Himmels bist.“ Seine Stimme wurde jetzt noch lauter, als er fortfuhr: „Ich habe sehr hart für Dich gekämpft, weil die Kinder Israel sich von dem Bund, den Du mit ihnen gemacht hast, daß Du ihr Gott und sie Dein Volk sein sollen, abgewandt haben. Sie haben Deine Altäre zerstört und Deine Propheten getötet.“ Elia starrte in Richtung des Horebgipfels, den er von hier aus nicht sehen konnte. Sicherlich war die Stimme von dort gekommen, sagte er sich. Dann redete er weiter: „Ich bin der einzige Prophet, der noch übrig geblieben ist, mein Gott, und der einzige in Israel, der noch treu zu Dir hält. Und auch mir droht der Tod, denn sie trachten mir nach dem Leben.“

Diesmal kam die Antwort Gottes schnell. Sie stieg in seiner Brust auf, war aber auch von außen zu hören. Sie dröhnte in seinem Kopf und hallte wieder von den Felsen, den Bäumen und den Bergen. Er fühlte sie in seinen Gliedern und hörte sie aus den Tälern unter sich zurückschallen. Die Stimme war sanft und doch befehlend: „Geh und stelle dich auf den Berg vor Meine Gegenwart; und zwar dort, wo deine Höhle ist.“

Sofort stieg Elia den Berg hinan. Bei seiner Höhle angekommen, ging er schnell hinein. Drinnen blickte er sich um, so daß er nun zum Eingang der Höhle zurückschaute. Sein Herz klopfte heftig; doch mehr aus Ehrfurcht vor Jahwe als der Anstrengung wegen, weil er so schnell nach oben gestiegen war.

Er hatte noch nicht lange so gestanden, als er plötzlich einen schwirrenden und wirbelnden Ton hörte, der lauter und immer lauter wurde. Der Tag schien sich mit überraschender Schnelligkeit zu verdunkeln. Bald erhob sich auch ein Wind, der sich schnell in einen Sturm verwandelte und durch alle Ritzen und Spalten der Felsen tobte und auch am Eingang seiner Höhle mächtig heulte.

Elia fühlte, wie er lang auf den felsigen Boden der Höhle stürzte. Er vergrub seinen Kopf in seinen Armen. Der seltsame

Ton wurde immer noch lauter, und aus dem Sturm schien mittlerweile ein Orkan geworden zu sein, der in wilder Wut an den Felsen riß und zu versuchen schien, sogar den Berg Gottes umzustürzen. Das Echo des Orkans klang wie laute Schreie, die durch die Felsspalten heulten. Dicke Bäume wurden wie Streichhölzer umgeknickt und rollten mit donnerndem Getöse die Berghänge hinunter, dabei Felsen und loses Geröll, die zu mächtigen Lawinen wurden, mit sich reißend. Ein nervenaufreibendes Krachen, Splittern, Donnern und Tosen erfüllte die Luft.

Der Orkan dauerte länger als eine Stunde, doch dann legte sich eine tiefe Stille über die Berge, Schluchten und Täler. Elia erhob sich und ging vorsichtig zum Eingang der Höhle zurück. Er blickte hinaus. Der Himmel war klar. Langsam wagte er sich einige Schritte nach draußen, um einen besseren Überblick zu bekommen. Nur wenige Meter von seiner Höhle entfernt lag jetzt ein großer Felsbrocken. Weiter unten, wo er vorher gesessen und die Stimme Gottes vernommen hatte, hatten andere Felsbrocken große Verwüstungen angerichtet. Bäume und Sträucher in der Umgebung, an die er sich gewöhnt hatte, waren verschwunden oder ragten nur noch als zerbrochene und verwüstete Reste aus den niedergegangenen Geröllmassen. Noch weiter unten türmten sich die niedergegangenen Lawinen in einem wilden Durcheinander hoch auf. Rechts von ihm, in nicht allzu großer Entfernung, war ein ganzer Felsvorsprung abgerissen und ins Tal gestürzt worden.

Doch nun lag alles still da. Nicht der leiseste Windhauch war zu bemerken. Aber Elia war es, als höre er immer noch das Heulen, Toben und Krachen der entfesselten Elemente und der ins Tal stürzenden Felsmassen. Eine bohrende Furcht wollte sich in seiner Brust ausbreiten.

Lange stand Elia still da und betrachtete die angerichtete Verwüstung. Sicherlich hatte Jahwe ihn hier in die Einsamkeit geführt, damit er dieses Erlebnis machte, denn ganz gewiß hatte Gott in diesem Wüten der Elemente geredet. Vielleicht war das die Botschaft, die der Prophet dem Volke Israel nun zu bringen hatte. Sie hatten nicht auf Ihn hören wollen, und deshalb würde Jahwe sie nun mit Seinem Zorn und Seiner Rache überziehen, wie hier der Sturm über das Land hergefallen war.

Doch Jahwe schien die Gedanken des Propheten nicht zu bestätigen. War dies nicht schon bisher die Botschaft des Propheten gewesen, die er während seines ganzen Dienstes immer und immer wieder gepredigt hatte? Er setzte sich an den Eingang der Höhle und betrachtete wieder die Bilder der Verwüstung um ihn herum. Schauer der Angst liefen über seinen Rücken, als er in seinen Ohren aufs neue die schrecklichen Geräusche des vorübergehenden Aufruhrs der Elemente widerhallen hörte. Aufmerksam lauschte er in die Stille hinein, da er erwartete, Jahwe werde jeden Augenblick aufs neue zu ihm reden. Doch als die untergehende Sonne die Berge ringsum in ihr glühendes Abendlicht färbte, als wäre nie etwas geschehen, saß Elia immer noch und wartete.

Endlich, als es ringsum immer dunkler zu werden begann, erhob sich der Prophet langsam und kopfschüttelnd, so als würde er aus tiefem Nachdenken erwachen. „Nein", dachte er, diese Botschaft des Gerichts und der Zerstörung würde er in Zukunft nicht mehr predigen, es sei denn, Jahwe würde ihn direkt dazu auffordern. Gott hatte offensichtlich mit dem Erlebnis dieses Tages noch etwas anderes sagen wollen, doch Sein Diener verstand ihn nicht."

Nachdenklich ging er in die Höhle zurück, um seinen Schlafplatz aufzusuchen.

Als er am nächsten Morgen erwachte, erhob er sich schnell und ging voller Interesse zum Eingang der Höhle. Doch nichts hatte sich verändert. Die Verwüstung war noch genauso wie am Tage vorher. Seufzend schüttelte er den Kopf. Er beschloß, sich ein wenig mehr umzusehen, um herauszufinden, ob der Sturm auch in der weiteren Umgebung solches Unheil angerichtet hatte. Doch gerade als er den ersten Schritt machte, begann der Fels unter ihm zu beben. Er lehnte sich an die Höhlenwand zurück und preßte die Hände gegen den Stein. Das Beben wurde stärker. Der harte, mit Schmutz bedeckte Felsboden unter ihm schüttelte sich in kurzen, sich immer wiederholenden Bewegungen, die immer heftiger wurden.

Wieder stürzte Elia zu Boden und kroch in wilder Panik tiefer in die Höhle hinein. Staub wirbelte auf und erfüllte die ganze Höhle wie mit einer undurchdringlichen Wolke. Die Erde begann nun zu dröhnen. Wieder hörte er, wie schon am Tage vorher, das Donnern und Dröhnen von ins Tal stürzenden Felsbrocken und Lawinen. Doch diesmal schien es noch lauter und heftiger zu sein als gestern und wurde vom Schütteln und Beben der gesamten Bergwelt begleitet. Der Gedanke durchfuhr ihn, daß Jahwe ihm wohl jetzt sein Leben nehmen würde, wie er es vor einiger Zeit von Ihm gefordert hatte. Der Berg Horeb schien ihm ein passender Ort für seinen Tod zu sein. Doch die Höhle, in der er sich befand, stürzte nicht ein; und wenige Augenblicke später war das Erdbeben vorüber.

Der Staub, der die Höhle füllte, drang in Elias Atemwege. Er begann zu husten und schluckte dadurch nur noch mehr von den feinen Staubteilchen. Schnell verließ er die Höhle. Draußen wurde der durch das Erdbeben aufgewirbelte Staub schon wieder durch einen leichten Wind vertrieben, so daß die Luft klarer wurde und Elia wieder besser atmen konnte.

Der große Felsblock, der gestern in die Nähe des Höhleneingangs gerollt war, lag nicht mehr dort. Rundum an den Bergen waren weitere Felsvorsprünge und ganze Wände abgerissen worden und in die Täler gestürzt. Die sich seit gestern in den Tälern auftürmenden Geröllhalden waren weiter gewachsen. Ein schmaler Felsspalt, der sich nicht allzuweit entfernt von oben nach unten durch eine hohe Wand zog und ihn immer interessiert hatte, war jetzt zu einer breiten Kluft geworden.

Endlich konnte Elia wieder richtig durchatmen. Doch der Staubgeruch lag immer noch in der Luft, und die Sonne hatte Mühe, die grauen Schleier, die über das Land zogen, nach und nach wieder zu durchdringen.

Der Prophet schaute sich sorgfältig um, weil er ein wenig hoffte, irgendwo eine Botschaft Jahwes zu entdecken, die Er ihm durch eine besonders auffällige neue Felsformation, eine seltsame oder fremdartige Höhle, oder eine Botschaft, die in die staubige Luft geschrieben war, zukommen lassen wollte. Doch er entdeckte nichts. Wieder schien ihm nur das Schweigen Jahwes zu begegnen. Selbst der leichte Wind, der nach dem Erdbeben aufgekommen war, erstarb nun wieder. Genau wie gestern schien sich die Natur wieder in Schweigen hüllen zu wollen, als müsse sie nach dem Ausbruch der Zerstörung erst neue Kraft sammeln, ehe sie wieder reden könnte.

Langsam verging der Tag. Elia verließ seinen Platz nicht, sondern ging nur ab und zu auf dem schmalen Felsrücken vor seiner Höhle hin und her. Wenn Gott nicht wollte, daß er starb, welchen Sinn sollte sein Leben dann noch haben? Welche Botschaft hatte Jahwe für Seinen Propheten?

Wieder kam der Abend, und Elia ging in die Höhle zurück. Er aß ein wenig von den gesammelten Vorräten, ehe er sich auf seinem Lager zum Schlaf ausstreckte. Doch er konnte nicht einschlafen. Die Gedanken in seinem Kopf überschlugen sich. Immer wieder überlegte er, was Jahwe ihm wohl sagen wollte. Er konnte sich nur an die beiden kurzen Sätze erinnern. Eine Frage und einen Befehl. Die Frage hatte er beantwortet, und dem Befehl hatte er sofort gehorcht. Aber was tat er nun wirklich hier? Er wartete auf ein deutliches Wort von Gott. Jahwes Befehl, zu seiner Höhle zurückzugehen, war sicherlich nur eine Einleitung zu dem, was noch kommen sollte. Oder hatte es eine verborgene Botschaft in der Frage Jahwes gegeben, die er nur nicht richtig verstanden hatte? Waren die Naturkatastrophen der letzten Tage Warnungen für ihn, die ihm sagen sollten, er habe an diesem Ort nichts mehr zu suchen? Nein, das konnte nicht sein. Sicherlich hatte Gott ihm noch mehr zu sagen.

Am nächsten Morgen bebte Elia ängstlich, als er die Höhle verließ. Doch die Furcht war gleichzeitig mit einem Gefühl der Erwartung für das vermischt, was Gott als nächstes tun würde. Ein leichter Morgenwind wehte, doch er war warm und nicht, wie üblich, kühl. Er blickte nach Osten, weil er erwartete, dort dunkle Sturmwolken aufziehen zu sehen. Und tatsächlich, dort in der Ferne, über dem Golf von Akaba, ballten sie sich zusammen. Elia beobachtete, wie sie immer dicker wurden und schnell heraufzogen. In überraschender Eile türmten sie sich immer höher, bedeckten den Himmel und zogen von Osten nach Westen über die Sinaigipfel heran. Schon begann sich auch der eben noch klare Himmel über ihm zu beziehen, und da fuhr der erste Blitz aus den Wolken, gefolgt von einem lange anhaltenden majestätischen Donner, der in den Tälern und an den Felswänden widerhallte.

Jetzt umheulten auch die ersten Windstöße des Unwetters den Propheten. Sein langes Haar blähte sich unter den immer stärker werdenden Böen auf und umwehte seinen Kopf. Elia blieb stehen und beobachtete das aufziehende Unwetter; er hatte das Gefühl, als stehe er direkt inmitten der Stimme Gottes, bis der Regen kam. Zuerst fielen einige große unregelmäßige Tropfen aus den Wolken. Doch als der Prophet eiligst in die Höhle zurück rannte, fiel der Regen schon, vom Wind gepeitscht, in Strömen herab. Er mußte etliche Schritte in die Höhle zurückweichen, weil der Regen durch den Sturm so weit hereingetrieben wurde.

Das Gewitter schien seinen Höhepunkt zu erreichen. Unaufhörlich zuckten die Blitze und grollte der Donner. Die Höhle schien von einem nicht enden wollenden Dröhnen erfüllt zu sein, weil ein Donner den anderen ablöste und es kaum Pausen dazwischen gab. Der Regen schien in Sturzbächen von den Wolken ausgeschüttet zu werden. Doch dann, ebenso schnell, wie das Unwetter gekommen war, ging es wieder vorbei und zog über die Berge nach Westen ab. Als Elia aus der Höhle trat, drangen schon wieder die ersten Sonnenstrahlen durch die letzten Wolken.

Elia war überrascht, daß dieses heftige Unwetter so schnell wieder abzog. Es schien diesmal kaum größeren Schaden verursacht zu haben. Doch plötzlich war ihm, als verspüre er irgendwie den Geruch von Feuer. Er trat weiter nach vorn an die Felskante, wo er in das Tal hinunterschauen konnte. Und dann sah er es. Das Gewirr von Büschen, Ästen und Baumstämmen, das sich unten gesammelt hatte, brannte. Einer der Blitze mußte dieses Durcheinander von ausgetrocknetem Holz, das durch den zwar heftigen, aber nur kurzen Regenguß nur oberflächlich naß geworden war, entzündet haben. Immer schneller breitete sich das Feuer aus, da es in den überall umherliegenden, ins Tal hinuntergerissenen Büschen und Bäumen, reichlich Nahrung fand. Hoch auf loderten die Flammen, und jetzt konnte Elia auch das Brausen des Feuers vernehmen. Bald war das ganze Tal unter ihm eine einzige Feuerhölle, und immer weiter fraßen sich die Flammen. Bis in den Nachmittag hinein wütete das Feuer, ehe es langsam zu sterben begann.

Elia beobachtete das gewaltige Schauspiel mit Erstaunen. Dabei wartete er wieder mit gespannter Aufmerksamkeit darauf, daß Gott beginnen würde, mit ihm zu reden. Als es Abend wurde, war das Tal schwarz. Das Feuer war gestorben, doch überall stieg noch Rauch aus den Schutt- und Aschehaufen in den Himmel empor. Der Eindruck der Zerstörung und Vernichtung, der jetzt über dem Tal lag, war noch stärker, als in den Tagen zuvor, und Elia hatte nicht den leisesten Zweifel, daß Jahwe in die Geschehnisse der letzten drei Tage eine Botschaft für ihn hineingelegt hatte.

Er betrachtete die rauchenden Aschehaufen unter sich und die verkohlten übriggebliebenen Baumstämme. Die Zerstörung war schrecklich, überlegte er, doch im Laufe der Zeit würde aus der Verwüstung unter ihm neue Vegetation erwachsen und das Leben würde grüner und mächtiger als vorher durchbrechen.

Während er noch so nachdachte, erhob sich wieder dieser leise und sanfte Abendwind, den er schon in den letzten Tagen der Zerstörung am Ende des Tages jedes Mal bemerkt hatte und für den er Gott immer so dankbar gewesen war. Es war nur ein Windhauch, so sanft, daß man kaum sagen konnte, woher er wehte, doch er war nach allen Schrecken und Tumulten der Natur immer wieder da. Der Rauch, der noch die Luft erfüllte, wurde von der leichten Brise vertrieben, und die Luft wurde wieder so klar, daß die letzten Strahlen der Sonne die Berge kupfern erglühen lassen konnten. „Am Ende“, überlegte Elia, „ist es dieser leise und sanfte Windhauch, der abends immer aufkommt, für den ich Gott in den letzten Tagen stets am meisten dankbar gewesen bin.“

Da war es, als würde plötzlich ein Schauer den Körper des Propheten durchziehen, ein irgendwie prickelndes Gefühl wurde in seiner Brust und in seinen Armen spürbar. Er blickte zum Himmel empor und fragte laut: „Ist das die Botschaft, die Du für mich hast, Jahwe?“

Die Augen des Propheten weiteten sich vor Überraschung. Er begann zur Höhle und wieder zurück zu laufen und blickte in das Tal unter ihm, in dem die Zerstörung immer noch zu sehen war. Nun flogen seine Gedanken zurück zum Berge Karmel und zu der wunderbaren Offenbarung der Macht Gottes, die vor nicht langer Zeit dort auf sein Wort hin stattgefunden hatte. Er dachte an das Feuer, das aus dem klaren Himmel herabgefahren war und das Opfer, den Altar und das Wasser verzehrt hatte. Er hörte wieder die überraschten und erschreckten Schreie der erstaunten Menge und ihr wildes Lachen, als sie voller Lust und Vergnügen die Propheten Baals töteten.

Und nun begann der Windhauch zu reden: „Meine Wege sind nicht deine Wege. Ich wirke auf geheimnisvolle Weise in den Herzen der Menschen, um ihre Liebe zu gewinnen, nicht nur ihre Ehrfurcht und ihren Gehorsam.“ Die Brise flüsterte so leise, daß es fast nicht hörbar war. Doch das Wispern kam von allen Seiten — vom Himmel, aus dem Tal und von den Bergen, die den Propheten umgaben.

„Habe ich dann auf dem Karmel falsch gehandelt?“ fragte Elia laut. Er wiederholte die Frage noch lauter und blickte dabei zu den Bergen auf, von denen die leise und freundliche Stimme kam: „Habe ich auf dem Karmel das Falsche getan?“

Die Stimme antwortete im gleichen ruhigen Ton: „Meine Wege sind nicht deine Wege, Ich wirke zart und sanft in den Herzen der Menschen.“

Ohne Rücksicht auf die harten und kantigen Felsen fiel Elia auf seine Knie und streckte die Arme aus. Die Gedanken in seinem Kopf wirbelten durcheinander. Was auf dem Berg Karmel geschah, hatte nichts bewirkt. Die Offenbarung der Macht hatte die sofortige Veränderung der Gesinnung in Israel nicht herbeigeführt, von der der Prophet immer geträumt hatte. Doch die harten Methoden der Königin Isebel hatten ihn ja gezwungen, zu solchen Aktionen zu greifen. Macht mußte man eben mit Macht begegnen.

„Meine Wege sind nicht deine Wege", flüsterte der Windhauch wieder.

Der Prophet ließ die Arme sinken. Er lag immer noch auf den Knien. Doch sein Körper war jetzt aufgerichtet und das Gesicht nach oben gewandt. Diesmal erstarb der leichte Abendwind nicht, als die Dämmerung einsetzte. Er wehte weiter und flüsterte die Botschaft immer und immer wieder, bis sie Elias Seele ganz durchdrang und im gleichen Rhythmus mit dem Schlag seines Herzens in ihm widerhallte.

Elia konnte nicht sprechen. Er fühlte, daß er an der Schwelle einer neuen und großen Offenbarung stand, doch er war nicht in der Lage, auf das leise Flüstern der Stimme Jahwes zu reagieren. In ihm wollte sich das Gefühl der Niedergeschlagenheit und Verzagtheit, das er bis vor kurzem noch mit sich herumgetragen hatte, wieder breit machen. Wie konnte er denn seinen Dienst verändern? War er in der Lage, eine solche Veränderung aus sich heraus zu bewerkstelligen? Wo sollte er damit beginnen? Wie kann ein harter Prophet freundlich zu den Herzen der Menschen reden?

Jahwe erlaubte ihm nicht, diesen Gedanken des Zweifels zu sehr nachzuhängen. Als Elias unausgesprochene Fragen seine Seele zu überwältigen drohten, begann Gott wieder zu reden. Er stellte die gleiche Frage, die Elia drei Tage vorher schon einmal gehört hatte: „Was tust du hier, Elia?"

Wieder durchforschte Elia die um ihn herum aufragenden Berge, doch dabei spürte er, wie ihn die Frage in seinem Inneren neu bedrängte. Und er wiederholte die Antwort, die er vor drei Tagen schon gegeben hatte: „Ich habe für Dich geeifert, Jahwe, Herr aller himmlischen Heerscharen. Dein Volk hat den Bund vergessen, den Du mit ihnen gemacht hast, und sie haben Deine Altäre zerstört und Deine Propheten getötet. Ich bin der einzige, der noch übrig geblieben ist. Und auch mir trachten sie nach dem Leben."

Der Windhauch starb für einen Augenblick. Elia erhob sich schwer atmend. Er schlug die Hände vor sein Gesicht. Der Windhauch durfte jetzt nicht aufhören, nicht jetzt, wo er so nahe vor der Antwort Gottes stand. Dann begann der Wind wieder zu säuseln, so sanft wie vorher, und er hörte seinen Namen: „Elia!" Er nahm die Hände vom Gesicht und blickte umher. „Elia", das Wort wurde vom Wispern des Windes direkt in sein Herz getragen, „geh", sagte der Hauch, „kehre um und gehe in die Wüste von Damaskus. Wenn du dort ankommst, dann salbe Hasael zum König von Syrien. Und Jehu, den Sohn Nimsis, sollst du zum König über Israel salben. Und salbe Elisa, den Sohn Saphats, von Abel-Meloha zum Propheten an deiner Statt. Und es soll geschehen: wer dem Schwerte Hasaels entrinnt, den wird Jehu töten; und wer dem Schwerte Jehus entrinnt, den wird Elisa töten." Der Windhauch wiederholte seinen Namen: „Elia", und nochmals: „Elia". Er blickte zum Himmel empor. „Elia, du bist nicht der einzige Israelit, der noch treu zu Jahwe hält. Ich habe immer noch 7000 Menschen in Israel, die ihre Knie vor Baal nicht gebeugt haben und die seine Götzenbilder nicht geküßt haben. Und nun geh, dein Auftrag muß ausgeführt werden."

Der Wind starb ganz allmählich. Elia lauschte noch einige Augenblicke und ging dann in die Höhle zurück. *Hasael also sollte König in Syrien werden, und Jehu der König Israels? Und Elisa ist von Jahwe zu meinem Nachfolger bestimmt?* Während er seine Abendmahlzeit zu sich nahm, dachte er weiter über die Botschaft Jahwes nach. Er überlegte: „Wenn Jahwe freundlich zu den Herzen der Menschen spricht, wie können dann Hasael, Elisa und Jehu die Feinde Gottes töten?"

Der Prophet beendete seine Mahlzeit und legte sich sofort nieder, um für die lange Reise, die er am Morgen antreten wollte, ausgeruht zu sein. Während er auf den Schlaf wartete, konnte er die Gedanken nicht vertreiben, die ihm immer wieder sagten, daß es einen Widerspruch gäbe zwischen der Botschaft, die er von Jahwe empfangen hatte und der Voraussage der Gewalt durch Hasael, Jehu und Elisa. Was für ein Gott war Jahwe? Er spricht freundlich zu den Herzen der Menschen, und doch straft Er die Ungehorsamen, die sich von Ihm abwenden und der Sünde dienen, hart. Er ist ein Gott der Liebe und ein Gott des Gerichts. Im Hinüberdämmern in den Schlaf war es Elia, als höre er die Stimme Jahwes wieder. Sie kam jetzt aus dem Inneren seiner Seele und sagte: „Meine Wege sind nicht deine Wege. Meine Wege gehen über euer Verständnis hinaus. Deine Aufgabe ist es, an dem, was du weißt, treu festzuhalten."

★ ★ ★

Naboth erhob sich befriedigt lächelnd von den Knien. Die neuen Reben an den Weinstöcken wuchsen fein, und die Ranken waren säuberlich an den Stützen festgebunden. In den drei Jahren der Dürre hatten seine Söhne nichts von all dem, was er sie über den Weinanbau gelehrt hatte, vergessen.

Er war ein kleiner, schlanker und schmalbrüstiger Mann. Seine beiden Söhne waren größer, mehr nach der Mutter geraten. Die Weinbergsarbeiten im zeitigen Frühjahr waren doch ermüdend. Die Abfälle des Herbstes mußten hinweggeräumt und alles wieder fein säuberlich geordnet werden. Doch er freute sich über alles, was mit seinem Land zusammenhing, auch wenn ihm durch die mühsame Arbeit im Weinberg der Rücken und die Muskeln schmerzten. Seine Weinpflanzungen waren gut. Jeder einzelne Weinstock war ihm so vertraut wie dem Hirten die Tiere seiner Herde. Er beobachtete die Weinfelder sorgfältig, überwachte das richtige Aufbinden der Reben, das Beschneiden und die Ernte. Während der heißen Sommermonate ging er oft durch die Weinpflanzungen, um abzuschätzen, wieviel Morgentau gefallen war. Ihm half die Erfahrung von Generationen von Weinanbauern, wenn er anhand des Morgentaus und der Sonne abzuschätzen versuchte, wie die Ernte ausfallen würde.

Jetzt, nachdem die Dürre vorüber war, konnte das Leben kaum besser sein. Seine Familie war gesund, und seine Töchter waren verheiratet. Seine beiden Söhne hätten der Stolz eines jeden Vaters sein können. Er war das derzeitige Oberhaupt einer alten Familie, die schon zu den Gründern der Stadt Jesreel gehört hatte. Und er, Naboth selbst, war ein hochgeachtetes Mitglied des Stadtrats von Jesreel. Naboth blickte nach der Sonne. Das Wetter war in diesem Jahr bisher gut gewesen, und es würde, wenn es so weiterging, eine gute Ernte geben.

Ahabs Stimme riß Naboth aus seinen Überlegungen. Er blickte zum Palast hin. Der König machte einen Rundgang durch die Weingärten und winkte Naboth zu, als er sich näherte.

Der Weinbauer winkte zurück und ging auf Ahab zu, der geduldig wartete, während Naboth sich der Prozedur unterzog, niederzuknien und den Segen Gottes auf das königliche Haus herabzuflehen.

„Naboth“, sagte der König dann, „ich habe dich in der letzten Zeit gar nicht gesehen. Wie geht es dir?“

„Gut, König Ahab. Es geht mir sehr gut, seit die Dürre vorüber ist.“

„Deine Weinstöcke sehen, wie immer, gut aus.“

„Ja, sie entwickeln sich prächtig.“

„Naboth, ich bin gekommen, um dir ein Angebot zu machen.“ Ahab wählte seine Worte sorgfältig und gab sich große Mühe, recht freundlich zu erscheinen. Naboth blickte ihn fragend an. Der König fuhr fort: „Mein Freund, ich brauche dringend einen Garten, in dem ich Gemüse und Gewürze für meinen Sommerpalast anbauen kann. Dein Weingarten liegt direkt neben meinem Palast. Für mich könnte es gar kein besseres Feld als das deine geben.“

Naboth runzelte ein wenig die Stirn, als er sich seinen Weinberg betrachtete. Dann blickte er dem König offen in die Augen und antwortete: „Mein König, dies ist das Land meiner Vorfahren, das unserer Familie, als unser Volk in dieses Land kam, als Erbteil zugefallen ist. Es wäre falsch von mir, wenn ich es weggeben würde.“

„Ich würde mehr als großzügig mit dir sein, Naboth“,

drängte Ahab. „Ich besitze viele andere Felder. Manche davon sind besser und größer als das deine hier. Ich werde dir für deinen Weinberg ein besseres Stück Land geben." Er lachte gemütlich und versuchte so, die wachsende Spannung Naboths zu zerstreuen. „Oder wenn dir vielleicht das Leben eines Kaufmanns besser gefallen sollte, werde ich dir dein Feld überaus gut bezahlen."

Naboths Antwort kam schnell und entschlossen: „Nein, mein König. Ich kann dir das Land weder verkaufen noch vertauschen. Es gehört seit vielen Generationen unserer Familie, kein noch so guter Preis kann diese Tatsache aufwiegen. Ich und meine Familie sind hier so verwurzelt wie die Wurzeln meiner Weinstöcke."

„Wein kann auf anderen Feldern ebensogut wachsen. Das Umpflanzen ist doch kein Problem, weder für den Wein, noch für die Menschen, solange der Wein auf gutem Boden wächst und die Menschen in der Nähe ihrer Freunde wohnen können."

„Ich kann dir das Land nicht geben."

Ahab blickte Naboth hart an. „Du bist unvernünftig, Naboth. Kein anderes Land ist für mich so günstig, weil das deine direkt an meins angrenzt. Ich bezahle ganz gewiß einen Preis, der dich und deine Söhne mehr als zufriedenstellen würde."

„Nein, mein König, ich kann nicht verkaufen."

Ahab fühlte, wie Ärger in ihm aufstieg und gab sich alle Mühe, diesen zu unterdrücken. Doch seine Gesichtszüge drückten aus, daß er jetzt ungehalten war. „Du weigerst dich also, auch nur darüber zu verhandeln?"

„Es tut mir leid, König Ahab. Meine Treue zu dir ist überall bekannt, aber dieses Feld hier ist mir wie mein Leben. Es bedeutet mir mehr als alles andere auf der Welt. Das Gesetz sagt, daß ein Israelit das Recht und die Pflicht hat, das Land, welches das Erbteil seiner Familie ist, festzuhalten; es ist für ihn heilig. Ich hoffe, du vergißt dies nicht und verstehst mich deshalb. Ich kann das Land nicht hergeben."

Der König antwortete nicht. Er drehte sich um und blickte zum Palast zurück. Dann blickte er wieder Naboth an, doch dessen Gesicht zeigte seine Entschlossenheit. Mit schweren Schritten ging der König davon. Naboth schaute ihm noch eine Weile nach. Er kannte Ahab schon lange Zeit. Oft hatte der König ihn eingeladen, als geachteter Gast an den Sommerfesten im Palast teilzunehmen. Manchmal hatten sie sich unterhalten, einige Male sogar über Politik und Staatsangelegenheiten. „Ich würde fast alles für ihn tun", dachte Naboth, „doch ich kann das Land meiner Väter nicht hergeben." Bekümmert ging er wieder zu seinem eigenen Haus zurück.

Ahab stürmte in seinen Sommerpalast hinein, ohne die Grüße der Wachen am Eingang zu beachten. Seine Schritte hallten auf dem Steinfußboden wider, als er immer zwei Stufen auf einmal nahm. Isebel blieb stehen und beobachtete ihn, als er, ohne ein Wort zu sagen, an ihr vorübereilte und die Tür zu seinem Schlafgemach hinter sich zuknallte. Sie folgte ihm. Leise betrat sie den Raum und sagte fragend: „Ahab?"

Der König antwortete nicht. Er lag auf seinem Lager, hatte ihr den Rücken zugedreht und das Gesicht in einem Kissen vergraben.

„Ahab, ist etwas nicht in Ordnung?"

Er hob nur einen Arm und winkte heftig, so der Königin bedeutend, daß sie den Raum verlassen sollte. Schweigend drehte Isebel sich um und ging.

Ahab erschien an diesem Tage nicht zum Abendessen. Isebel hatte ihn schon vorher zornig gesehen, aber nie so mürrisch wie diesmal. Sie aß schweigend, und lange, ehe die anderen ihre Mahlzeit beendet hatten, verließ sie unauffällig den Speisesaal und ging wieder in Ahabs Schlafzimmer.

Der König lag noch genauso mit dem Gesicht zur Wand im Bett wie am Nachmittag. Sie setzte sich neben ihn. „Mein Gatte und König", fragte sie mit sanfter Stimme, „was macht dich so betrübt?"

Ahab rührte sich nicht.

„Mein König, sicherlich ist nichts geschehen, das nicht noch geändert werden könnte. Warum verschließt du dich so vor mir?" Isebel legte ihm die Hand auf die Schulter. „Bitte, Ahab, sei nicht so bekümmert. Nimm dein Gesicht aus dem Kissen und erzähle mir, was geschehen ist.“

Ahab packte das Kissen und schleuderte es wütend an die Wand. „Naboth weigert sich, mir seinen Weinberg zu verkaufen“, sagte er zornig.

Isebel lachte leise, wurde aber gleich wieder ernst, als sie Ahabs wütenden Blick sah, mit dem er sie betrachtete. Schnell fragte sie: „Warum will er dir das Land nicht verkaufen?“

„Ich habe ihm großartige Angebote gemacht. Ich wollte ihm ein besseres Feld dafür geben oder viel mehr bezahlen, als sein Land wert ist. Doch er wollte nicht einmal mit mir verhandeln.“

Isebel erhob sich und ging im Raum hin und her. Dann sagte sie plötzlich hart: „Ich fürchte, daß du versuchst, in den Wegen Jahwes zu gehen.“

Ahab richtete sich auf und erwiderte: „Naboth handelt nach dem Gesetz. Es ist das ererbte Land seiner Vorfahren. Er hat das Recht und die Pflicht, das Land zu behalten.“ Er schlug mit der Faust auf das Bett.

Die Königin antwortete nicht gleich, doch sie fühlte, wie Verärgerung in ihr aufstieg. „Ahab“, rief sie dann mit autoritärem Tonfall, „wer ist eigentlich König in Israel?“

„Was soll diese Frage“, empörte sich Ahab.

„Bist du König von Israel oder nicht?“ beharrte Isebel.

Ahab schaute sie mit einem harten Blick an.

„Komm und iß“, sagte die Königin beruhigend lächelnd. „Melkart hat scheinbar andere Möglichkeiten, Königen zu helfen, als dein Jahwe. Ich werde dir das Land besorgen.“ Sie streckte ihre Hand nach ihm aus.

Des Königs Blick wurde milder. Kopfschüttelnd meinte er: „Wie kannst du nur so sicher sein, daß dir dies gelingt?“

„Weil ich meinen Gott kenne. Ich werde das Land bekommen und es dir dann zum Geschenk machen. Komm jetzt mit mir zum Abendessen.“

Ahab zuckte mit den Schultern, erhob sich und folgte Isebel.

Am nächsten Morgen begab sich Isebel sehr zeitig in ihr Arbeitszimmer. Sie forderte Schreibzeug und schrieb einen Brief, der unter den führenden Männern Jesreels von einem zum anderen weitergereicht und gelesen werden sollte. Dann übergab sie den Brief einem Boten mit dem ausdrücklichen Auftrag, bei jedem der Männer zu warten, bis er den Brief gelesen hatte, und ihn dann wieder mitzunehmen und dem nächsten zu bringen. Sie übergab ihm auch eine Liste, welche Männer den Brief erhalten sollten. Naboths Name war nicht auf der Liste.

Innerhalb einer Woche riefen die Männer auf der Liste ein dreitägiges Fasten für Jesreel aus. Die Einwohner gehorchten dem Aufruf. Da sie nicht wußten, worum es ging, vertrauten sie ihren Führern. Wenn solch ein Fasten ausgerufen wurde, konnte man daraus schließen, daß der Stadt Gefahr und Unheil drohte. Die unbekannte Ursache für solch eine Gefahr mußte während der Fastenzeit entdeckt und beseitigt werden.

In allen Familien unterhielt man sich darüber, was wohl dieses Fasten für eine Ursache haben mochte. Wer hatte Gottes Gesetz so schwer übertreten, daß die ganze Stadt dadurch in Gefahr geriet? Oder vermuteten die Stadtältesten etwa, der König von Syrien, Ben-Hadad, würde sie angreifen? Würde vielleicht die Trockenzeit wieder beginnen? Die Leute dachten über vergangene Ereignisse nach und durchforschten ihr eigenes Leben. Mißtrauisch beobachteten sich Nachbarn gegenseitig, während in ihren Mägen, des Fastens wegen, der Hunger nagte. Die Männer versammelten sich auf dem Marktplatz, um über die möglichen Ursachen zu reden. Die Frauen trafen sich am Brunnen der Stadt und besprachen die Sache dort. Während der ganzen Zeit bewahrten die Ältesten Schweigen, und Naboth wunderte sich, warum er nicht um Rat gefragt worden war, ehe das Fasten ausgerufen wurde.

Am Abend des dritten Tages versammelten sich die Männer von Jesreel ernst in dem Gerichtsgebäude. Zu aller Überraschung wurde Naboth der Ehrensitz in der Mitte des obersten Tisches eingeräumt. Auch er selbst fragte sich, warum dies geschah. Doch immerhin war er seit vielen Jahren einer der führenden Bürger der Stadt, sagte er zu sich selbst. Vielleicht wollte man seine Verdienste damit anerkennen.

Die anderen Ältesten setzten sich recht und links von ihm an die lange Tafel. Die anderen Bürger standen weiter hinten oder saßen auf einfachen Bänken. Heute abend würde bekanntgegeben werden, vor welcher Gefahr man stand. Vielleicht würde auch der Anlaß aufgedeckt und nach Lösungen gesucht. Ein Priester erhob sich und begann zu singen:

Glücklich der, dem die Übertretung vergeben,
dem Sünde zugedeckt ist.
Glücklich der Mensch, dem der Herr
die Schuld nicht zurechnet
und in dessen Geist kein Trug ist.

Die Versammelten antworteten laut „Amen". Der Priester fuhr mit seinem monotonen Gesang fort, jede Silbe so betonend, wie es durch lange Tradition üblich war, die Worte des 32. Psalms in einer Art Sprechgesang vorzutragen. Die Zuhörer kannten selbst jedes einzelne Wort recht gut und unterbrachten ihn an den dafür vorgesehenen Stellen mit der richtigen Antwort.

Als ich schwieg, zerfielen meine Gebeine
durch mein Gestöhn den ganzen Tag.
Denn Tag und Nacht lastete auf mir Deine Hand;
verwandelt wurde mein Saft in Sommergluten.

„Es ist wahr, o Gott", antworteten die Versammelten, und füllten so die kurze Pause, die der Priester machte.

So tat ich Dir kund meine Sünde,
und deckte meine Schuld nicht zu.
Ich sagte: „Ich will dem Herrn
meine Übertretungen bekennen."
Und Du, Du hast vergeben die Schuld meiner Sünde.

„Wir bekennen unsere Schuld, o Gott", antworteten die Zuhörer.

Deshalb soll jeder Fromme zu Dir beten,
zur Zeit, da Du zu finden bist;
gewiß bei großen Wasserfluten —
ihn werden sie nicht erreichen.
Du bist ein Bergungsort für mich;
vor Bedrängnis behütest Du mich;
Du umgibst mich mit Rettungsjubel.

„Gott ist barmherzig“, fielen die Zuhörer wieder ein.

Ich will dich unterweisen und dich lehren den Weg,
den du gehen sollst.
Ich will dir raten, Meine Augen über dir offenhalten.
Seid nicht wie ein Roß,
wie ein Maultier, ohne Verstand;
mit Zaum und Zügel ist seine Kraft zu bändigen,
sonst nahen sie dir nicht.

„Heile unsere Herzen, o Gott“, flehten die Versammelten.

Viele Schmerzen hat der Gottlose,
wer aber dem Herrn vertraut,
den umgibt Er mit Güte.
Freut euch an dem Herrn,
und frohlockt, ihr Gerechten,
und jubelt, alle ihr von Herzen Aufrichtigen.

„Freut euch in dem Herrn, denn Er ist voller Barmherzigkeit“, fielen die Versammelten zum Schluß wieder ein.

Der Priester schwieg einen Augenblick und hob die Hände empor. Alle stimmten jetzt mit ein, als er die Schema zitierte. Seine Stimme wurde schriller, und am Ende des Verses wiederholten alle: „Höre, o Israel, Jahwe ist unser Gott, der einzige Gott.“

Der Priester setzte sich, und ein Ältester, der neben Naboth saß, stand auf. Er sprach, als habe er die Worte auswendig gelernt: „Bürger von Jesreel, wir haben uns zu diesem ernsten Anlaß versammelt, um im Blick auf unsere Sünde eine Antwort von Jahwe zu suchen, uns von der Sünde zu reinigen und Gott zu bitten, das Unheil hinwegzutun, das uns droht. Doch ehe wir damit fortfahren, soll, auf Beschluß des Rates der Ältesten, ein Mann geehrt werden, der unserer Stadt bisher gute Dienste erwiesen hat." Er ergriff Naboths Arm und bat ihn, aufzustehen.

Als sei dies ein Zeichen gewesen, drängten sich zwei Männer, die bisher weiter hinten gestanden hatten, jetzt nach vorn und riefen: „Einen Augenblick noch, mein Herr."

Naboth setzte sich wieder. Er hatte die Stirn gerunzelt, gab sich aber damit zufrieden, daß der Älteste die Angelegenheit regeln und untersuchen würde.

Einer der beiden Ankläger fuhr fort: „Mein Gefährte und ich sind nach hier gekommen, um der Versammlung zu berichten, was die Ursache des Fastens ist. Naboth trägt die Schuld daran, daß Jesreel von Unheil bedroht wird."

„Welche Anklage hast du denn gegen Naboth vorzubringen?" fragte der Älteste und blickte dabei nervös zu dem Angeschuldigten.

„Naboth hat Jahwe und dem König geflucht, und nach dem Gesetz muß er nun gesteinigt werden. Dies ist die Ursache des uns drohenden Unheils."

„Eure Beschuldigung ist sehr ernster Art. Seid ihr auch ganz sicher?" fragte der Älteste.

„Mein Gefährte und ich haben es selbst gehört, wie Naboth, nachdem König Ahab mit ihm über den Kauf des Weinbergs gesprochen hatte, den König verfluchte. Und den Gesalbten Gottes zu verfluchen ist genauso, als würde man Jahwe selbst fluchen."

„Du brauchst den Rat der Ältesten nicht darüber zu belehren, wie das Gesetz auszulegen ist; halte dich nur an die Sache selbst. Kannst du beschwören, daß eure Anschuldigung wahr ist?"

Naboth sprang jetzt auf und wandte sich empört und zornig an die beiden Männer. „Ihr lügt!" schrie er. „Ich habe den

König noch nie verflucht, und euch beide kenne ich überhaupt nicht."

„Aber wir haben dies aus seinem Munde auf dem Marktplatz gehört", rief der Anschuldiger. „Dieser Mann ist keiner Ehre wert, sondern nur, daß man ihn seiner Gotteslästerungen wegen steinigt."

Wieder rief der Älteste laut seine Frage, so daß sie trotz der protestierenden Worte Naboths gehört werden konnte: „Das Gesetz fordert, daß eine solche Beschuldigung von zwei Zeugen bestätigt wird. Könnt ihr beide beschwören, daß ihr die Wahrheit sagt?"

„Jawohl, wir beschwören es", antworteten beide gemeinsam. „Wir sind beide Zeugen gewesen."

Die Spannung der Versammlung war während dieser Reden und Gegenreden fortwährend gewachsen; und nun explodierte sie. Jahwe hatte Antwort gegeben und den Grund des drohenden Unheils offenbart. Naboth war der Schuldige. „Steinigt ihn!" rief eine Stimme.

Einige jüngere Männer zogen den Tisch beiseite, um sich auf Naboth zu stürzen, dessen laute Protestschreie in dem beginnenden Durcheinander untergingen. Naboth wehrte sich gegen die Männer, die ihn packten und schrie sie an, ihn in Ruhe zu lassen, doch ein Faustschlag von einem derselben ließ ihn stöhnend zu Boden gehen.

Naboths Söhne drängten sich herbei, um ihrem Vater zu helfen, doch andere Männer stellten sich ihnen in den Weg. Das Chaos war perfekt. Naboth selbst wimmerte nur noch ungläubig. Seine Söhne waren von Männern umringt und wurden ebenfalls an den Armen und Beinen gepackt. Der ganze aufgeregte Haufen von Männern bewegte sich dem Ausgang zu, den halb bewußtlosen Naboth und seine beiden sich immer noch wehrenden Söhne mitschleppend. Jemand schrie laut, die Vorschriften des Gesetzes erforderten, daß bei einem so schweren Verbrechen die ganze Familie gesteinigt werden müßte. Eine andere Stimme wurde hörbar, die verlangte, daß dann auch noch Naboths Frau herzugebracht werden müsse. Eine Gruppe von

Männern machte sich daraufhin auf, um zu Naboths Haus zu gehen und seine Frau zu holen.

Das Durcheinander hatte nur einige Minuten gedauert. Nun wurden Naboth und seine Söhne an Händen und Füßen durch die Straßen der Stadt und zum Stadttor hinausgetragen, wo sich außerhalb der Mauer eine Grube befand. Da hinein warf man die drei Männer. Der erste Stein traf Naboths Schulter und warf ihn zu Boden. Der zweite zertrümmerte seine Hand, mit der er sein Gesicht schützen wollte. Und dann ging von allen Seiten ein Hagel von Steinen auf die drei unglücklichen und wehrlosen Männer nieder.

Als man Naboths Frau angeschleppt brachte und ebenfalls in die Grube warf, waren die drei Männer schon bewußtlos. Man riß der Frau noch die Kleider vom Leib, ehe man sie zu den Männern warf. Dort kniete sie nun und schrie vor Entsetzen, als sie die Leiber ihres Mannes und ihrer Söhne erkannte. Die Menge hielt einen Augenblick in ihrem Tun inne. Doch dann hob einer der Männer einen großen Stein auf und schleuderte ihn mit einem lauten Schrei auf die arme Frau. Es gab einen dumpfen Laut, wie wenn ein Tonkrug zerbricht, als der schwere Stein, mit aller Wucht geschleudert, den Kopf der Frau traf. Lautlos sank sie vornüber.

Als wäre dies ein Signal gewesen, hagelte es nun nochmals von allen Seiten Steine auf die Unglücklichen, die bewußtlos in der Grube lagen, bis ihre Leiber fast völlig bedeckt waren.

Langsam trat Ruhe ein. Es war, als würde die Menge wie aus einem schweren Traum erwachen. Schon drehten sich die ersten um und gingen, selbst schockiert von dem Vorgefallenen, langsam in die Stadt zurück. Andere standen noch ein wenig länger herum und begannen, sich über die Angelegenheit zu unterhalten. Einer der Männer, der noch einen Stein in der Hand hatte, schleuderte ihn mit aller Gewalt in die Grube, als wolle er damit noch einmal die Gerechtigkeit ihres Tuns besonders demonstrieren.

Naboths Töchter saßen verängstigt in den Häusern ihrer Familien und weinten. Ihre Männer hatten sorgfältig die Haustüren verrammelt und bewachten sie, für den Fall, daß einige von dem rasenden Mob sich daran erinnern sollten, daß sie noch einige aus der Familie vergessen hatten.

Eine Stunde später erhielt die Königin Isebel die Nachricht, daß die schändliche Tat getan war. Sofort ging sie zu Ahab. „Du siehst, mein König", sagte sie, „Melkart gewinnt seine Kämpfe. Naboth und all seine Erben sind tot. Der Weinberg gehört dir."

Ahab blickte Isebel nachdenklich an. Doch dann lächelte er und überwand damit die Bedenken seines Herzens.

16

Lang erstreckt sich der Golf von Akaba mit seinem tiefblauen Wasser zwischen zwei Reihen einsamer und öder Hügel. Elia stand am Ufer und blickte über die weite Wasserfläche hinweg. Es war der vierte Tag, seit er den Horeb verlassen hatte. Durch seine Wanderung nach dem Horeb und seinen langen Aufenthalt dort war er nun an die Beschwernisse und Gefahren der südlichen Wüste gewöhnt, so daß ihm seine Reise nicht mehr so beschwerlich wurde wie vorher.

Er hatte den Weg benutzt, den ihm damals der alte Mann in Kades-Barnea beschrieben hatte. Es war der Weg, den auch Israel bei seiner Wanderung aus Ägypten zum Horeb gezogen war. Natürlich war er wesentlich schneller vorangekommen, als damals das Volk, mit allen Herden, dem mitgeführten Gut und den Kindern.

Elia war froh, die Hügel nun hinter sich zu haben, so daß er jetzt auf ebenem Land weitergehen konnte. Bald hatte er auch den Brunnen gefunden, den der alte Mann ihm beschrieben hatte. Der Brunnen war etwa 2,5 bis 3 Meter tief, und das Wasser darin sah abgestanden und brackig aus. Ein etwas fauliger Geruch entströmte dem Wasserloch. Doch Elia füllte seinen Wasserschlauch trotzdem so sehr, wie dies möglich war, da der alte Mann ihn ausdrücklich darauf aufmerksam gemacht hatte, daß er auf seiner weiteren Reise erst in Ezion-Geber wieder Wasser finden würde.

Den vollen Wasserschlauch über die Schulter gehängt, wandte sich Elia nun nordwärts. Hier, am Ufer des Golfs entlang, war die Hitze nicht ganz so drückend, da vom Wasser her doch eine leichte Kühlung den Wanderer erreichte. Zu seiner Linken erhob sich die westliche Hügelreihe. Ihre grauen Granitfelsen leuchteten in der Mittagssonne.

Während der letzten vier Tage seiner einsamen Reise hatte er immer wieder versucht, den scheinbaren Widerspruch zwischen Gottes Gerichten und der Erklärung Jahwes, Er wolle freundlich zu den Herzen der Menschen reden, zu lösen. Gottes Zorn und Seine Gerichte konnte er verstehen. Sünde mußte unter allen Umständen bestraft werden. Außerdem war es die Sünde, die immer wieder zu Götzendienst und der falschen Haltung des Herzens führte, in der Israel auch jetzt gefangen war. Menschen, die andere Menschen unterdrückten und sich auf Kosten der Not anderer bereicherten, mußten aufgehalten werden. Die Geschichte Israels zeigte, daß Jahwes Weg der Weg der Buße und Umkehr war. Da das Volk aber nicht einsehen und umkehren wollte, blieb als einziger Ausweg das Gericht. O ja, das Gericht Jahwes konnte der Prophet gut verstehen.

Doch was war mit der stillen, freundlichen Stimme? Kann ein Prophet den Unbußfertigen das Gericht verkündigen und gleichzeitig zu den anderen freundlich reden? Können Menschen auch noch inmitten der Gerichte die Freundlichkeit Gottes verstehen? Die Frage schien ihm nicht recht lösbar zu sein. Der Prophet konnte nur wenige Hinweise in Israels Geschichte oder aus seinen eigenen Erfahrungen finden, die ihm etwas darüber sagten, wie wirksam freundliches und barmherziges Handeln wohl sein konnte. Endlich beschloß er, die Frage vorläufig beiseite zu schieben. Vielleicht würde die Zeit ihm helfen, eine Erklärung für diese Gegensätze zu finden.

Der nächste Tag war ein besonders schöner. Elia genoß die Leichtigkeit der Wanderung am Seeufer entlang. Am späten

Nachmittag erreichte er den Einschnitt des Araba, das Tal der Schmiede, das sich als tiefe Schlucht, mehr als 150 Kilometer lang, vom Toten Meer südwärts bis zum Golf von Akaba erstreckte. Eine von Westen kommende oft benutzte Straße erreichte hier den engen Golf an seiner nordwestlichen Ecke. Mehrere Karawanenstraßen, die den Sinai durchquerten, vereinigten sich hier und führten weiter nach Ezion-Geber. Und in dieser Stadt der Metallschmelzer trafen noch weitere Straßen zusammen. Elia wollte eine dieser Straßen nordwärts benutzen, und zwar jene, die durch den Araba führte.

Die Straße war durch die Hufe der vielen Karawanen, die zu den Erzminen zogen oder von dort zurückkamen, hartgetreten. Elia begegnete immer wieder solchen Karawanen, während er nordwärts ging. Die Karawanentreiber waren meistens Israeliten, deren Schicksal oder Geburt sie auf diese niedrigste Stufe des Lebens in Israel gestellt hatte. Aber sie waren wenigstens freie Männer, während die Arbeit in den Erzminen von Sklaven ausgeführt werden mußte. Meist von solchen, die man in Kriegen gefangen genommen hatte.

Elia passierte die Hauptmine bei Timnah, als sich der Nachmittag schon dem Abend zuneigte. Das gesamte Bergwerk war von hohen Mauern umgeben, damit die Sklaven nicht entfliehen konnten. Überall standen und patrouillierten Wachen, die beständig sorgfältig die ganze Umgebung durchforschten. Doch gelegentlich winkte einer der Soldaten Elia zu, wenn sie sein Prophetengewand erkannten.

Bei Anbruch der Dunkelheit erreichte der Prophet den Brunnen von Gharandal. Rund um den Brunnen wuchs eine kleine Gruppe von Palmen. Das Wasser war warm, aber trinkbar. Der Tag war heiß gewesen, und Elias Kleidung war durchgeschwitzt. Er badete sein Gesicht und die Arme in dem warmen Wasser und trank reichlich.

Die Nacht blieb heiß. Elia schlief auf seinem ausgebreiteten Mantel unter einer der Palmen. Als er am anderen Morgen erwachte, war er zwar kaum erfrischt, aber doch nicht mehr so müde. Zeitig erhob er sich, um seine Reise fortzusetzen.

Nach einer weiteren Tagesreise erreichte er gegen Mittag des nächsten Tages die südwestlichste Ecke des Toten Meeres. Zu seiner Linken erhob sich der Salzhügel von Dschebel Usdum etwa 200 Meter empor. Er war etwa 10 Kilometer lang, und die alten Männer erzählten, Usdum sei das zerstörte Sodom, die von Jahwe vernichtete Stadt des Bösen und der Sünde.

Am nördlichen Ende des Salzhügels sah Elia eine Gruppe von Salzarbeitern. Die vier Männer waren nackt, alle kräftig gebaut und hatten tiefbraune, von der Sonne getönte Haut. Sie unterbrachen ihre Arbeit und blickten den Propheten an. Ihre Augen trugen einen wilden und verzweifelten Ausdruck. Ihre Körper waren kräftig und muskulös und über und über mit Schweiß bedeckt. „Ich bin Elia, der Prophet", sagte er, „wo kann ich Wasser finden?"

Keiner der vier Männer rührte sich oder verzog auch nur das Gesicht.

„Wo kann ich Wasser finden?" wiederholte Elia.

Einer lachte und deutete mit dem Finger auf einen großen Schlauch, der in der Nähe der angebundenen Esel lag. Elia nickte dankend und ging zu dem Wasserschlauch. Als er seinen eigenen kleinen Schlauch von der Schulter nahm, um sich ein wenig Wasser abzufüllen, hörte er hinter sich ein grollendes „Nein!". Er blickte sich um. Einer der Männer war näher gekommen und sagte nun hart: „Wenn du Wasser willst, mußt du uns mit Salz bezahlen." Er deutete auf ein in der Nähe liegendes Werkzeug. „Da, arbeite für dein Wasser."

Elia zuckte mit den Achseln. Die Männer waren Juden, aber von derselben armen und niedrigen Klasse wie die Eselstreiber bei Ezion-Geber. Sie fürchteten sich nicht vor dem Fluch eines Propheten, denn ihr Leben war so schon verflucht genug. Der Prophet nahm das Werkzeug und machte sich an die Arbeit.

Es war harte Arbeit, die Elia sich da aufgeladen hatte. Mühsam grub er einen etwa 50 x 50 Zentimeter großen Salzblock aus, indem er einen Graben darum zog. Dann versuchte er, ihn von unten zu lockern. Die Arbeit erforderte ungefähr eine Stunde Zeit und größte Anstrengung. Der Schweiß lief ihm in

Strömen den ganzen Körper hinunter. Wenn er sich über die Lippen leckte, fühlte er darauf den Salzgeschmack, was seinen Durst nur noch vergrößerte.

Endlich konnte er den Block herausheben und zu den anderen Salzblöcken tragen, welche die Männer in der Nähe der Esel aufgetürmt hatten. Nun ging er wieder zu dem Wasserschlauch. Doch die vier Männer bauten sich lachend vor ihm auf und hinderten ihn dadurch, an das Wasser zu kommen. Elia unterdrückte seinen Zorn. „Ich habe gearbeitet, also gebt mir jetzt als Bezahlung auch von dem Wasser, wie es ausgemacht war", forderte er. Die Männer lachten nur noch lauter.

Der Ärger des Propheten trieb ihn fast dazu, einen Fluch über die Männer auszusprechen. Es wurde damals allgemein geglaubt, daß ein Vergehen gegen einen Propheten gleichzeitig ein Vergehen gegen den betreffenden Gott sei, dem der Prophet diente. Doch dann erinnerte er sich an das armselige Los dieser Männer und dachte: „Ihre harte Arbeit und die Verachtung durch die anderen, die ihnen wegen ihrer niedrigen Stellung entgegengebracht wird, hat sie so gemacht. Auch sie haben aber noch eine Seele." Ohne ein weiteres Wort zu sagen, wandte er sich um, ergriff seinen Mantel und Wasserschlauch und ging davon. Das Gelächter der Salzarbeiter konnte er noch eine ganze Zeit hören.

Elia versuchte erst aus seinem Wasserschlauch zu trinken, als er nicht mehr in Sichtweite der Männer war. Dann stellte er fest, daß seine Furcht sich bewahrheitete. Während er an dem Salzblock gearbeitet hatte, war es einem der vier Männer unbemerkt gelungen, den letzten Rest von Wasser aus Elias Wasserschlauch zu entfernen. Den nächsten Brunnen konnte er aber erst wieder in Engedi finden; mehr als 40 Kilometer weiter nördlich. Und schon jetzt schrien seine Kehle und sein ganzer Körper nach Wasser. Nicht einmal in der wüstesten Gegend des Sinai hatte er je solchen Durst empfunden wie jetzt. Das Salz begann an seinen Kleidern und an seinem Körper zu trocknen und überzog ihn mit einer brennenden und juckenden Kruste. Seine Lippen platzten in der Sonne auf, und die Zunge begann in seinem Munde zu schwellen. Auch seine Augen brannten vor Salz, wenn ihm der Schweiß von der Stirn hineinlief.

Elia ging auch noch weiter, als es schon dunkel geworden war, um so schnell wie möglich die Wasserstelle in Engedi zu erreichen. Als er sich müde und mit schmerzenden Gliedern dahinschleppte, wurde er immer zorniger. Die Ursache seines Zorns war allerdings weniger seine eigene Not, sondern mehr die Tatsache, daß die vier Männer so wenig Achtung vor Jahwe gezeigt hatten. Aber er mußte sich auch sagen, daß die Männer ihn vielleicht sogar noch angegriffen und ihm seine wenige Habe genommen hätten, wäre er nicht ein Prophet. Und dafür war er nun trotz allem noch dankbar. Doch was würden diese vier Männer jetzt von Jahwe denken? Sie würden wohl ihren Freunden gegenüber mit diesem Vorfall prahlen und würden davon reden, wie schwach Jahwe doch wohl sein mußte, anstatt in Elias Zurückhaltung das Mitleid und die Barmherzigkeit Gottes zu erkennen. „Wie verhält es sich nun“, dachte der Prophet, „mit der leisen und freundlichen Stimme?“

Es war schon lange nach Mitternacht, als Elia endlich Engedi erreichte. Seine Müdigkeit, der Durst und die Dunkelheit auf der ihm unbekannten Straße hatten ihn längst nicht mehr so schnell vorankommen lassen wie gewöhnlich. Die Kehle schmerzte ihm bei jedem Atemzug, und die aufgerissenen Lippen bluteten. Er kniete am Rand des Baches nieder, der hier in das Tote Meer floß, und trank aus der hohlen Hand langsam und vorsichtig von dem Wasser. Der Drang, sich das Wasser in vollen Zügen hineinzuschütten, wollte fast übermächtig werden. Auf den aufgesprungenen Lippen verursachte das Wasser ein schreckliches Brennen, doch auf der geschwollenen Zunge war es kühlend und wohltuend. Das Schlucken bereitete ihm große Schwierigkeiten, und nur langsam öffnete sich seine Kehle wieder dem lauen Wasser.

Nachdem Elia vorsichtig ein wenig getrunken hatte, setzte er sich neben den Bach und wartete, bis sich sein Magen und der ganze Körper wieder auf das Wasser eingestellt hatten. Dann trank er erneut. Die Müdigkeit, die er während seines achtstündigen Marsches von dem Salzhügel bis hierher gewaltsam unterdrückt hatte, brach sich jetzt mit Macht Bahn. Er erhob sich, um sich einen günstigen Schlafplatz zu suchen, ehe ihn die Müdigkeit völlig überwand. Doch er konnte nur ganz wenige Schritte gehen, dann gab er es auf. Er ging zum seichten Bach zurück, legte seine Gewänder ab und watete hinein. Dann setzte er sich in das lauwarme Wasser und ließ sich das Salz vom Körper spülen. Dann beugte er sich weit vor und tauchte sein Gesicht und den ganzen Kopf ein. Bald lag er ausgestreckt im Bach und empfand es als eine Wohltat, wie das laue Wasser um seinen Körper floß.

Obwohl das Wasser lau war, erfrischte es ihn doch ein wenig. Als er herausstieg, ergriff er sein Gewand und tauchte es in das Wasser ein. Er spülte es gründlich durch, um auf diese Weise alles Salz herauszubekommen, versuchte dann, es mit den Händen auszuwringen, so gut es eben ging, und zog es wieder an. Mit dem Waschen des Mantels wollte er bis zum Morgen warten.

Elia suchte sich einen Schlafplatz im Schutze eines nahegelegenen Felsens und legte sich auf seinem Mantel nieder. Innerhalb weniger Augenblicke war er eingeschlafen. Der Prophet schlief bis nach Sonnenaufgang, doch dann weckten ihn die heißer werdenden Sonnenstrahlen. Immer noch müde und zerschlagen ging Elia wieder zum Bach, um erneut zu trinken. Er fand einen besseren Ruheplatz im Schatten einer Gruppe von Akazienbäumen.

Im Schatten schlief er für weitere zwei Stunden. Doch dann wurde es so heiß, daß er davon wieder aufwachte. Er ging erneut zum Bach, füllte seinen Wasserschlauch und wusch seinen Mantel. Der Durst und die Müdigkeit des vergangenen Tages hatten ihm schreckliche Kopfschmerzen zurückgelassen, die ihn nun bis in den Nacken hinunter quälten.

Engedi war die größte Oase an der Westseite des Toten Meeres. Der Bach, der in kaskadenförmigen Terrassen zum Meer hinunterfloß, hatte eine üppige Vegetation wachsen lassen. Hier wuchs auch überall der berühmte Sodomapfel. Elia versuchte zu lachen, als er die Früchte sah, gab den Versuch aber sofort wieder auf, da ihm seine aufgeplatzten Lippen dabei noch zu große Schmerzen bereiteten. „Die Sodomäpfel sind wie die gesamte Baals-Religion", dachte er. Rund und glatt und, wenn sie reif wurden, gelb aussehend, hingen sie in entzückenden Gruppen von drei oder vier Früchten an den Ästen. Durch ihr schönes Aussehen luden sie den hungrigen Elia dazu ein, sie zu pflücken und seinen Hunger zu stillen. Doch der Prophet wußte, daß die Früchte beim Öffnen nichts weiter hergaben als einen leichten Knall, da sie nur mit Luft gefüllt waren. Die Schale bedeckte sonst nur noch einen ganz kleinen Kern von Samenkörnern. Der Hungrige fand nichts in ihnen, was ihn gesättigt hätte.

Wasser würde von nun an kein Problem mehr für ihn sein, davon gab es auf seinem weiteren Weg genug. Elia beschloß, heute langsamer zu wandern als sonst, um sich von den Anstrengungen noch zu erholen. Es würde genügen, wenn er heute noch Jericho erreichte.

Gegen Mittag passierte er den Kidron; den heiligen Bach, der vom Tempel in Jerusalem durch die dürren Hügel der Wüste Juda hinunter in das Tote Meer floß. Von hier aus konnte er schon das nördliche Ende des Toten Meeres sehen. Dahinter erhob sich im Nordosten ein etwas abseits von der moabitischen Hochebene gelegener einzeln stehender Berg. Es war der Nebo.

Mose, als er schon 120 Jahre alt war, hatte auf dem Nebo gestanden, hinter sich das ganze Volk Israel, und hatte von da aus in das von Gott dem Volke verheißene Land hineinschauen dürfen. Hier hatte er das Volk Israel noch einmal eindringlich gewarnt, immer treu zu Jahwe und Seinem Gesetz zu halten und nie anderen Göttern nachzufolgen, da sonst Unheil und Verderben die Folge sein würden. Und doch hatte das Volk sich immer wieder von Seinem Gott abgewandt. Bis heute hatte sich daran nichts geändert.

Die weitere Wanderung führte Elia nun über die Ebene von Jericho, und mit jedem Schritt kam er der Stadt näher. Jericho hatte seine frühere Größe und Macht längst verloren, doch dem Wanderer, der, aus der Wüste kommend, sich ihr näherte, mußte sie immer noch wie ein kleines Paradies erscheinen. Große Dattelpalmen umgaben die Stadt und ragten weit über die Wohnhäuser empor. In den Stadtgärten wuchsen kleine Palmen in großer Zahl. Auf dem Marktplatz herrschte reges Leben. Hier handelten die Karawanen mit den Bewohnern der Stadt und der umliegenden Dörfer um Datteln und Balsam und kauften Proviant für ihre Weiterreise.

Elia kannte die Stadt gut, weil es in ihr vor der Verfolgung durch Isebel eine Prophetengemeinschaft gegeben hatte. Elia fragte sich, ob damals einige der Propheten nach Juda entkommen konnten und ob sie in der Zwischenzeit zurückgekehrt waren. Als er die Stadt erreichte, ging er geradewegs zum Marktplatz.

Es war später Nachmittag, und einige der Stände auf dem Marktplatz waren schon geschlossen. Andere Händler waren dabei, ihre Waren auf Esel zu verladen, um den Heimweg anzutreten. Die größeren Kaufleute, die eine eigene kleine Bude auf dem Markt hatten, räumten ihre Ware ein, um sie über Nacht zu verschließen. Elia wurde von dem ersten Händler, den er fragte, hart abgewiesen; dieser behauptete, er wisse nichts von einer Schule der Propheten. Ein zweiter Händler meinte gehört zu haben, die Schule existiere wieder, doch die Propheten seien ständig unterwegs an verschiedenen Orten, weil sie Angst hätten vor Verfolgungen. Keiner der Händler wußte, wo sie jetzt zu finden waren. Endlich bot ein Anhänger Jahwes dem Propheten Unterkunft und Speise für die Nacht an.

Der Gastgeber war freundlich. Die Hausfrau brachte Elia Salbe für seine aufgesprungenen Lippen, deren Schmerzen dadurch sehr gemildert wurden. Auch bereitete sie ihm ein gutes Lager für die Nacht. Zur Abendmahlzeit gab es sogar, was eine Seltenheit war, Fleisch zu verschiedenen anderen Speisen. Dies geschah, um damit den berühmten Propheten zu ehren. Elia erkannte daran, daß er wieder in der Zivilisation zurück war. Nach einem guten Schlaf und einem Frühstück aus Feigen, Beeren, Brotkuchen und Wein machte er sich in wesentlich besserer Stimmung als in den Tagen vorher wieder auf den Weg.

Weder sein Gastgeber noch dessen Frau wußten viel über die Propheten Jahwes zu berichten. Die Frau wollte gehört haben, daß der Führer der Propheten Jerichos, Micha, damals den Mordkommandos der Königin Isebel entkommen war. Doch auch sie kannte niemand, der ihn seither persönlich gesehen hatte. Vielleicht, meinte sie, habe er sich irgendwo versteckt, um die zerstreuten und überlebenden Propheten wieder zu sammeln. Sicherlich hatte Isebel nicht alle Propheten Jahwes töten können. Es gab zu viele von ihnen und zu viele Höhlen in der Wüste, in denen man sich verbergen konnte.

Elia machte sich getrost wieder auf den Weg. Jahwe hatte ihm gesagt, es seien in Israel noch 7000 Menschen übrig, die ihre Knie noch nicht vor Baal gebeugt hatten. Er hatte hier in Jericho zwei von ihnen kennengelernt.

Die Straße nach Abel-Mehola führte meist durch unfruchtbares Land. Da es auf der Straße nur sehr wenig Verkehr gab, weil die meisten Reisenden die auf der Ostseite des Jordanflusses entlangführende benutzten, da es dort mehr Wasserstellen gab, hatte der Prophet ausreichend Zeit, seinen Gedanken nachzuhängen.

Gott wollte also freundlich zu den Menschen reden, überlegte Elia. Doch Jahwe wollte Hasael, Jehu und Elisa dazu veranlassen, die Baalsanbeter zu töten. Elia wußte, daß dies nicht bedeutete, daß diese drei Männer unbedingt selbst zum Schwert greifen würden, sondern andere finden konnten, ihre Befehle auszuführen. Doch sie würden für solches Töten genauso verantwortlich sein wie er, als er die Tötung der Baalspriester auf dem Karmel angeordnet hatte. War das, was er selbst auf dem Karmel veranlaßt hatte, indem er die Baalspriester töten ließ, ein Fehler gewesen? Die Lektion vom Berge Horeb schien fast darauf hinzudeuten. Aber wollte Jahwe nicht Hasael, Jehu und Elisa dazu gebrauchen, ähnliche Dinge zu tun? Vielleicht verwandelte sich Jahwes Freundlichkeit ja, wenn eine bestimmte Grenze von den Menschen überschritten wurde, in Zorn, und Er schritt dann zu solchen Aktionen. Ja, das konnte vielleicht die Antwort auf dieses Rätsel sein. Gott redete solange freundlich, wie der Mensch bereit war zu hören. Wenn aber die Menschen ihre Herzen durch Sünde, Habsucht, Hochmut und Gottlosigkeit so sehr verhärteten, daß sie die freundliche Stimme Jahwes nicht mehr hören konnten oder wollten, dann mußte Gott hart reden und strafen, damit die Menschen vielleicht doch noch umkehrten und es nicht zu spät für sie wurde.

Doch diese Antwort warf wieder eine neue Frage für Elia auf. „Welcher Mensch konnte denn darüber urteilen, ob es für andere schon zu spät war oder ob man ihnen noch helfen konnte?“ dachte er. „Wer kann unterscheiden, ob es die Liebe oder der Zorn Jahwes ist, durch den Er gerade handelt? Wer, außer Gott selbst, kann sagen, ob es für einen Menschen schon ganz zu spät ist oder ob er noch die Möglichkeit zur Einsicht und Umkehr hat?“

Elia seufzte. Das Schwert war doch eine viel einfachere Antwort als die Freundlichkeit, zumal auch die Menschen selbst ihren Feinden gegenüber viel eher zum Schwert griffen, als daß sie Freundlichkeit und Geduld walten ließen. Doch ein Mann Gottes, so überlegte er, mußte wohl viel eher die Freundlichkeit statt des Zornes als Werkzeug benutzen, und durfte wohl nur als Prophet des Gerichts auftreten, wenn Gott ihm einen ganz klaren Auftrag dazu gegeben hatte.

Die Sonne war schon eine Stunde untergegangen, als Elia Abel-Mehola erreichte, und als er vor Saphats Haus ankam, war es schon völlig dunkel. Saphats breites Lächeln und Deboras gute Abendmahlzeit stärkten den müden Propheten wieder. Elisa kam einige Zeit später zurück, er hatte sich in der Stadt mit Freunden getroffen. Sein Haar trug er immer noch lang, da er seinen Nasiräerschwur noch nicht aufgegeben hatte.

Elias Lippen waren immer noch wund und geschwollen. Auch sah man ihm die Anstrengungen der letzten Tage noch deutlich bei jeder Bewegung an. Deshalb beschloß die Familie, alle Fragen auf den nächsten Tag zu verschieben und dem erschöpften Propheten eine gute Nachtruhe zu gönnen.

Am nächsten Morgen beim Frühstückstisch unterhielten sich die Männer um so eifriger. Elisa wollte wissen, wie es Elia auf seiner Pilgerreise zum Berge Gottes ergangen war. Elia berichtete ausführlich von den Wüsten, Einöden und Gefahren des Sinai. Saphat hörte mit großem Interesse zu, während Elisa immer unruhiger wurde. Ihn interessierten mehr die geistlichen Erlebnisse der Reise.

„Sag, hat Jahwe zu dir gesprochen?" fragte er endlich ganz offen.

Elia schwieg nachdenklich und tauchte seinen Brotkuchen in die Schüssel mit Honig. Er aß langsam und überlegte sich seine Antwort genau, während die beiden Männer ihn erwartungsvoll anschauten. Debora stand neben dem Tisch. Sie hatte die Arme in die Hüften gestützt und wartete ebenfalls.

„Ja", sagte Elia endlich zögernd. „Ja, Jahwe hat zu mir gesprochen." Wieder schwieg er eine Weile, ehe er fortfuhr: „Doch Seine Worte waren anders als früher, und ich verstehe nicht ganz ihre Bedeutung."

„Was hat Jahwe denn gesagt?" platzte Elisa heraus.

Der Prophet lehnte sich zurück. Zögernd begann er von dem Sturm, dem Erdbeben, dem Gewitter und dem Feuer zu berichten, und dann auch von der leisen und freundlichen Stimme Gottes in dem Windhauch. Von den neuen Aufträgen, die er erhalten hatte, sagte er nichts.

Eine ganze Zeit schwiegen alle, dann fragte Saphat: „Was bedeutet das? Ist es eine ganz neue Offenbarung?"

„Es ist eine neue Offenbarung", antwortete Elia. „Ich habe in den letzten Tagen mit der Bedeutung derselben gekämpft und glaube, Jahwes Unterweisungen verstanden zu haben. Aber ich weiß noch nicht, wie ich sie in meinem Leben in die Praxis umsetzen kann."

„Kannst du sie nicht ausleben, indem du ihnen einfach gehorchst?" wollte Elisa wissen.

Elia mußte über die unschuldigen Vorstellungen des jungen, eifrigen Mannes lächeln. „Sicher", sagte er, „das stimmt schon. Doch es ist schwer, die ganze Art, wie ich bisher meinen Dienst als Prophet für Jahwe getan habe, zu ändern. Auch ein Prophet muß sich mit dem, was er tut, ein wenig danach richten, was die

Leute denken und was er selbst früher getan hat. Werden Menschen, die an eine laute und zornige Stimme und Gerichtsdrohungen gewöhnt sind, nun einer freundlichen Stimme auch Gehör schenken? Gewiß, Jahwe hat mir gesagt, daß Er freundlich zu den Herzen der Menschen reden will. Aber was ist, wenn sie nicht darauf hören wollen? Wie wird Jahwe dann reden? Was muß ein Prophet dann tun?"

„Ich glaube trotzdem, daß ein Prophet einfach gehorchen sollte", beharrte Elisa.

„Aber Jahwes Wort wird doch auch immer in eine bestimmte Zeit hineingesprochen und auch für die Menschen dieser Zeit. Nein, mein junger Freund, die Lektion, die es nun zu lernen gilt, ist zwar eine sehr große, aber sie ist nicht einfach." Elia sprach die Worte in einem Ton, der klar machte, daß er über diese Angelegenheit jetzt nicht mehr reden wollte. „Jetzt", fuhr er fort, „erzählt mir von den Ereignissen der letzten Zeit. Ich habe gehört, Micha sei noch am Leben."

Saphat antwortete: „Das haben wir auch gehört, doch niemand aus Abel-Mehola hat ihn gesehen. Vielleicht hat Obadja ihm geholfen, zu entkommen."

„Und was hört man von Isebel?"

„Ahab muß die Königin wohl aufgefordert haben, das Töten einzustellen", berichtete Saphat weiter. „Wir fürchteten eine Zeitlang für Elisas Leben. Er hat sich in der Wildnis versteckt. Doch es kamen keine Soldaten, um nach ihm zu suchen. Er lebt jetzt wieder öffentlich in der Stadt. Vielleicht ist die Gefahr doch vorüber."

„Dann hat das Wunder auf dem Berge Karmel doch einiges Gute bewirkt", meinte Elia lächelnd.

„Ja, das hat es."

Elisa unterbrach seinen Vater. „Elia, die Menschen reden immer noch über diese gewaltige Tat Gottes. Einige von ihnen haben seitdem aufgehört, Baal Opfer zu bringen. Isebel hat es schwer, neue Priester von Phönizien nach Israel zu bekommen. Sie fürchten sich vor dem Schicksal ihrer Genossen. Doch", fügte er betrübt hinzu, „die Tempel von Melkart und Aschera stehen immer noch. Also ist auch mein Schwur noch nicht erfüllt."

Debora mischte sich jetzt ein und sagte: ,,Saphat, erzähle Elia von Naboth."

Saphats Lächeln verschwand. Er lehnte sich vor, blickte den Propheten an und sagte: ,,Elia, in Jesreel hat sich gerade gestern eine Tragödie zugetragen." Saphat erzählte die ganze Geschichte, wie Ahab Naboths Weinberg begehrte und dieser die Bitte abschlug. Wie Naboth dann durch falsche Anklage und falsche Zeugen mit seiner ganzen Familie gesteinigt wurde. ,,Es war sicherlich Isebels Werk", beendete er seinen Bericht. ,,Ahab würde nie so offen gegen das Gesetz Israels handeln."

,,Aber er hat diesem Weib erlaubt, die Schandtat zu begehen", rief Elisa empört. ,,Er ist genauso schuldig an Naboths Blut wie Isebel. Seine Habsucht war größer als das israelitische Blut, das in seinen Adern fließt."

Elia blickte still vor sich hin, während die Unterhaltung der anderen weiter ging. Dann erhob er sich plötzlich, während Saphat mitten in einem Satz war. ,,Ich muß nach Jesreel gehen", sagte er.

,,Laß mich mit dir gehen", bat Elisa.

,,Ich gehe allein."

,,Ich möchte immer noch dein Diener sein, Prophet."

Elia blickte ihn an. ,,Nein, ich gehe allein, aber ich werde später zu dir zurückkommen." Er ergriff seinen Mantel. Debora füllte schon seinen Wasserschlauch und füllte Nüsse und Brotkuchen in seinen Reisesack. Sie hatte gerade noch Zeit, Elia diese Dinge an der Tür zu übergeben.

Elia rannte die ganze Strecke nach Beth-Sean, das waren etwa 15 Kilometer, dann wandte er sich nach Westen in die weite Ebene von Jesreel. Er ging jetzt wieder, aber sehr schnell. Nach weiteren drei Stunden hatte er die Stadt erreicht. Der Palast lag an der Westseite der Stadt, und Naboths Weingarten gerade darunter.

Elia erreichte den Weinberg kurz nach der Mittagsmahlzeit. Er konnte Ahab erkennen, der zwischen den Reihen der Weinstöcke auf und ab ging, wie es Sitte war, wenn man ein Stück Land für sich in Anspruch nahm. Leise näherte er sich von hinten dem König und wartete darauf, bis Ahab sich umdrehte.

Als Ahab sich umwandte und den Propheten erkannte, wurde sein Gesicht ganz blaß. Die beiden Männer schauten sich fest in die Augen. In Elias Gesichtszügen war der erschreckende Blick des Gerichtsverkündigers zu lesen. Seine Kleider waren von der schnellen Reise noch in Unordnung und durchgeschwitzt.

Der Prophet erhob seinen Arm und zeigte mit dem Finger auf Ahab. „Du hast also deinen Nachbarn getötet", sagte er hart. „Und jetzt gehst du über sein Land, um es in Besitz zu nehmen."

Ahab, dessen Gewissen ihn schon die ganze Zeit selbst verklagte, antwortete leise: „Du hast mich also gefunden, mein Feind."

Elias Stimme war ruhig, aber noch genauso hart, als er antwortete: „Ja, ich habe dich gefunden. Du hast deine Seele verkauft, Ahab, König Israels, zu tun, was in den Augen Jahwes übel ist. Durch das Wort Gottes sage ich dir, daß Jahwe Unheil über dich bringen wird. Er wird dich vertilgen, und jeden Sohn von jeder Mutter in Israel, die aus dem Hause Ahabs stammt, ebenfalls, ganz gleich, wie sehr sie beschützt werden. Jahwe wird deine Familie bestrafen und vertilgen, wie er die Familien Jerobeams und Baesas vertilgte. Du bist über jedes Maß hinaus schuldig geworden und hast Israel zur Sünde verführt. Du hast durch deine Taten Jahwes Zorn herausgefordert und wirst für deine Sünden bezahlen müssen." Der Prophet deutete jetzt auf den Palast und sagte zähneknirschend. „Und Isebels Blut werden die Hunde an den Mauern Jesreels auflecken." Wieder richtete er den Finger auf Ahab. „Die von deinem Hause, die in der Stadt sterben, werden unbeerdigt bleiben und den Hunden als Nahrung dienen, und all jene, die auf dem Lande sterben, werden ebenfalls unbeerdigt bleiben, und die Vögel werden sich davon nähren."

Ahabs Gesicht wurde schneeweiß. Der Prophet wandte sich

um und verließ den Weinberg. Der König starrte ihm nach, bis er ihn nicht mehr sehen konnte. Dann schlug er seine zitternden Hände vor das Gesicht und stöhnte: ,,Mein Gott, was habe ich getan.“ Tränen traten ihm in die Augen und liefen ihm die Wangen hinunter. Er sank auf seine Knie, erhob sein Gesicht zum Himmel und rief laut: ,,Mein Gott, was habe ich getan?“ Dann ergriff er mit den Händen Erde und warf sie auf seinen Kopf und auf seine Schultern. Seine Stimme wurde jetzt so laut, daß sie über das Feld hinweg bis zum Palast hin hörbar war. Er schrie in seiner Angst: ,,Mein Gott! Jahwe! Was habe ich getan!“

Das Bewußtsein seiner Schuld hatte ihn nun voll gepackt und warf ihn lang auf den Boden. Mit seinen Fäusten schlug er auf das Land und packte zwischendurch immer wieder Hände voll Erde, die er über sich warf. Nach längerer Zeit erhob er sich langsam. Sein ganzes Gesicht trug die Spuren seiner Tränen. Sein Königskleid war beschmutzt von der Erde des unrechtlich erworbenen Weinbergs. Auch die Hände und Fingernägel waren schmutzig. Jetzt richtete er seinen Blick zum Palast hin und rief: ,,Isebel, ich verfluche dich.“ Dann schlug er mit seinen schmutzigen Händen auf die wachsenden Weinstöcke ein und schrie wieder: ,,Sei verflucht, Isebel! Sei verflucht! Sei verflucht!“

17

Elia formte die Hände an seinem Mund zu einem Trichter und rief laut: ,,Micha!" Doch da war keine Antwort. Er ging ostwärts über die Hügel, da er nicht genau wußte, wo die Höhle zu finden war. Von Zeit zu Zeit blieb er stehen und wiederholte seinen Ruf. Micha hockte hinter einer großen, mit Büschen bedeckten Felsformation und beobachtete sorgfältig den Rufenden. Erst als der haarige Prophet nahe genug war, daß Micha ihn genau erkennen konnte, trat er aus seinem Versteck hervor. Überrascht rief er: ,,Elia!"

Die beiden Männer gingen lächelnd aufeinander zu und umarmten sich lange. ,,Wie hast du mich gefunden, mein Bruder?" fragte Micha.

,,Durch einen Zufall", antwortete Elia. ,,Durch einen glücklichen Zufall. Auf meinem Weg von Jesreel zurück kam ich durch Engannim. Ein Priester dort erzählte mir, du würdest dich irgendwo hier in diesen Hügeln verstecken. Er wußte aber nicht genau, wo die Höhle liegt, in der du dich verbirgst. Hat mein Rufen dich erschreckt?"

,,Ich habe schon lange aufgehört mich zu fürchten", erwiderte Micha. ,,Aber ich beachte die nötige Vorsicht." Er lachte und klopfte Elia auf die Schulter. ,,Aber die Gefahr muß wohl vorüber sein, wenn du so offen und mutig am hellen Tag durch die Gegend wanderst und so laut schreist."

„Vielleicht", lächelte Elia. „Vielleicht. Aber der Kampf ist noch nicht beendet."

Micha schüttelte ernüchtert seinen Kopf. „Stimmt, der Kampf ist noch nicht vorbei." Er nahm Elias Arm. „Komm, laß uns in meine Höhle gehen, wo es kühler ist. Dort können wir uns unterhalten."

Die beiden Propheten gingen über den nächsten Hügel. Micha führte seinen Freund zu einem Myrthenbusch, der nur teilweise den Eingang zu einer Höhle verdecken konnte. Die Männer mußten sich bücken, um die niedrige Öffnung zu passieren, dann setzten sie sich in der Nähe des Eingangs nieder. Micha reichte Elia seinen Wasserschlauch. Der schüttelte den Kopf und deutete auf seinen eigenen. „Aber in diesem hier ist Wein", meinte Micha. Elia lächelte und griff danach.

„Nun", meinte Micha, nachdem Elia getrunken hatte, „erzähle mir, was seit dem Wunder auf dem Berge Karmel geschehen ist."

Die Propheten unterhielten sich bis in den späten Nachmittag hinein. Sie tauschten ihre Gedanken über den Kampf Jahwes gegen Baal aus. Micha bestand darauf, daß das Wunder auf dem Karmel etwas ganz Entscheidendes gewesen sei. Viele Israeliten hätten sich seither vom Baalsdienst abgewandt, meinte er, und andere, die immer treu zu Jahwe gewesen waren, aber geschwiegen hatten, hätten sich wieder offen zu Jahwe bekannt und ihre Angst verloren, weil sie an dem Ereignis vom Karmel erkannt hatten, daß allein Jahwe der allmächtige Gott ist.

Elia berichtete davon, wie Jahwe ihm am Horeb gesagt hatte, daß Er freundlich zu den Herzen der Menschen reden wolle. Und die beiden Propheten sannen lange über diese Worte Jahwes nach. Auch Micha hatte ähnliche Beobachtungen gemacht und ähnliche Gedanken wie Elia. Doch die beiden waren sich einig, daß man eine neue Offenbarung nicht einfach ignorieren konnte. Jahwe hatte gesprochen.

Als es nicht mehr weit bis zum Sonnenuntergang war,

näherten sich zwei junge Propheten der Höhle. Sie waren durchgeschwitzt und mit dem Staub der Straße und Einöde bedeckt. Als sie den haarigen Mann erkannten, starrten sie ihn so lange ungläubig an, bis Micha ihnen versicherte, der Fremde sei tatsächlich Elia. Außer sich vor Freude begannen sie, den berühmten Propheten mit so vielen Fragen zu überfallen, daß sie darüber ihr Abendessen vergaßen. Micha mußte sie endlich unterbrechen und darauf bestehen, daß sie sich erst einmal wuschen und etwas zu sich nahmen. Doch diese Unterbrechung tat der eifrigen Unterhaltung kaum Abbruch, und die beiden fuhren fort zu fragen, bis es schon spät in der Nacht war.

Elia lag noch lange wach, als die anderen schon schliefen. Er dachte über ihre Unterhaltung nach. Die jungen Propheten hatten ihn durch ihre Fragen der Antwort auf die rätselhaften Worte Jahwes näher gebracht. Freundlich zu den Herzen der Menschen zu reden hieß, mit vielen Stimmen zu ihnen zu reden, und zwar überall, wo man sie antreffen konnte. Auf den Marktplätzen der Städte und Dörfer, in den Häusern der Familien Israels, auf den Straßen und Wegen, die sich durch das Land zogen. Überall mußte man die Baalsgötter, die in ihren heiligen Hainen und ihren Heiligtümern saßen, herausfordern und überall die Botschaft von Jahwe verkündigen. Das ganze Land mußte damit erfüllt werden.

Elia blieb den ganzen Sommer bei Micha. Es war eine gute Zeit des Nachdenkens und vieler Unterhaltungen. Die Propheten wurden alle durch diese Zeit der Gemeinschaft in ihrem Glauben gestärkt. Auch Elia fühlte sich in seinem Kampf nicht mehr so allein. Und die Tatsache, daß sich so viele in Israel wieder Jahwe zuwandten und junge Männer sich dem Prophetendienst widmeten, überzeugte ihn davon, daß der Sieg auf dem Karmel doch groß und entscheidend wichtig gewesen war.

Im Oktober fiel der Frühregen. Bald darauf sah man überall auf den Feldern arbeitende Menschen hinter hölzernen Pflügen, die mit eisernen Spitzen bestückt waren. Elia beobachtete die Arbeitenden, als er die reichlich 10 Kilometer von Bethel nordwärts nach Gilgal ging. „Es ist auch für mich Zeit, das Feld

Israel umzupflügen", dachte er. „Elisa hat die Qualitäten von Micha. Außerdem ist etwas in seinem Wesen, das ihn zu großen Taten und zur Führerschaft befähigt." In den letzten Sommerwochen war ihm ein Plan gekommen. Er wollte Elisa all das lehren, was er selbst wußte; und Elisa würde die Schulen der Propheten im Lande wieder aufbauen.

Die Nacht verbrachte Elia in Gilgal und wanderte am nächsten Morgen zeitig weiter. Abel-Mehola lag noch rund 40 Kilometer weiter nordwärts. Er mußte eine Bergkette überqueren und dann wieder hinunter zu der Straße, die einem Wadi folgte, das sich bis zum Jordan hin erstreckte.

In dem Tal konnte man überall fleißige Bauern sehen, die unter freudigen Zurufen, die sie miteinander wechselten, schwitzend hinter ihren von Ochsen gezogenen Pflügen hergingen und die Erde für die neue Aussaat aufbrachen. Saphats Feld gehörte in Abel-Mehola zu den größten. Es war ein langer und breiter Streifen mit einigem vom besten Land der Ebene und lag in der Nähe des Wadis. Elisa war schon aus der Ferne unverwechselbar zu erkennen. Sein langes Haar hing ihm nun schon ein ganzes Stück über die Schultern hinab. Sein Gewand hatte er in dem Gürtel hochgesteckt, um so besser mit langen Schritten dem pflügenden Ochsengespann folgen zu können. Elia mußte lachen, als der junge Mann plötzlich stolperte, weil der Pflug einen überraschenden Sprung machte.

Elisa arbeitete mit zwei Ochsen. Vor ihm zogen in schrägen Reihen elf weitere Pflüge mit je zwei Ochsen über das Feld. Jeder Pflug wurde von einem angeworbenen Mann geführt. „Der Mann ist weise", dachte Elia. „Er hält die anderen Pflüger alle vor sich, so daß er ihre Arbeit übersehen kann."

Der Prophet näherte sich den arbeitenden Männern von hinten. Elisas Reihe war ganz außen. Der Mann an der inneren Reihe war den anderen ein gutes Stück voraus, so daß er die rechte Furche setzen konnte, nach der alle anderen sich zu richten hatten. Immer der nächste Arbeiter war einige Meter hinter seinem Nebenmann zu seiner Linken. Der Prophet öffnete seinen Mantel, so daß er ihn nur noch lose auf der Schulter trug. Dann ging er auf Elisa zu, der ihn, weil er so sehr mit dem Pflügen beschäftigt war, noch immer nicht bemerkt hatte. Ohne ein Wort zu sagen zog Elia den Mantel von seinen Schultern, breitete ihn weit aus und warf ihn über Elisa. Elisa brachte die Ochsen zum Halten und drehte sich dann erstaunt um. Elia blickte ihn nur einen Augenblick an, drehte sich dann um und ging die Straße hinunter.

„Elia!" rief der Jüngere hinter ihm her.

Doch Elia überhörte den Ruf und ging weiter.

„Elia!" Der junge Mann blickte auf den Mantel, den der Prophet ihm übergeworfen hatte. Er bestand aus Kamelhaar und war dick und eng gewebt. Die Bedeutung dessen, was der Prophet soeben getan hatte, überfiel Elisa wie eine Flutwelle. Er starrte dem davongehenden Mann nach. Der Mantel war ein genau solches Erkennungszeichen für Elia wie sein behaarter Körper. Elisa rannte jetzt hinter dem Propheten her, dabei schlappte der Mantel immer wieder um seine langen Beine. „Elia!" rief er wieder.

Bald hatte der junge Mann den Propheten eingeholt. „Elia", sagte er schnaufend, „ich bin erstaunt. Aber ich stelle das Wort und den Willen Jahwes keinen Augenblick in Zweifel. Ich will mich bei meinen Eltern verabschieden und sie küssen und dann dir folgen."

Elia nickte. „Gewiß. Ich will dich nicht davon abhalten, deinen Eltern Lebewohl zu sagen."

„Wirst du mit mir kommen?"

„Nein. Du mußt selbst zusehen, wie du deinem Vater und deiner Mutter deinen Abschied klar machst. Dies ist allein deine Sache."

„Gut. Ich werde dich wieder einholen. Gehst du in Richtung Samaria?"

Elia nickte. Elisa verbeugte sich und rannte zum Feld zurück. Der Prophet mußte an seine eigene Entscheidung denken, wie schwer es ihm damals geworden war, die Rechabiten und Jonadab zu verlassen. Auch solche Menschen, die sonst treu zu Gott stehen, finden oft gute Gründe, weshalb ihre Freunde und

Kinder nicht dem Ruf Gottes folgen sollten. Elia war sicher, daß Saphat mehr Schwierigkeiten machen würde, als sein junger Freund vermutete.

Die Arbeiter hatten den oberen Rand des Feldes erreicht. Dort hielten sie an und beobachteten mit wachsendem Erstaunen, was ihr junger Aufseher tat. Elisa zog den Pflug aus der Furche und band ihn auf die beiden Ochsen. Anschließend führte er die Ochsen zur Stadt zurück. Die Ochsen merkten, daß es zum Stall ging und liefen schneller, so daß Elisa alle Mühe hatte, sie recht im Zügel zu halten.

Als er sein Elternhaus erreichte, führte Elisa die Ochsen einfach in den Stall, nahm ihnen aber weder den Pflug noch das Joch ab. Als er in das Haus gerannt kam, trug er immer noch den Mantel Elias. Ohne ein Wort zu sagen, stellte er sich vor seinen Vater.

„Elisa, ist dies nicht der Mantel des Propheten Elia? Ist etwas nicht in Ordnung? Ist er hier?"

„Nein, Vater, er ist nicht hier."

Saphat blickte seinen Sohn an. Seine Augen verengten sich. „Was soll dies denn bedeuten? Warum hast du das Feld verlassen?"

„Elia hat mich gerufen, ihm zu folgen, Vater."

Saphat erhob sich aus seinem bequemen Stuhl. „Debora", rief er, „komm doch einmal her!" Die Frau kam eilig aus der Küche, weil sie durch den Ton in der Stimme ihres Mannes alarmiert war. „Schau dir deinen Sohn an", forderte er sie auf.

Sie tat, wie ihr geheißen war und erkannte den Mantel des Propheten.

„Dein Sohn sagt, er müsse jetzt Elia folgen", informierte Saphat seine Frau.

Debora ging zu dem jungen Mann. Sie hatte ihren Kopf zurückgelegt, um ihm in die Augen blicken zu können und fragte: „Ist das wahr, Elisa?"

„Es ist wahr, Mutter."

Tränen traten in ihre Augen. Saphat, der neben sie getreten war, legte den Arm um ihre Hüfte. Sie begrub ihr Gesicht an der

Schulter ihres Mannes. „Elia ist ein guter Mann. Wir lieben ihn alle. Aber er weiß nicht, worum er dich bittet. Und du weißt es auch nicht, Elisa", sagte der Vater.

„Jahwe hat mich gerufen. Elia ist nur der Mund, durch den Jahwe redet."

„Aber das Land, Sohn. Unser Hof. Ich kann ihn ohne dich nicht bearbeiten, denn ich werde alt."

„Du kannst einen Aufseher anstellen, Vater."

„Elisa, diene Jahwe so, wie wir es tun und wie wir es dich gelehrt haben, aber gehe nicht diesen Weg. Elias Leben hängt an einem seidenen Faden wie ein sterbendes Blatt im Herbst. Der Wind wird dich mit ihm davontreiben."

„Wenn man in Gottes Willen ist, so ist dies der sicherste Platz, den es auf Erden gibt."

„Ich verbiete dir zu gehen."

„Jahwe hat mich gerufen, da kann ich mich nicht weigern."

Die beiden Männer blickten sich an, ohne ein weiteres Wort zu sagen. Debora löste sich aus Saphats Armen und umarmte ihren Sohn. „Elisa, gehe nicht. Verachte nicht deinen Vater."

Überrascht davon, wie heftig sie ihre Einwände vortrug, trat Elisa einen Schritt von der Mutter zurück. Dann drehte er sich um, ging in die Küche und ergriff eine eiserne Axt und ein Messer mit einer langen, scharfen Klinge. Eine kleine brennende Öllampe stand auf dem Tisch, die er ebenfalls noch mitnahm, ehe er in den Hauptraum zurückkehrte.

Debora hob die Hand zum Mund und rief erstaunt: „Elisa?"

Doch dieser ging zum Haus hinaus und in den Stall zu den Ochsen. Saphat folgte ihm eilig. Elisa setzte die Öllampe und die Werkzeuge ab und band die Ochsen vom Pflug und vom Joch los. Dann ergriff er wieder die Axt und steckte das Messer in den Gürtel des Mantels.

Erst als er die Ochsen auf den Hof geführt hatte und die Axt über den Kopf des einen emporhob, begriff Saphat, was sein Sohn gerade tun wollte. „Elisa!" rief er, aber es war zu spät. Schon sauste die Axt mit dem flachen Ende auf den Kopf des Ochsen nieder, und dieser brach in die Knie und rollte auf die

Seite. Der andere Ochse beobachtete Elisa verständnislos, als dieser zu ihm trat. Saphat rief wieder: „Halt, Elisa!" Er rannte zu seinem Sohn, doch da lag auch schon der zweite Ochse tot auf der Seite. „Elisa, stimmt etwas nicht mit dir? Bist du verrückt geworden?" Der Vater riß dem Sohn die Axt aus der Hand, doch dieser brauchte sie nicht mehr.

Elisa zog das Messer aus dem Gürtel und begann die Tiere abzuhäuten. Die anderen Arbeiter kamen gerade zur rechten Zeit vom Feld, um noch mit zu sehen, wie der zweite Ochse zu Boden stürzte. Elisa rief ihnen zu: „Sagt allen Einwohnern des Dorfes, daß hier ein Fest gefeiert wird, bei dem es Fleisch zu essen gibt, und fordert sie auf, herzukommen. Alle sind eingeladen."

Saphat war völlig überrumpelt durch die Schnelligkeit der Handlungen Elisas und erhob keine Einwände mehr. Mit ungläubigem Gesichtsausdruck starrte er auf die beiden toten Ochsen.

Elisa entwickelte eine erstaunliche Fertigkeit und Eile, als er die Ochsen jetzt in Stücke zerlegte und die einzelnen Teile an Haken am Stalldach aufhängte.

Saphat überwand endlich sein Erstaunen, raffte sich auf und sagte: „Höre, Elisa, du vergreifst dich an meinem Eigentum."

Elisa antwortete, ohne in seiner Arbeit innezuhalten: „Zieh es mir von meiner Erbschaft ab, Vater."

Saphat versuchte auf seinen Sohn einzureden, während dieser weitere Vorbereitungen traf. Doch Elisa hörte nicht zu. In der Zwischenzeit kamen von allen Seiten die ersten Dorfbewohner herbei. Die elf Arbeiter Elisas brachten ihre Ochsen in den Stall und gesellten sich zu den anderen Gästen. Sofort wurden sie von diesen mit Fragen überfallen, die sie aber auch nicht beantworten konnten. Saphat wandte sich endlich ab und ging, ohne auf die Fragen der anderen Dorfbewohner oder auf ihre freundlichen Zurufe zu achten, ins Haus zurück.

Elisa ergriff die Axt wieder, die sein Vater liegen gelassen hatte und zerhackte damit den hölzernen Pflug in lauter Stücke. Dabei hörte er, wie jemand seinen Namen rief. Ein anderer aus der Menge bemerkte, daß der Mantel, den er trug, der Prophetenmantel Elias war.

Elisa machte aus dem zerhackten Pflug einen Holzstapel. Dann holte er das Joch aus dem Schuppen und warf es neben dem Holzstapel auf den Boden. Er sah dabei seine Freunde an und sagte: ,,So, wie ich dieses Joch fortwerfe, so lege ich mein altes Leben ab.''

Diese Worte zeigten den Versammelten, wie ernst das Fest gemeint war. Es wurde fast ganz still unter den Menschen. Sie sahen alle zu, wie Elisa auch noch das Joch mit der Axt in Stücke schlug.

Als er seine Arbeit beendet hatte, ging Elisa in das Haus und erschien wenige Augenblicke später wieder mit einem langen Bratspieß in der Hand. Hinter ihm traten seine Eltern auf den Hof und blieben an der Tür nebeneinander stehen. Elisa holte einige trockene Zweige herbei, schob sie unter den Holzstapel und zündete sie mit der Öllampe an. Dann wählte er drei große Stücke von dem Ochsenfleisch aus, steckte sie auf den Bratspieß und wartete noch einige Augenblicke, bis der Holzstapel soweit verbrannt war, daß das Feuer nur noch niedrig brannte. Dann begann er, das Fleisch darauf zu rösten. Erst jetzt begann er wieder zu sprechen.

Die Männer, fast alle davon waren seine Freunde, standen vorn, während die Frauen hinter ihnen einen Halbkreis bildeten. ,,Meine Freunde'', begann Elisa, ,,ihr alle wißt, daß ich einen Nasiräer-Schwur abgelegt habe, mein Haar und den Bart nicht scheren zu lassen, solange in Samaria und Jesreel noch Tempel Baals stehen. Mein Herz hat immer für Jahwe geschlagen, und heute ist mein größter Traum wahr geworden.'' Er streifte den Mantel von seinen Schultern und hob ihn hoch. ,,Dies ist der Mantel Elias, des Propheten'', rief er. ,,Heute, während ich das Feld pflügte, warf Elia den Mantel über mich. Jahwe hat mich gerufen, dem Propheten zu folgen und sein Jünger zu sein. Und ich gehe gern.'' Er deutete auf das schmorende Fleisch und das Feuer. ,,Die Flammen verzehren das Joch und den Pflug, und das Fleisch meiner Ochsen wird bald eure Mägen füllen. Dies alles sind Symbole meines bisherigen Lebens. Es ist hiermit beendet, und ich werde nie mehr zu ihm zurückkehren."

Seine Freunde waren still. Sie waren ein wenig verlegen, weil keinem von ihnen etwas Passendes einfiel, was er hätte sagen können. Die meisten von ihnen hatten schon vor den Altären Baals gebetet, einige davon nicht mehr, seit dem gewaltigen Gotteswunder auf dem Karmel. Alle wußten von Elisas Eifer für Jahwe. Endlich trat ein junger Mann aus der Menge hervor und umarmte Elisa lange und innig. Dann trat er einen Schritt zurück und verbeugte sich tief vor ihm, ehe er seinen Platz unter den anderen wieder einnahm. Diese Handlung der Zustimmung und gleichzeitig auch Verehrung trieb Elisa die Tränen in die Augen.

Die anderen blieben noch einen Augenblick still stehen. Noch nie war aus Abel-Meloha ein Prophet gekommen. Dann traten mehrere Männer vor und verbeugten sich ebenfalls tief, wie es der junge Mann getan hatte. Andere, die hinter ihnen standen, folgten ihnen.

„Wollt ihr, indem ihr mir, dem Propheten Jahwes, diese Ehre erweist, damit zu erkennen geben, daß ihr euch von Baal lossagt?" fragte Elisa.

Ein leises Murmeln ging durch die Menge. Einige riefen „Ja", andere schwiegen.

Elisa drängte nicht weiter in sie, sondern sagte: „Und jetzt kommt und eßt."

Er nahm das Messer, schnitt große Portionen von den Fleischstücken und teilte allen davon aus. Nachdem er den Männern allen von dem Fleisch gegeben hatte, wandte er sich der Tür zu, in der Saphat noch immer neben seiner Frau stand. „Und mein Vater", rief Elisa, „wird mein Vater auch eine Portion von dem Ochsen essen?"

Einen Augenblick schien Saphat zu zögern. Die Menge beobachtete ihn neugierig. Dann stieg er langsam die Stufen herunter und ging auf Elisa zu. Als er näher kam, verlor er seine Fassung und Tränen traten ihm in die Augen. Er umarmte seinen Sohn und legte seinen Kopf an dessen Schulter. Debora kam nun auch herbeigerannt, und alle drei umarmten sich, ohne sich vor den Zuschauern zu schämen.

Elisa küßte Mutter und Vater auf beide Wangen und trat dann zurück. „Ich muß gehen", sagte er, „damit ich Elia noch einholen kann." Dann wandte er sich nochmals an die Dorfbewohner. „Auch wenn wir Abschiedstränen weinen", rief er, „so ist dieses Fest doch eines der Freude. Die Herzen von euch allen sollten mit Freude erfüllt sein, weil Jahwe sich wieder einen Knecht gerufen hat, der Ihm dienen soll. Also eßt tüchtig und seid fröhlich." Er wandte sich nochmals Saphat zu. „Vater, wir würden auch gern Wein dazu haben." Saphat nickte und ging zum Haus. „Seid fröhlich, meine Freunde", rief Elisa nochmals, „denn auch ich bin fröhlich." Er legte den Arm um die Schulter seiner Mutter und führte sie in das Haus zurück.

Im Haus füllte er Nüsse und geröstete Körner in einen Verpflegungsbeutel und füllte einen Wasserschlauch. Sein Vater übergab ihm einen kleinen Beutel mit Geldmünzen und ging dann mit drei Schläuchen voller Wein nach draußen zu den Feiernden.

Nochmals umarmte Elisa seine Mutter und küßte sie.

Saphat wartete neben dem röstenden Fleisch. „Elisa", fragte er, „würdest du auch für mich ein Stück abschneiden, ehe du gehst?"

Der Sohn lächelte froh und ging zum Feuer. Er wählte das beste Stück aus und schnitt eine große Portion davon herunter.

Saphat nahm es mit beiden Händen, biß hinein und aß es langsam. Dann sagte er zu seinem Sohn: „Elisa, ich teile dein neues Leben mit dir. Gehe mit Jahwe."

„Danke, Vater!" rief Elisa. Dann drehte er sich um und verließ den Hof.

* ★ *

Von Samaria aus gesehen wurden nach Osten hin die Hügel immer höher, bis sie ihre größte Erhöhung hoch über dem Jordantal erreichten. Nach Westen hingegen erstreckte sich die dunkle

Erde der fruchtbaren Ebene von Saron. Dazwischen gab es immer wieder rote Stücke von lehmiger Erde, und zur Großen See hin erhoben sich an der Küste dann auch Sanddünen. Nordwärts zur Großen See hin ragten die Höhenzüge des Karmelgebirges empor.

Dor lag an der Küste, etwas mehr als 20 Kilometer südlich des Karmel. Die Stadt war der Hauptort der weiten Ebene, die sich zwischen der Küste und den Karmelhöhen erstreckte.

Auf der Straße, die zur Küste führte, gingen die beiden Propheten nebeneinander her. Beide hatten ihre Mäntel über der Schulter hängen. Elia trug seinen alten, überall bekannten, den Elisa ihm zurückgebracht hatte. Und Elisa trug einen ähnlichen, aber neueren. Nach etwas mehr als 15 Kilometern verließen sie die Straße zur See und bogen in die schmalere ein, die direkt nach Dor führte. Sie erreichten die Stadt am späten Nachmittag.

Die Ältesten, die in Dors Haupttor saßen, hatten die beiden Männer schon erspäht, als sie noch weit entfernt waren. Sie beobachteten nun, wie diese stetig näher kamen. „Jener da sieht aus wie Elia", meinte einer der Ältesten im Ton der Überraschung. Er kniff die Augen zusammen, um die nahenden Männer besser erkennen zu können. „Ja, es ist Elia", sagte er dann mit ziemlicher Gewißheit.

Die Propheten erreichten das Tor und näherten sich dem Ort, wo die Ältesten saßen. Die alten Männer erhoben sich und verbeugten sich tief. „Elia, wir fühlen uns sehr geehrt", sagte der Vorsteher der Ältesten und hieß die Männer willkommen. „Was führt dich nach Dor?"

„Wenn ihr den Propheten Jahwes ehrt, warum stehen dann noch immer die Heiligtümer der Aschera draußen vor der Stadt?" fragte Elia hart. Elisa stand schweigend daneben, wünschte sich aber dringend, auch er hätte reden dürfen.

Die Ältesten schüttelten verlegen ihre Köpfe. „Es ist nicht unser Wunsch, daß sie dort noch stehen, Elia", antwortete einer von ihnen.

„Und warum sind sie dann trotzdem noch da?"

Der Vorsteher der Ältesten trat näher, bis er direkt vor dem

Propheten stand. Er schaute ihm tief in die Augen und sagte mit heißerer tiefer Stimme: ,,Wir haben nicht mehr die Macht in Dor, die wir früher besaßen. Die Menschen folgen jetzt anderen Führern.“ Er schwieg einen Augenblick und fragte dann: ,,Wirst du zu unseren Leuten sprechen, Elia?“

,,Ich werde zu euch sprechen. Ladet alle Einwohner Dors ein. Ich werde gegen 18 Uhr hier zu euch sprechen.“ Der Prophet winkte Elisa zu, und die beiden gingen in die Stadt hinein zur Herberge für Reisende. Die Ältesten machten sich sofort auf, um überall in der Stadt zu verkündigen, daß der Prophet Elia zu den Einwohnern Dors reden wolle.

Zur angegebenen Zeit stieg Elia die Stufen der Treppe hinauf, von der aus vor mehreren Jahren auch der Prophet Baals gesprochen hatte. Eine große Anzahl von Menschen hatte sich schon versammelt. Viele waren sehr zeitig gekommen, um einen guten Platz zu finden. Elia begann sofort zu sprechen.

,,Männer von Dor, wie viele von euch waren an dem großen Tag Gottes auf dem Berg Karmel?“ fragte er laut.

Viele Arme gingen empor und überall hörte man zustimmende Rufe.

,,Ihr lebt in der Ebene“, fuhr Elia fort. ,,Und Jahwe hat die Regengöttin herausgefordert und bewiesen, daß Baal auch hier in der Ebene keine Macht hat. Und nun sagt einmal ehrlich: Hat Baal euch wirklich ein so gutes Leben geschenkt, seit ihr ihn in den heidnischen Heiligtümern anbetet?“

Ein leises, unbestimmtes Murmeln ging durch die Menge. Viele drehten den Kopf in die Richtung, wo Abinadab an seinem angestammten Platz in seiner Sänfte saß. Der Platz war ein wenig im Hintergrund, da er es vorzog, nicht nur den Redner, sondern auch die Menge zu beobachten.

Elia begriff die Herausforderung sofort. Mit Abinadab also hatte es Baal gut gemeint. ,,Einige von euch sind Sklaven geworden, seit Isebel Königin in diesem Land ist“, rief er. ,,Doch ihr träumt immer noch von den Versprechungen, die Aschera und Melkart euch machen. Haben sich eure Bemühungen denn gelohnt? Meint ihr immer noch, daß einmal der Tag kommen wird, wo diese falschen Götter eure Wünsche erfüllen werden?“ Er deutete mit ausgestreckter Hand auf Abinadab. „Ihr seid keineswegs die Sklaven dieses noch irgendeines anderen Mannes, sondern ihr seid die Sklaven eurer eigenen Gesinnung. Es sind die falschen Träume, deren Sklaven ihr seid. Eure Sklaverei“, rief er, „kommt von euren habsüchtigen Wünschen, ein genau solcher Mann werden zu können wie jener da.“

Da in der Zwischenzeit noch mehr Menschen gekommen waren, stieg der Prophet noch einige Stufen höher, damit jeder ihn sehen konnte. Seine in den Kamelhaarmantel gehüllte, von Wind und Wetter gegerbte Gestalt stand in hartem Kontrast zu Abinadabs wohlgepflegtem und tadellosem Anblick.

„Warum, glaubt ihr, hat wohl Jahwe unsere Väter aus Ägypten geführt?“ fragte er. „Etwa deshalb, um sie aus einer Sklaverei in die andere zu bringen? Warum hat wohl Jahwe unserem Volk Israel neue Gesetze gegeben, nach denen sie leben sollten? Doch deshalb, damit kein Mann mehr seinen Mitmenschen betrügen kann. Kennt ihr denn die Gesetze eurer Väter nicht mehr?“

Mit harten Blicken schaute er auf seine Zuhörer und machte eine kleine Pause, um die Spannung noch zu erhöhen. „Also hört sie!“ rief er dann laut. „Hört die Gesetze Jahwes! Hat Jahwe nicht durch den Mund unseres Vaters Mose gesagt: »Nach dem Tun des Landes Ägypten, in welchem ihr gewohnt habt, sollt ihr nicht tun; und nach dem Tun des Landes Kanaan, in welches Ich euch bringe, sollt ihr nicht tun; und in ihren Satzungen sollt ihr nicht wandeln. Meine Rechte sollt ihr tun, und Meine Satzungen sollt ihr beobachten, darin zu wandeln. Ich bin Jahwe, euer Gott. Und Meine Satzungen und Meine Rechte sollt ihr beobachten, durch welche der Mensch, wenn er sie tut, leben wird.«“ Der Prophet holte tief Luft und lehnte sich weit vor. „Meine Freunde, die Methoden der Habsucht, die wir bei den phönizischen Kaufleuten sehen, sind nicht die Methoden Gottes. Hat Jahwe euch nicht gesagt, ihr sollt die Ränder eurer Felder nicht abernten und in euren Weinbergen keine

Nachlese halten, sondern all diese Nahrung für die Armen übrig lassen?"

Elia bemerkte überrascht, wie viele mit den Köpfen nickten und welche nervöse Erregung die Zuhörer ergriff. Er fragte sich, in welch starkem Maße die heiligen Gesetze wohl öffentlich gebrochen worden waren. Dann fuhr er fort: „Hört das Gesetz Jahwes: Du sollst nicht stehlen. Du sollst den Bruder aus deinem Volke nicht belügen oder betrügen. Du sollst deinen Nachbarn nicht unterdrücken oder ihn berauben. Du sollst das Recht nicht verdrehen. Du sollst deinen Nächsten lieben wie dich selbst."

Die Menge wurde immer unruhiger. Gespannte Gesichter blickten mit immer größer werdender Verachtung zu Abinadab und der Reihe der Wagen hin, in dem die reichen und wohlgekleideten Männer neben ihrem Anführer saßen. Elia bemerkte, daß die Reichen ihre Haltung von Verachtung und spöttischer Belustigung beibehielten.

Der Prophet fuhr fort, die Menge an Jahwes Gesetze zu erinnern und wunderte sich darüber, daß die einfache Zitierung der Gesetze eine solche Erregung unter den Zuhörern hervorrufen konnte. Er rief: „Und wenn ein Fremdling bei dir weilt in eurem Lande, so sollt ihr ihn nicht bedrücken. Wie ein Eingeborener unter euch soll euch der Fremdling sein, der bei euch weilt, und du sollst ihn lieben wie dich selbst, denn Fremdlinge seid ihr gewesen im Lande Ägypten. Ihr sollt nicht unrecht tun im Gericht, im Längenmaß, im Gewicht und im Hohlmaß; gerechte Waage und gerechte Gewichtsteine sollt ihr haben."

Das Murmeln unter den Zuhörern ließ nach. Die Leute lauschten gespannt, als er ihnen die nahezu vergessene Geschichte des Auszugs ihrer Väter aus Ägypten wieder vor Augen führte, die ihm selbst ganz neu groß und lebendig geworden war durch seine eigene Pilgerreise zum Horeb. Er beschrieb die Leiden des Volkes in Ägypten und die noch schlimmeren Entbehrungen in der Wüste; dann aber auch die Freude des Volkes Gottes, als sie in das verheißene Land kamen. Jede Familie bekam ihr eigenes Stück Land, auf dem sie ihr eigenes freies Leben führen konnten. Er berichtete, wie Israel immer und immer wieder in den Götzendienst zurückgefallen war und den verschiedenen Baalgöttern gedient hatte. Und dann erzählte er davon, wie Jahwe in Seiner Geduld sie immer wieder zu sich zurückgerufen hatte, um aus ihnen das Volk zu machen, wie Er es gern haben wollte, und wie gerade jetzt, in der Zeit, in der sie lebten, das Volk wieder einmal so sehr weit vom Willen Jahwes entfernt war.

Als er von dem Land redete, das jeder Familie für alle Zeiten gehören sollte, wurden die Zuhörer wieder unruhig. Immer, wenn er von der Sklaverei und dem Land sprach, benahmen sich die Menschen so, als würde man bei ihnen auf einen kranken Zahn drücken, der dann immer schmerzte. Die Leute flüsterten miteinander, und die Freien wie die Sklaven blickten mit unterdrücktem Haß in die Richtung, wo ihre reichen Herren saßen.

Während Elia sprach, dachte er: „Wie kann ein Prophet beides predigen: Gerechtigkeit und Mitleid?" Doch er kannte die Antwort. Menschen mußten lernen, auch dort noch Mitleid zu haben, wo das Recht versagte und der Zorn regieren wollte.

Der Prophet predigte fast zwei Stunden, bis die Sonne gänzlich untergegangen war und die Schatten die zuhörende Menge in eine formlose Masse verwandelten. Sein Hals war heißer und trocken, obwohl er ab und zu aus seinem Wasserschlauch trank. Abinadab war schon lange gegangen, und mit ihm die meisten anderen reichen Zuhörer. Doch fast alle anderen Einwohner waren noch geblieben.

Als er endlich die Stufen hinunterging, weigerte sich die Menge, auseinanderzugehen. Schamma drängte sich zu dem Propheten.

„Elia, Prophet Jahwes", rief er so laut, daß alle seine Frage hören konnten, „wir würden gern noch mehr hören über Jahwes Gesetze im Blick auf die Sklaverei. Wann sollte ein Sklave wieder freigelassen werden?"

„Im großen Jubeljahr, oder wenn er genug Geld gespart hat, um sich seine Freiheit wieder zu erkaufen", antwortete der Prophet.

„Aber das Jubeljahr ist kürzlich erst gewesen, und das nächste ist noch weit mehr als 40 Jahre entfernt.“

Elia bemerkte den Sklavenring in Schammas Ohr. „Bist du ein Sklave, weil dein Herr dich betrogen hat, oder hat deine eigene Habsucht dich betrogen?“

Die Frage schien den Leuten unangenehm zu sein. Schamma senkte den Kopf einen Augenblick. Als er ihn wieder hob und Elia anblickte, sagte er: „Ich bin den Reichtümern nachgejagt, die Baal versprach. Aber sollte ein Mann sein ganzes Leben lang für einen Fehler verurteilt bleiben?“

„Ein Fehler?“ fragte Elia. „War dein Götzendienst nur ein einziger Fehler?“

Doch Schamma wich nicht. Er war entschlossen, sich von der Tragödie seines Lebens nicht unterkriegen zu lassen. „Ich habe gesündigt“, gab er zu. „Aber sollte Abinadab wie ein König leben können, nur weil ich gesündigt habe? Seine Sünden sind viel größer als meine.“

Ein Mann aus der Menge brachte laut seine Zustimmung zu Schammas Worten zum Ausdruck, andere stimmten ein. Elia wartete, bis sich die Leute wieder beruhigten.

Baana drängte sich zu seinem Freund und packte ihn am Arm. „Schamma“, flüsterte er, „weißt du auch, was du tust. Du könntest dafür hart bestraft und geschlagen werden.“ Doch Schamma schüttelte die Hand Baanas ab, ohne ihm zu antworten.

„Jahwe wird Rache nehmen an allen, die Seine Gesetze mißachtet haben“, sagte Elia. „Und was dich betrifft, so hast du versucht, dein Spiel mit Baal zu machen und hast verloren. Hättest du gewonnen, so würdest du dich jetzt wohl so benehmen wie dein Herr. Du hast das Unheil selbst über dich gebracht. Und jetzt versuchst du, Jahwe zu gebrauchen, wie du einst versucht hast, Baal für dich zu benutzen, um deine Ziele zu erreichen. Jahwe ist nicht schuld an dem Unglück deines Lebens.“

„Aber die Reichen haben die Macht, die Gesetze zu ihrem Vorteil zu verdrehen“, sagte eine Stimme aus der Menge.

„Jahwes Gesetze wiegen schwerer als die Torheiten eines Mannes“, antwortete Elia. „Wenn die Reichen gesündigt haben, dann müßt ihr die Dinge wieder zurecht bringen, so gut ihr könnt. Aber gebt gut acht, daß ihr dabei nicht noch mehr sündigt.“

Elia forderte Elisa durch einen Wink auf, ihm zu folgen. Stimmen riefen den Namen des Propheten, als er sich einen Weg durch die Menge bahnte, um zur Herberge der Reisenden zu gehen; doch er antwortete nicht. Die Leute traten zurück, um ihn durchgehen zu lassen, doch sie gingen nicht auseinander.

Schamma sah den beiden Propheten nach. Er fühlte, wie seine Knie unter ihm nachgeben wollten; und erst jetzt kam ihm der Ernst dessen, was er gewagt hatte, recht zu Bewußtsein. Mehrere Freunde drängten sich zu ihm. Viele der Anwesenden beobachteten ihn schweigend und prüften ihre eigenen Gefühle des Zorns. Sie überlegten, was sie jetzt unternehmen sollten.

„Schamma“, sagte ein Freund leise. Als dieser sich ihm zuwandte, sagte der Freund: „Schamma, ich fürchte, Baana hat Abinadab von deinen Worten berichtet.“

Der Sklave schlug die Hände vor das Gesicht. „Aber Baana ist doch mein bester Freund, er würde dies sicherlich nicht tun.“ Er fühlte die Hand seines Gefährten auf seinem Arm und blickte auf. Die Gesichter beider drückten ihre Sorge und Gewißheit aus. Baana, das wußten beide, war ein anderer Mann geworden, seit der sich entschlossen hatte, seinem Herrn Abinadab und der Göttin Aschera mit ganzer Kraft zu dienen. „Was soll ich tun?“ fragte Schamma.

„Du bist nicht der einzige, der sich diese Frage stellt“, meinte sein Freund. „Mehrere von uns haben sich laut geäußert. Man wird bald den Namen eines jeden herausbekommen. Sklaven sind nie sehr lange tapfer.“

Andere Männer umringten Schamma. Jeder von ihnen hatte sich an diesem Abend des Aufruhrs gegen seinen Herrn schuldig gemacht. Schamma wußte, daß er verantwortlich war, da er damit begonnen hatte. „Wir müssen fliehen“, sagte er mit leiser Stimme. „Es ist besser, ein freier Bandit zu sein, als ein unterdrückter Sklave.“ Die anderen nickten. Sechs Männer schoben leise den Riegel vom Tor zurück und schlüpften in die Dunkelheit hinaus. Sie gingen südostwärts, in Richtung der Hügel Judas.

Elisa lag nachdenkend in der Dunkelheit ihres Raumes. „Elia“, fragte er, „bist du noch wach?“

„Ja.“

„Was wird jetzt geschehen?“

„Nur Jahwe weiß das.“

Der junge Mann setzte sich auf. „Elia, die Menschen sind zornig. Sie sind reif für einen Aufruhr.“

„Ja, sie sind zornig“, antwortete Elia ohne hörbare Bewegung in der Stimme.

„Sollten wir uns nicht auf ihre Seite stellen? Sollten wir ihnen nicht den richtigen Weg zeigen, den sie gehen sollen?“

„Und was ist der richtige Weg? Hat Jahwe dir darüber ein Wort gegeben?“

Elisa legte sich ohne eine Antwort wieder zurück.

„Mit der rechten Belehrung kann man nicht an einem einzigen Abend fertig werden, Elisa; dies ist eines der ersten Dinge, die ein Prophet lernen muß.“

„Aber was wird geschehen?“ fragte Elisa besorgt. „Sind wir nicht verantwortlich für das, was geschehen könnte?“

„Wir sind verantwortlich dafür, die Menschen über die Wege und den Willen Jahwes zu belehren und ihnen dies so klar zu machen, wie wir können. Die Reichen haben die Worte Jahwes genauso deutlich gehört wie die Armen und die Sklaven. Es liegt nun an denen, die zugehört haben, entsprechend zu handeln. Die Reichen sollten zuerst etwas unternehmen, denn sie haben die Macht dazu. Wenn sie es nicht tun, so werden sie Sturm ernten.“

Elisa lag nachdenklich schweigend da. Dann sagte er einfach: „Ich wünschte, ich könnte helfen.“

Elia lächelte in der Dunkelheit. „Deshalb bist du ja auch ein Prophet. Es ist das Wort Jahwes, das sagt, daß den Armen und den Unterdrückten und den Reichen geholfen werden soll.“ Er sprach nun in freundschaftlicherem Ton weiter: „Aber, mein junger Freund, du kannst Israel nicht in einem Tag verändern. Die Herzen der Menschen sind dazu viel zu kompliziert. Die klare Lehre Jahwes ist es, daß jeder Mann sein eigenes Stück Land haben sollte. Wenn nun die Armen das Gesetz hören, dann schreien sie nach ihrem Anteil. Aber glaubst du, sie wären anders als die Reichen? Nein, jeder Mann ist genauso habsüchtig wie der andere, ob er nun reich oder arm ist. Wir müssen beiden, den Reichen und den Armen, Barmherzigkeit und Nächstenliebe lehren.“

Der Prophet erhob sich und stand nun neben Elisas Lager. „Steh auf, Elisa, jetzt ist die Zeit gekommen, wo ich dir alles sagen muß, was Jahwe mir am Horeb mitgeteilt hat.“

18

Ahab ließ auf dem großen Versammlungsplatz in der Nähe des Haupttors von Samaria zwei Thronsessel aufstellen, einen für sich selbst und einen für König Josaphat von Juda. Beide Könige kamen langsam in das vorgerückte Alter, waren aber beide noch bei guter Gesundheit, besonders der kräftige Ahab.

Dem jüdischen König lag sein Staatsbesuch genauso am Herzen wie Ahab, aber aus anderen Gründen. Josaphats höchste Berater begleiteten ihn. Sie hielten fleißig Konferenzen mit Ahabs Beratern ab, um Verträge über Handel und Wirtschaft abzuschließen. Doch der Grund Ahabs war ein anderer. Er dachte an Krieg. Er brauchte Josaphats Hilfe gegen den Syrerkönig Ben-Hadad. Deshalb hatte er auch seinen südlichen Nachbarn mit großer königlicher Prachtentfaltung empfangen. Die Angebote auf Handelsverträge benutzte er klug als seine Hauptwaffe in dem politischen Spiel. Außerdem versuchte er, Josaphat davon zu überzeugen, daß Ben-Hadad auch bald die Grenzen Judas bedrohen würde.

Endlich stimmte Josaphat nach langen Verhandlungen zu, mit in den Krieg zu ziehen. „Mit meiner ganzen Macht will ich dir zur Hilfe kommen“, sagte er, „doch wir wollen zunächst noch den Rat Jahwes suchen.“

Die Hofpropheten, die immer bereit standen, um Rat zu geben, wurden eilends herbeigerufen, und zwar alle 400. Ahab dachte bei sich, daß die Unterstützung so vieler Stimmen, auf die er sich verlassen konnte, ganz gewiß die Stimmen einiger weniger Außenseiter unbedeutend machen würden. Die spontane Antwort der Propheten kam auch, sie kam zu schnell und zu passend, so schien es: „Zieht in den Krieg, Jahwe wird euch den Sieg geben."

Josaphat schien die Handhabung der ganzen Sache nicht recht zu gefallen. Die Antwort schien ihm zu sehr von Menschen gemacht. Er hatte auch Erfahrungen mit Hofpropheten und war überrascht, daß Ahab nach der Erfahrung auf dem Berg Karmel immer noch die Macht der großen Zahl als Zeichen für göttliche Zustimmung sah. Deshalb wandte er sich Ahab zu und fragte: „Gibt es denn in Israel keine anderen Propheten mehr, die uns wirklich das Wort Jahwes sagen können?"

Ahab zuckte mit den Achseln. Die Oberflächlichkeit und Seichtheit dieser ganzen Prophetenmasse war ihm genauso klar wie Josaphat. „Doch, es gibt einen Mann", sagte er. Er übersah dabei bewußt Elia, den er seit der Sache mit Naboths Weinberg, die schon mehrere Jahre zurücklag, nicht mehr gesehen hatte. „Der Name dieses Propheten ist Micha. Doch ich muß dir sagen, daß ich den Mann nicht mag, weil er niemals etwas Gutes über die Dinge prophezeit, die ich tue, immer nur Übles."

„Du solltest nicht so voreingenommen sein, mein Freund", sagte der König Judas. „Wenn er ein wahrer Prophet Jahwes ist, wird er uns auch das rechte Wort sagen. Ich meine, wir sollten ihn anhören."

„Also gut", stimmte Ahab zu. Er wandte sich an einige Hofbeamte, die in der Nähe standen und befahl: „Geht und sucht Micha, und bringt ihn so schnell wie möglich zu uns."

Die Propheten hatten noch nicht bemerkt, daß man ihren eifrigen Sprüchen sehr zweifelnd gegenüberstand. Sie fuhren fort, ihre monotonen Gebete herunterzuleiern, ihre seltsamen Tänze dabei aufzuführen, Knochen auf den Boden zu werfen, um daraus die Antworten zu finden, die sie schon vorher entschlossen gewesen waren zu geben, und sich selbst in eine Art hypnotischen Trancezustand zu versetzen, in dem sie Worte aussprachen, die sie auch — nur vielleicht nicht ganz so eindrucksvoll — mit ihrem normalen Verstand hätten sagen können. Ein Prophet, Zedekia, tat sich besonders hervor, indem er sich eiserne Hörner aufsetzte. Mit diesen Hörnern auf dem Kopf tat er so, als sei er ein angreifender Bulle und rannte auf die anderen Propheten und auf herumstehende Zuschauer los und jagte sie zur Seite. Dann wandte er sich an die beiden Könige und sagte: „So spricht Jahwe: Mit diesen wirst du die Syrer stoßen, bis du sie vernichtet hast."

Micha, der in der letzten Zeit regelmäßig in Samaria predigte, traf kurz nach dem Mittagessen ein. Die Boten hatten ihn schon darüber unterrichtet, was die 400 Propheten geweissagt hatten, und ihn aufgefordert, ähnliches zu sagen. Doch Micha hatte geantwortet: „So wahr Jahwe lebt, ich werde nur das weissagen, was Er mir sagen wird."

Ohne Umschweife stellte Ahab dem Propheten, als er erschien, die Frage: „Sollen wir Ramoth-Gilead angreifen oder nicht?"

Micha lächelte seltsam. Die meisten der anderen Propheten saßen jetzt auf dem Boden, nur wenige sprangen noch vor den Königen herum und schrien, der Angriff solle stattfinden. Micha sagte mit seltsam verstellter hoher Stimme: „Warum fragst du, König Ahab, du kennst doch die Antwort. Greife an und du wirst siegen. Jahwe wird die Stadt in deine Hand geben." Er wedelte dabei genauso mit den Armen wie die Hofpropheten, um sich damit über sie lustig zu machen. Diese begriffen das und sprangen wütend auf. Josaphat mußte laut darüber lachen.

Ahab fand die Angelegenheit keineswegs amüsant, sondern schlug mit den Händen auf die Lehnen seines Sessels. „Nun treib hier keine Scherze, Micha", sagte er ärgerlich. „Ich habe dich schon früher deshalb ermahnt. Sage uns, was Jahwe dir sagt, und nichts anderes."

Micha verbeugte sich leicht und schloß die Augen. Er stand jetzt aufrecht und still da. Dann endlich öffnete er seine Augen wieder und sprach mit seiner natürlichen Stimme: „Ich sah ganz Israel auf den Bergen zerstreut, wie Schafe, die keine Hirten haben. Und Jahwe sprach: Diese haben keinen Herrn; sie sollen ein jeder nach seinem Hause zurückkehren in Frieden."

Schnell wandte sich Ahab an Josaphat: „Habe ich dir nicht gesagt, daß dieser niemals etwas Gutes über mich weissagt, sondern immer nur Übles?"

Micha unterbrach den König und fuhr mit seiner Weissagung fort: „Höre das Wort Jahwes! Ich sah Jahwe auf Seinem Thron sitzen, und alles Heer des Himmels bei Ihm stehen, zu Seiner Rechten und zu Seiner Linken. Und Jahwe sprach: Wer will Ahab bereden, daß er hinaufziehe und zu Ramoth-Gilead falle? Und der eine sprach so, und der andere sprach so. Da trat ein Geist hervor und stellte sich vor Jahwe und sprach: Ich will ihn bereden. Und Jahwe sprach zu ihm: Wodurch? Und er sprach: Ich will ausgehen und will ein Lügengeist sein in dem Munde aller seiner Propheten. Und Jahwe sprach: Du wirst ihn bereden und wirst es auch ausrichten; gehe aus und tue also."

Micha schwieg einen Augenblick und deutete dann auf die Hofpropheten. „Du siehst ja selbst, daß der Plan gut funktioniert. Diese Propheten haben alle einen Lügengeist in sich. Jahwe läßt zu, daß du in den Krieg ziehst, denn es ist Sein Wille, daß du dort sterben sollst."

Die Propheten begannen, auf Micha einzuschreien. Zedekia trat auf ihn zu und schlug ihm hart ins Gesicht. „Und woher willst du wissen, daß Gott durch dich spricht und nicht durch mich?" wollte er wissen.

Micha biß die Zähne zusammen, um den Schlag, der ihm Schmerzen bereitete, zu ignorieren. Er antwortete: „Ich will dir sagen, woran du entdecken wirst, wessen Prophezeiung die richtige war. Nach der Schlacht, wenn du von einem Raum zum anderen rennst, um dich zu verstecken und der Verhaftung zu entgehen, die dir deiner falschen Prophezeiung wegen droht, dann wirst du es wissen, daß Jahwe nicht durch dich gesprochen hat."

Ahab erhob sich von seinem Thron. Seine laute Stimme

unterbrach den Streit der Propheten. „Verhaftet Micha", befahl er streng. „Es darf nicht erlaubt werden, daß er sein Gift im Lande verbreitet. Bringt ihn zu Amon, dem Gouverneur der Stadt und zu meinem Sohn Joas. Sie sollen ihn gefangen halten und mit Wasser und Brot ernähren, bis ich wohlbehalten aus dem Krieg zurückkehre."

Die Soldaten gehorchten sofort. Zwei von ihnen faßten Micha an den Armen und führten ihn hinweg. Der Prophet rief dem König zurück: „Wenn du wohlbehalten zurückkehrst, dann wirst du wissen, daß Jahwe nicht durch mich gesprochen hat."

Michas Prophezeiung machte Ahab Sorgen. Doch der Prophet hatte keine Niederlage vorausgesagt, sondern vielmehr den Tod des Königs. Besorgt erinnerte er sich an die Prophezeiung, die Elia ihm gegenüber vor einigen Jahren im Weinberg Naboths ausgesprochen hatte. Er überzeugte Josaphat, daß es doch richtig sei, in den Kampf zu ziehen. Doch als Vorsichtsmaßnahme sollte zwar Josaphat seine königlichen Kleider anziehen, damit sich die Aufmerksamkeit des Feindes auf ihn richtete, während Ahab nur die gewöhnliche Kleidung eines Wagenlenkers tragen wollte.

Einige Wochen später lagen die vereinigten Armeen von Juda und Israel westlich und südlich vor Ramoth-Gilead und warteten auf den Anbruch der Morgendämmerung. Der Kampf begann bei Sonnenaufgang. Ben-Hadad, der sich über den Plan seiner Feinde im klaren war, kam selbst von Damaskus herbei, um die Schlacht zu befehligen. Während Ahabs Pioniere in den Wäldern Gileads Bäume fällten, um schwere Belagerungsmaschinen zu bauen, begegneten sich die feindlichen Armeen auf dem offenen Feld und den Hügeln vor der Stadt.

Ben-Hadad gab Befehl, den Angriff auf Ahab zu konzentrieren. Alle anderen Unternehmungen sollten dahinter zurückstehen. Die Syrer richteten also ihren Hauptstoß gegen Josaphat, der ja königliche Kleidung trug und den sie deshalb für Ahab hielten. Schon nach nicht allzulanger Zeit war Josaphat mit einer kleinen Schar von Kriegern von der Hauptmacht seiner

Armee abgeschnitten. Erst als die Syrer an den Befehlen und Rufen des Königs seinen judäischen Akzent bemerkten, ließen sie von ihm ab, da sich ihr ganzes Interesse auf Ahab konzentrierte.

Ahab kämpfte mit seinen Streitwagen auf der weiten Ebene unterhalb der Stadt. Auf den Mauern und hinter Schildreihen unterhalb der Mauern standen viele syrische Bogenschützen, welche die heranstürmenden israelitischen Streitwagen mit Wolken von Pfeilen empfingen. Ahab schrie seinen Offizieren einen Befehl zu und riß dabei beide Arme hoch empor. Dadurch wurde sein Panzer mit nach oben verschoben und sein Unterkörper und seine Hüften waren für einige Augenblicke ungeschützt. Gerade in diesem kritischen Augenblick traf ihn ein Pfeil in die ungeschützte Seite. Ahab fühlte den scharfen Schmerz und holte vor Überraschung tief Luft.

Der König fiel nicht von seinem Streitwagen. Er biß die Zähne vor Schmerzen zusammen und befahl seinem Wagenlenker: „Bring mich nach hinten, aus der Schlachtzone heraus, ich bin verwundet."

Hinter den Schlachtlinien packte der Waffenträger des Königs den Pfeil, der noch in der Wunde steckte, und riß ihn heraus. Der König erstickte seinen lauten Schmerzensschrei mit seinen Händen. Blut floß in breitem Strom aus der Wunde unter seiner Rüstung heraus und lief an seinen Beinen hinunter. Ahab erinnerte sich in diesem Augenblick an die Weissagungen von Elia und Micha. Doch dann vertrieb er die Gedanken an den Tod und befahl seinem Wagenlenker, ihn im Wagen aufrecht zu halten.

Nur durch seine Tapferkeit sorgte Ahab dafür, daß aus der Schlacht keine Niederlage wurde. Seine Kommandos an die Offiziere gaben der wankenden Armee neuen Mut. Schnell verbreitete sich die Kunde, daß der König am Leben war. Bis weit in den Nachmittag hinein stand Ahab aufrecht in seinem Streitwagen. Der Wagenlenker weinte und mußte sich zwingen, nicht immer wieder auf die laufend größer werdende Blutlache auf dem Boden des Streitwagens zu blicken.

Ben-Hadads Armee hielt dem Angriff stand. Die Belagerungsmaschinen wurden nicht gebraucht, denn die Armeen Judas und Israels konnten die Syrer nicht in die Stadt zurücktreiben. Ahabs Befehle wurden immer leiser. Und endlich konnte er nur noch flüstern. Bald brauchte es zwei, und später sogar drei Männer, um ihn aufrecht zu halten.

Ahab starb im Laufe des Nachmittags in den Armen seiner ihn im Streitwagen immer noch aufrecht haltenden Soldaten. Der Befehl wurde ausgegeben: „Wir ziehen uns zurück. Jeder soll nach Hause zurückkehren. Die Schlacht ist vorbei."

Ben-Hadads Armee hatte so schwere Verluste erlitten, daß er die zurückweichenden Kämpfer Israels und Judas nicht verfolgte. Er war zufrieden damit, die Stadt gerettet zu haben. Der Wagenlenker lenkte den Streitwagen des Königs nach Westen. Er fuhr langsam und vorsichtig, damit der tote Körper Ahabs, den zwei Soldaten hielten, nicht zu sehr geschüttelt wurde.

Sie fuhren die ganze Nacht hindurch und erreichten den Palast in Samaria gerade nach Tagesanbruch. Isebel nahm die Todesnachricht mit stoischer Ruhe auf. Sie befahl, den Körper des Königs für die Beerdigung vorzubereiten. Nachdem der Wagenlenker und die Hofangestellten die Königin verlassen hatten, um sie mit ihrer Trauer allein zu lassen, ging Isebel wie betäubt zum Fenster und öffnete es. Als sie dies tat, hörte sie, wie von unten, vom Hof her, schreckliche Geräusche zu ihr drangen. Sie beugte sich aus dem Fenster und sah den königlichen Streitwagen im Hof stehen, in dem ihr geliebter Gatte gestorben war. Die schrecklichen Geräusche kamen von einer Meute Hunde, die den Streitwagen umringt hatten, weil sie das Blut rochen, das an dem Wagen klebte. Dort unten balgten sie sich, knurrten und heulten, weil jeder von ihnen so viel Blut wie möglich auflecken wollte. Isebel schrie vor Entsetzen. Als ihre Hofdamen erschreckt in das Zimmer stürzten, rief sie: „Die Hunde! Seht doch, die Hunde! Sorgt dafür, daß sie fortgejagt werden!"

Der Wagenlenker stürzte herbei, ergriff seine Peitsche und schlug auf die Hunde ein. Vor Schmerz aufheulend, rannten sie davon und verschwanden in einer Seitenstraße. Isebel schlug vor Entsetzen die Hände vor das Gesicht und fiel zu Boden.

Drei Soldaten bestiegen den Streitwagen und fuhren damit zum größten Teich Samarias, um ihn zu waschen. Prostituierte standen nackt im Wasser und nahmen ihr Morgenbad. Sie beobachteten, wie die Soldaten den Wagen am seichten Ende in das Wasser fuhren und zu waschen begannen. Eine erkannte ihn und flüsterte: „Es ist des Königs Streitwagen." Sie rannten auf die Soldaten zu und fragten: „Ist Ahab verwundet?"

„Der König ist tot", bekamen sie zur Antwort.

Die Prostituierten waren so schockiert, daß sie für einige Augenblicke schweigsam blieben. Sie sahen zu, wie die Soldaten das Blut vom Wagen abwuschen. Das Wasser des Teichs färbte sich rot davon. „Ich werde mich im Blut des Königs baden", sagte eine, „das wird mir sicherlich Glück bringen." Die Prostituierten hatten ihren Schrecken schnell vergessen, sie sprangen in das rot gefärbte Wasser und spritzten sich gegenseitig voll.

⋆ ★ ⋆

Jehu verbeugte sich in oft geübter Ehrfurcht. „Mein Herr und König von Israel." Die Worte kamen glatt aus seinem Mund und verrieten nichts von dem Aufruhr, der in seinem Inneren herrschte. Er trat an seinen Platz zurück und beobachtete mit großer Aufmerksamkeit, wie alle hohen und anschließend auch die niedrigeren Beamten des Hofes am Thron vorüberschritten und sich vor dem neuen König Israels verbeugten.

Ahasja hatte in seinem ganzen Benehmen viel Ähnlichkeit mit seiner Mutter Isebel. Er war auch fast so klein wie die Königinmutter, aber schon ziemlich korpulent. Man konnte ihn noch nicht dick nennen, aber der Ansatz dazu war schon zu bemerken. Er kleidete sich zu auffällig und machte sich damit ein wenig lächerlich.

Das Krönungsfest war eine recht verdrießliche Sache, doch Ahasja selbst bemerkte es nicht. Er selbst fand viel Freude daran, während die Hofbeamten solche Freude nur heuchelten.

Der neue König war nicht populär. Jehu bemerkte, daß sich sogar Obadja ein wenig steif vor ihm verbeugte. Der König schaute auf die beständig anwachsende Reformbewegung mit Verachtung, weil er selbst beabsichtigte, an den Ausschweifungen der Baalsreligion festzuhalten. Er war genauso fanatisch wie seine Mutter, besaß aber nicht ihre Selbstbeherrschung. Jehu konnte sich nicht vorstellen, daß er ein guter Herrscher werden würde. Seine Fähigkeiten lagen mehr beim Handel, während die Spannungen mit Ben-Hadads Syrien und der wachsenden Macht Assyrien eher einen guten Feldherrn und Krieger auf dem Thron erfordert hätten. Die führenden Männer Israels vertrauten seinen Fähigkeiten nicht, und die Propheten predigten wegen seiner Zuneigung zu Baal hart gegen ihn. Doch es schien Ahasja wenig zu kümmern, daß er in seinem Volk so wenig Rückhalt fand.

Nach den ersten schnellen Bemühungen verlor Ahasja bald seinen Eifer und ergab sich dem gesellschaftlichen Alltagsleben des Hofes. Isebel füllte die Leere, die ihr ernergieloser Sohn erzeugte, durch ihre Intelligenz und ihren Herrscherwillen aus, achtete aber sorgfältig darauf, den König dabei immer nach vorn zu schieben und selbst im Hintergrund zu bleiben.

Mit dem reichen Staatsschatz zur Verfügung, den sein Vater ihm hinterlassen hatte, ergab er sich immer mehr allerlei Lustbarkeiten und großen Festen. Dabei kümmerte er sich wenig um die politischen Angelegenheiten. Obadja hielt es bald für nötig, sorgfältiger auf die Ausgaben des Hofes zu achten, damit die Finanzen des Königreichs in Ordnung blieben. Er mußte dabei allerdings sehr viel Gewandtheit aufwenden, um den König nicht durch zu große Sparsamkeit zu verärgern.

Jehu, als Befehlshaber der Armee, hatte weniger Schwierigkeiten mit dem König, da dieser sich kaum um militärische Angelegenheiten kümmerte. Er benutzte diese Tatsache, um die Armee immer mehr an sich zu ziehen, wenn vielleicht einmal der Tag kommen sollte, wo man dem nachlässigen König zum Wohl des Volkes entgegentreten mußte.

Es war während einer der Hoffestlichkeiten, die Ahasja in

Samaria reichlich gab, in der seine Regierungszeit nach kurzer Zeit schon wieder zu Ende ging. Er verließ mit seinen jungen Gefährten den Speisesaal, um einige Tanzmädchen mit in die privaten Räume der oberen Etage zu nehmen. Sie waren alle betrunken. Lachend und scherzend stießen sie sich gegenseitig durch den Korridor. Dabei stolperte eines der Mädchen. Ahasja versuchte sie aufzufangen, geriet aber dabei selbst ins Straucheln und stürzte in die dünne Holzwand, die den offenen Korridorübergang verkleidete. Die dünne Wand gab nach und Ahasja stürzte etwa zehn Meter in die Tiefe. Mit einem dumpfen Krachen schlug er unten auf.

Seine Gefährten rannten die Treppe hinunter, um ihm zu helfen, während die Tanzmädchen schreiend davonliefen und dadurch die anderen Gäste und das Personal aufmerksam machten. Als endlich geschulte Hilfe eintraf, schleppten Ahasjas betrunkene Freunde ihn schon an Armen und Beinen hinauf in sein Zimmer. Eine dünne Blutspur lief aus der Ecke seines Mundes und seine Kleidung war auf einer Seite von Blut durchtränkt.

Die Angestellten übernahmen schnell die weitere Versorgung. Sie legten ihn ins Bett und entkleideten ihn. Auf seiner linken Seite gab es etliche tiefe Fleischwunden und viele Abschürfungen, aber es schien nichts gebrochen zu sein. Bald erlangte der König das Bewußtsein wieder, stöhnte und schrie aber vor Schmerzen. Die Ärzte reinigten die Wunden und verbanden sie, doch seine Kehle füllte sich immer wieder mit Blut. Er wurde in eine sitzende Position gebracht und durch viele Kissen im Rücken gestützt, damit er nicht etwa an dem Blut erstickte, außerdem stellte man ein Gefäß neben sein Bett, in das er das Blut immer wieder hinein spucken konnte.

Die Schmerzen wurden schlimmer. Am nächsten Tage waren die Abschürfungen ganz angeschwollen und blaurot angelaufen. Ahasja fragte die Ärzte nach ihrer Meinung. Sie konnten nicht verheimlichen, daß die Sache wohl doch ernster zu sein schien, als sie zuerst aussah, und verbargen nicht ihre Besorgnis. Isebel, die bis jetzt die ganze Zeit am Bett ihres Sohnes ausgeharrt hatte, bat darum, daß sich die Ärzte und alle anderen entfernen möchten.

Als die Königinmutter und Ahasja allein waren, sagte sie sanft: ,,Mein Sohn und König, die Götter können Wunder tun, wenn die Ärzte hilflos sind. Ich rate dir, rufe Baal an, damit er dich heilt."

Ahasja spuckte wieder Blut in das Gefäß und lehnte sich in die Kissen zurück. Er schloß die Augen wegen seiner Schmerzen und der Schwäche, die ihn immer wieder ergriff. ,,Sage mir", fragte er seine Mutter, ,,welcher Baal wohl dafür der beste ist?"

,,Ganz sicher ist es Baal-Sebub, der Gott von Ekron im Lande der Philister", antwortete sie. ,,Als Gott der Fliegen kann er Krankheiten und Verletzungen vertreiben."

Der König, in seiner verzweifelten Lage, überlegte: ,,Mein Vater hat, als er mir meinen Namen gab, den Namen Jahwes mit hineingelegt. Vielleicht sollte ich in meiner jetzigen Not doch lieber die Hilfe Jahwes suchen?"

Isebel nahm seine Hand. ,,Er ist immer ein schwacher Sohn gewesen", dachte sie und sagte: ,,Nein, mein Sohn. Dein Vater hat dir den Namen »Jahwe besitzt« gegeben, als er die Macht Melkarts noch nicht kennengelernt hatte. Er selbst würde sich in solch einer Lage an den Gott wenden, der sich auf Heilungen spezialisiert hat."

,,Also gut", meinte Ahasja mit schmerzverzerrtem Gesicht, ,,sende nach einigen Boten."

Schnell wurden Boten beauftragt, nach Ekron zu fahren. Die Stadt lag etwa 80 Kilometer weiter südlich. Man würde sehr lange und sehr schnell fahren müssen, wenn man es in einem Tag schaffen wollte. Drei leichte Lederwagen, in jedem Wagen nur ein Mann mit seinem Proviant, jagten bald aus Samaria hinaus und gingen auf die lange Reise.

Elia war in Gilgal, als er die Nachricht erhielt, daß der König verunglückt sei.

,,Dies ist die Hand Gottes", sagte Micha prompt.

Elia machte sich sofort reisefertig, warf seinen Mantel um und ging in Richtung des Stadttors. Er bewegte sich jetzt langsamer als früher. Obwohl sein Körper immer noch muskulös und gesund war, fühlte er doch, daß er älter wurde.

Elisa sammelte schnell seine Habseligkeiten zusammen und folgte eilig seinem Herrn, bis er ihn eingeholt hatte und in das langsamere Tempo des älteren Mannes einfiel.

Die beiden Männer gingen für eine kurze Strecke schweigend nordwärts, dann wandten sie sich auf der Straße nach Joppa westwärts.

„Ahasja dient dem Baal", erklärte Elia, warum er diesen Weg nahm. „Wenn er jetzt seinem Gott vertraut, dann wird er Boten nach Ekron zu Baal-Sebub senden, um bei ihm zu erforschen, ob er wieder gesund werden wird. Die Boten müssen diese Straße entlang kommen, und wir werden sie abfangen."

Die Propheten gingen schnell, kurze Stücke rannten sie, wenn Elia es vermochte. Am frühen Nachmittag kamen sie nach Aphek. Auf dem Marktplatz erfuhren sie, daß hier noch keine königlichen Wagen durchgekommen waren. Also wandten sie sich auf der Straße nordwärts, nach Samaria zu. Nach etwa fünf Kilometern, als die Straße auf einer Hügelkuppe angekommen war, setzten sie sich, um zu warten.

Nach einer knappen Stunde kamen die drei Wagen in Sicht. Pferde und Räder wirbelten einen langen Staubschleier hinter sich auf. Elia wartete, bis sie nahe genug herangekommen waren, um ihn zu sehen. Sie verlangsamten ihre Fahrt und betrachteten neugierig die beiden Männer in den Prophetengewändern. Elia trat mitten auf die Straße und erhob seine Hand. Elisa stand schweigend neben ihm.

Die Fahrer brachten ihre Gespanne zum Halten. Es war fast unglaublich, daß Elia in ganz Israel bekannt war, aber nicht am Hofe des Königs. Der Führer der Boten stieg vom Wagen und fragte vorsichtig: „Wessen Propheten seid ihr?"

Elia antwortete hart: „Ich bin ein Prophet Jahwes."

„Und welchen Grund hast du, uns anzuhalten?"

„Ich nehme an, daß ihr nach Ekron wollt, um von Baal-Sebub zu erfahren, ob der König am Leben bleiben oder sterben wird."

Der Mann schaute erstaunt zu seinen Begleitern. Er war überrascht darüber, daß der Prophet so genau seinen Auftrag kannte.

,,Ich werde euch die Antwort auf eure Frage gleich hier geben", fuhr Elia fort. Seine Stimme wurde nun lauter: ,,Fahrt zurück zu Ahasja und sagt ihm, daß seine Wahl der Götter eine Wahl zwischen Leben und Tod gewesen ist. Warum hat er Boten nach Ekron gesandt, um bei Baal-Sebub Antwort zu erhalten. Ist Jahwe etwa zu schwach, um zu heilen?"

Elia blickte dem Führer fest in die Augen und streckte dann seinen Arm nordwärts, in Richtung Samaria, aus. ,,Sagt Ahasja dieses Wort von Jahwe: Gibt es keinen Gott in Israel, daß du Baal-Sebub um Antwort befragen mußt? Weil du die Baalgötter um Hilfe anrufst und nicht Jahwe, wirst du nicht wieder von deinem Bett kommen. Du wirst sterben."

Die Boten schauten sich unschlüssig an. Einer von ihnen, der wohl wußte, daß es nicht richtig war, dem Führer Ratschläge zu geben, sagte dann dennoch: ,,Ich glaube, wir sollten dem König gehorchen und weiterfahren."

,,Jahwe ist Gott in Israel", antwortete der Führer, der innerlich mit der Antwort zufrieden war, weil er Ahasja nicht leiden konnte. ,,Wir haben unsere Antwort und kehren zurück."

Er bestieg seinen Wagen, wendete die Pferde in kurzem Bogen und gab ihnen die Zügel frei. Die anderen beiden Wagen folgten ihm. Die beiden Propheten blickten ihnen noch nach, bis sie in einer Wolke von Staub verschwunden waren.

19

Ahasja empfing die Boten ärgerlich, weil er über ihre schnelle Rückkehr besorgt war.

,,Auf der Straße vor Aphek trafen wir einen Propheten Jahwes'', berichtete der Führer, der nervös von einem Fuß auf den anderen trat. ,,Vergib mir, mein König.''

,,Berichte, aber schnell'', forderte Ahasja.

,,Der Prophet gab uns ein Wort für dich von Jahwe: »Gibt es keinen Gott in Israel, daß du Baal-Sebub um Antwort befrafen mußt? Weil du die Baalgötter um Hilfe anrufst und nicht Jahwe, wirst du nicht wieder von deinem Bett kommen. Du wirst sterben.«''

Ahasja gab sich Mühe, seine Würde zu bewahren. ,,Wie sah der Prophet aus. Beschreibe ihn.''

Der Soldat antwortete: ,,Er war kräftig und untersetzt, schon etwas älter, und sein Körper war mit Haar bedeckt.''

Ahasja bekam einen Hustenanfall, winkte den Männern, den Raum zu verlassen und befahl dem Arzt: ,,Rufe die Königinmutter, aber schnell.''

Isebel kam eiligst herbei. Sie sah Ahasjas blasses Gesicht und nickte dem Arzt zu, sie allein zu lassen.

Ahasja sprach in seinen Schmerzen sehr laut. ,,Es war wieder Elia. Er sagt, ich werde sterben.''

Isebel, die den Propheten seit mehreren Jahren nicht gesehen hatte, war ebenfalls überrascht. Sie wurde bleich. Als Ahasja die Veränderung auf dem Gesicht seiner Mutter bemerkte, begann er zu weinen. Hustend hielt er sich vor Schmerz seine verwundete Seite.

Sanft aber fest sagte Isebel. „Fasse dich, Sohn. Du bist ein König." Sie nahm seine Hand in die ihre, bis er sich wieder beruhigt hatte. Dann sagte sie ruhig: „Wenn Elia deinen Tod weissagt, so hat er das auf Befehl seines Gottes getan. Aber Baal ist stärker."

Ahasja antwortete schwach: „Du gebrauchst mein Leben, um deinen Kampf auszufechten, Mutter, ja?"

„Nicht meinen Kampf, Sohn, sondern deinen Kampf. Wir reden hier von deinem Leben."

„Nein, Mutter, du möchtest zwar, daß ich am Leben bleibe, aber noch mehr wünschst du zu sehen, daß Melkart über Jahwe Sieger bleibt. Und meine Verletzung ist dein Schlachtfeld."

Isebel sprach jetzt sehr vorsichtig, denn ihr war klar, daß ihr Sohn die Macht hatte, sie töten zu lassen. Sie mißtraute dem schwachen Geist, der in diesem nun auch noch verwundeten Körper lebte. „Jahwe hat dich herausgefordert, mein Sohn, nicht ich. Deine Verletzung ist deshalb das Schlachtfeld der Götter, weil Baal dich heilen will."

Der König schob sich unter Schmerzen auf seinen Ellbogen ein wenig höher. „Jahwe hat meinen Vater verflucht, und dieser mußte sterben. Baal konnte ihn nicht retten."

„Ahab war ein großer Mann", antwortete Isebel, „doch er schwankte zwischen Baal und Jahwe hin und her. Er hat sich niemals ganz aufrichtig an Melkart gewandt." Die Königinmutter kniete jetzt an dem Bett nieder und küßte die Hand ihres Sohnes. „Bitte, Ahasja, kämpfe." Sie sprach mit leiser aber drängender Stimme. „Kämpfe um dein Leben, und nimm die Herausforderung Jahwes an."

Der Sohn ergriff die Hand seiner Mutter und legte sich tiefer in die Kissen zurück. „Gut", sagte er, „aber was sollen wir tun?"

Isebel lächelte und strich Ahasja eine Locke von der Stirn. „Wähle einen Offizier aus, der treu zu Melkart steht", sagte sie. „Erkläre ihm die Herausforderung Jahwes und sende ihn mit 50 Soldaten aus, damit er Elia gefangen nimmt. Dann ist Jahwe in der Gewalt Baals."

Ahasja nickte zustimmend, obwohl er die Überlegungen Isebels nur halb verstand. Doch er war froh für die Hoffnung, die ihm seine Mutter wiedergab. Isebel verließ leise den Raum und befahl dem Arzt, zu ihrem Sohn zurückzugehen.

Schnell ging sie in ihre Gemächer zurück und ließ Meor-Baal rufen. Nach einer kurzen Unterhaltung machte sich dieser auf den Weg und kehrte bald mit der Information zurück, die sie brauchte. Er hatte den Mann gefunden, den sie brauchte. Einen ehrgeizigen und einfach denkenden Hauptmann, der sich ziemlich fanatisch für Melkart und Aschera einsetzte.

„Großartig", lachte Isebel.

Meor-Baal hatte sie seit langem nicht mehr so erregt gesehen. Ihr Eifer war ansteckend, und bald lachte er mit ihr, als sie Elia mit seinen wilden Haaren und den einfachen Kleidern beschrieb.

Doch dann wurde sie ebenso schnell wieder ernst. „Meor-Baal", unterwies sie ihn, „ich möchte, daß du Boten bereitstehen hast für den Augenblick, wenn die Soldaten mit Elia zurückkehren. In dem Moment, wenn sie durch das Tor kommen, sollen Ausrufer in der ganzen Stadt bekannt machen, daß Elia gefangen genommen worden ist. Die Leute müssen erfahren, daß Baal stärker ist als der Fluch Jahwes."

Meor-Baal verbeugte sich. Er war schneller gealtert als die Königinmutter und hatte ziemlich an Gewicht zugenommen. Doch ihre stille Freundschaft war in all den Jahren nur noch tiefer geworden.

Als der Priester hinaustrat, wartete der Hauptmann vor der Tür. Er betrat jetzt das Empfangszimmer Isebels mit großem Selbstvertrauen. Eine Narbe aus einem früheren Kampf zog sich quer über seine Stirn bis zu seinem linken Auge. Doch das Auge war davon nicht verletzt worden. Er trug seine Kriegskleidung und hielt den Helm unter dem linken Arm. Sich verbeugend sagte er: „Königinmutter, ich stehe zu deinen Diensten."

„Wie fest vertraust du Melkart?" fragte Isebel.

Der Soldat stand aufrecht da. „Er ist der mächtigste aller Götter", antwortete er.

„Auch stärker als Jahwe?"

„Jawohl, verehrte Königinmutter." Er lachte leise. „Viel stärker."

„Wie erklärst du dir dann den Sieg, den Jahwe vor vielen Jahren auf dem Berg Karmel errungen hat", bohrte Isebel weiter.

Der Hauptmann überlegte seine Antwort sehr sorgfältig. „Ich habe viel über diesen Wettstreit nachgedacht", antwortete er. „Ich muß zugeben, daß ich nicht weiß, wie Jahwe gewonnen hat. Auch ein schwächerer Gott gewinnt manchmal einen Kampf. Doch wenn Jahwe wirklich stärker wäre, dann würde auch Sein Volk stärker sein, und Er würde nicht erlauben, daß Baal in Seinem Reich immer mehr Boden gewinnt."

Isebel zeigte ihr inneres Lächeln nicht. Aber sie amüsierte sich über die Logik dieses einfachen Mannes. Es kam ja auch gar nicht darauf an, welche Argumente der Hauptmann gebrauchte, solange er fest davon überzeugt war, daß Melkart stärker war als Jahwe.

Ihre nächste Frage kam ebenso überraschend: „Hast du Furcht vor Elia, dem Propheten Jahwes?"

Der Krieger lächelte. „Er ist doch der Prophet vom Berg Karmel", sagte er. „Sicherlich ist er Jahwes stärkster Prophet. Doch Baal ist stärker. Wenn ich ihm jemals begegne, dann wird es in der Kraft Melkarts sein. Und da Melkart stärker ist, wird er auch gewinnen."

„Aber wie war das auf dem Karmel? Dort hat Melkart nicht gewonnen."

„Manchmal verlieren auch Propheten ihre Verbindung mit ihren Göttern."

„Und du bist in Verbindung mit Baal?"

Der Hauptmann wurde für einen Augenblick nervös.

„Ja“, sagte er dann, doch nicht ganz so sicher wie bisher.

„Also gut“, antwortete Isebel. „Ich übertrage dir jetzt den wichtigsten Auftrag deiner ganzen Karriere.“ Sie richtete sich auf ihrem Thron noch ein wenig höher auf. „Elia, der Prophet Jahwes, hat geweissagt, daß der König sterben wird. Du mußt ihn finden, damit wir seinen Fluch durch die Macht Baals brechen können.“

Der Hauptmann war begeistert. „Es wird mir persönlich eine große Freude sein, ihn gefangen zu nehmen.“

„Er lebt auf einem Hügel, nicht allzuweit südlich von hier“, fuhr die Königinmutter fort. „Von einem der Priester kannst du den Ort genau erfahren. Bringe ihn zu Ahasja. Doch laß mich zuvor von deiner Ankunft wissen, damit ich auch dort sein kann. Behandle Elia unterwegs, wie es dir gefällt. Doch ich möchte, daß er noch lebt, wenn ich ihn zu sehen bekomme. Hast du mich verstanden?“

„Jawohl, Königinmutter Isebel.“ Der Hauptmann verbeugte sich und verließ dann den Raum.

Der Hauptmann rief seine Männer zusammen und befahl ihnen, sich schnell fertig zu machen. Bald waren sie mit einigen Streitwagen südwärts unterwegs in Richtung der Berge Ebal und Gerizim. Der Himmel war bedeckt mit hohen grauen Wolken. Der Hauptmann neckte seine Männer damit, daß man eine so große Schar brauchen sollte, um einen einzelnen Mann gefangen zu nehmen. Schlau suchte er auf diese Weise denen die Furcht zu nehmen, die von Elias Macht wußten. Dies sei eher ein gemütlicher Ausflug, aber kein Kriegszug, meinte der Hauptmann. Um dies noch deutlicher zu machen, ließ er seine Truppe in Kosoh und dann nochmals in Elmathan anhalten, um dort Wein zu trinken. Als sie dann in das tiefe Wadi einritten, das am Fuß von Elias Hügel lag, lachten die Männer und sangen die wüstesten Lieder von Aschera.

Der Hauptmann ließ seine Männer hinter sich zu einer engen Gruppe zusammenrücken, damit Elia die Stärke der Schar auch deutlich erkennen konnte. Dann rief er laut zum Hügel hinauf: „Elia!“ Der Prophet erschien nicht sofort. Der Hauptmann schrie den Namen noch lauter, weil er hoffte, er würde nicht erst den steilen Hügel hinaufsteigen müssen.

Elisa blickte seinen Herrn an. „Jetzt ist die Zeit gekommen, Elia", sagte er.

Der Prophet warf den Mantel über und ging langsam an den Rand des Hügels. Dann bückte er sich hinter einen dicken Busch. Er konnte das rauhe Lachen der Soldaten hören, das immer wieder von Schimpfworten unterbrochen wurde, die dem Mann galten, den sie fangen wollten. Er war nicht überrascht von Ahasjas Aktion. Der Mann war verzweifelt. Wieviel leichter wäre es doch für ihn gewesen, einfach Jahwe um Hilfe anzurufen. Aber sicherlich war es Isebel, die ihn zu seinem üblen Tun verleitet hatte. Sie konnte eine solche Herausforderung an Baal einfach nicht unbeantwortet lassen.

Der Prophet erhob sich und stellte sich frei auf den Hügel, so daß die Soldaten ihn sehen konnten. Der Hügel war zu steil für Pferde, deshalb mußten sie zu Fuß heraufkommen. Die Männer lachten noch lauter, deuteten zu ihm hinauf und spotteten über sein Aussehen.

„He, Elia", rief der Hauptmann laut, „du Derwisch!" Die Männer gröhlten. Elia setzte sich auf einen Felsblock und starrte unbeweglich auf die Soldaten hinab. „Elia", rief der Hauptmann, „du närrischer Mann eines schwachen Gottes. Der König möchte dich sehen. Komm herunter und geh mit uns."

Elia blieb ruhig sitzen. „Was will der König von mir?"

„Was glaubst du wohl, du Prophet Jahwes", sagte der Hauptmann jetzt in härterem Ton. „Du sollst lernen, deinen König achten, und du sollst die Macht Baals kennenlernen."

„Wenn Baal den König heilen kann, dann soll er es tun. Oder ist er zu schwach, den Fluch Jahwes zu brechen?"

Der Hauptmann stieg vom Pferd und rief laut: „Elia, du sogenannter Mann Gottes, komme herunter, sonst komme ich hinauf und zerre dich herunter."

Elia erhob sich. Er konnte das Gesicht jedes einzelnen Soldaten erkennen. Einige schienen sich zu amüsieren, andere hatten einen ärgerlichen Gesichtsausdruck. Er rief zurück: „Willst du etwa die Macht Jahwes mit der Gewalt deiner Waffen herausfordern?"

Der Hauptmann versuchte jetzt, ihn zu überreden. „He, Elia, ich war nicht auf dem Berg Karmel. Vergiß nicht, daß du hier mit Soldaten redest, nicht mit Priestern und Propheten. Ich warne dich. Komme herunter, oder du wirst bald wünschen, du wärst lieber tot."

Er erinnerte sich an das spöttische Lachen der Salzarbeiter. „Was ist jetzt nun mit der freundlichen Stimme?" dachte Elia. Sollte er sich gefangen nehmen lassen? Die Soldaten würden dies als einen großen Sieg Baals ansehen. Langsam antwortete er: „Du mußt wissen, Hauptmann, daß Jahwe es nicht zulassen wird, daß ihr mich verhaftet. Es ist besser für dich und deine Leute, wenn ihr nach Samaria zurückkehrt."

Langsam zog der Hauptmann sein Schwert aus der Scheide. Mit der anderen Hand gab er seinen Leuten einen Wink, abzusitzen. Sie gehorchten und versammelten sich schnell wieder um ihn. Dabei zogen sie ebenfalls ihre Schwerter.

Elia streckte warnend seine Hand aus.

„Jahwe hat dich gewarnt, Hauptmann. Jetzt wird ganz Israel erfahren, daß der Gott, der auf dem Berg Karmel Feuer vom Himmel sandte, auch jedem anderen Gott auf dem Schlachtfeld begegnen kann. Wenn ich wirklich ein Prophet Jahwes bin, dann soll Feuer vom Himmel fallen und jeden einzelnen von euch verzehren."

Das Gesicht des Hauptmanns blieb unbewegt. So, als gehöre es zu einem üblichen Ritual, reckten die 50 Männer alle ihre Schwerter zum Himmel empor. Und in diesem Augenblick geschah es. Blitze zuckten in blendender Helle vom Himmel herab und fuhren in die Spitzen der Schwerter. Ein schmetternder Donner folgte, als wolle er mit seinem Dröhnen die Macht und Majestät Jahwes verkündigen. Flammen züngelten von den Schwertern über die Rüstungen der Männer hinab in das Erdreich, und alle wurden sie mit einem Schlag zu Boden geworfen. Die zu Tode erschreckten Pferde jagten in wildem Entsetzen davon.

Nicht einer der Männer rührte sich mehr. Alle hielten sie immer noch, auch jetzt im Tode, ihre Schwerter umkrampft. Elia schaute auf dieses Bild des Schreckens hinab. O ja, er konnte Gottes Rache und Strafgericht verstehen, besser als Gottes leise und freundliche Stimme. Und auch die anderen Menschen würden dieses laute und zornige Reden Gottes gut verstehen — ganz bestimmt sehr gut verstehen.

Elisa stand jetzt dicht hinter ihm. Als Elia sich umdrehte, breitete er die Arme aus. Die beiden Männer umarmten sich. Ein Gefühl des Sieges durchzog sie, und sie weinten beide. Elisa sprach als erster. „Sicher wird Ahasja jetzt Buße tun und umkehren."

Doch Elia schüttelte den Kopf. „Nein. Ahasja ist zu schwach, um umzukehren, vor allem dann nicht, wenn Isebel an seiner Seite ist. Doch vielleicht wird der nächste König es tun. Vielleicht."

Die in wilder Flucht davongelaufenen Pferde zerstreuten sich nach allen Seiten. Viele von ihnen wurden von den Leuten der umliegenden Dörfer eingefangen. Doch keines kehrte nach Samaria zurück. Die Mittagszeit war vorüber, und die aufgestellten Wachen starrten mit zunehmender Nervosität die Straße entlang. Ein besorgter Meor-Baal schickte Soldaten auf die südlichen Türme der Mauern, von wo aus man die Straße noch weiter überblicken konnte. Doch nichts zeigte sich.

Gegen zwei Uhr rief Isebel ihren Priester zu sich. „Vielleicht", vermutete Meor-Baal, sind Dorfbewohner, die Jahwe anhängen, in der Lage gewesen, unsere Soldaten zu überwältigen."

„Wie", meinte Isebel, „fünfzig gut ausgebildete und gerüstete Männer sollten sie besiegen? Nein, das kann nicht sein." Nervös ging sie hin und her. Dann stellte sie sich vor die große Statue von Melkart und starrte diese intensiv an. Immer wieder ballte sie ihre Hände zu Fäusten und öffnete sie wieder. Endlich rief sie: „Meor-Baal!"

Der Priester trat nahe zu ihr. Isebel befahl: „Versammle sofort alle Soldaten, die wir in der Stadt haben, auf dem großen

Hof. Ich werde ihnen dann selbst die Befehle geben. Noch ehe es Nacht wird, möchte ich Elia als Gefangenen hier haben."

Meor-Baal verbeugte sich und verließ den Raum.

Überall erhielten die Soldaten den Befehl, sich sofort mit Waffen und Ausrüstung zu versammeln. Sie ließen halb geleerte Weinbecher stehen oder verabschiedeten sich schnell von ihren Familien. Religiöse Soldaten unterbrachen ihre Opfer oder Gebete. Innerhalb einer Stunde waren sie, mit Ausnahme einiger weniger Nachzügler, auf dem Versammlungsplatz am Stadttor beieinander.

Isebel stand auf einem schnell hergerichteten Podest. Sie trug einen purpurnen Umhang und das Diadem der Königinmutter. „Ich spreche hier für den König", begann sie. Er hat einen schwierigen Auftrag auszuführen, zu dem sich nur die geübtesten und tapfersten von euch freiwillig melden sollten." Einen Augenblick machte sie Pause und blickte in die neugierigen Gesichter. „Alle unter euch, die zu Melkart beten, sollen vortreten. Die anderen gehen einige Schritte zurück", befahl sie dann plötzlich.

Ein kurzes Durcheinander begann, aber zu ihrer Überraschung traten rund zwei Drittel der Soldaten zurück. Jahwe hatte schon mehr Boden gewonnen als sie dachte.

„Die Soldaten, die nicht zu Melkart beten, sind entlassen", rief sie.

Isebel überdachte nochmals ihren Plan, während die Jahweanhänger davon gingen. Etwa 500 Soldaten waren zurückgeblieben. Sie hatte beabsichtigt, alle Melkartanhänger auf einmal gegen Elia zu senden. Doch die überraschende Stärke der Soldaten, die zu Jahwe hielten, machte Vorsicht notwendig. Deshalb rief sie laut: „Soldaten, wer ist der beste unter euch?"

Die Soldaten blickten sich kurz gegenseitig an und riefen dann fast wie aus einem Munde: „Baal-Hanan! Baal-Hanan!"

„Er soll nach vorn kommen", befahl Isebel.

Seine Kameraden schoben ihn vorwärts, und er ging auf das Podest zu.

„Komm zu mir herauf", sagte sie ruhig.

Baal-Hanan stellte sich neben Isebel. Lauter Beifall von den Soldaten war zu hören, weil einem aus ihrer Mitte solche Ehre zuteil wurde.

Die Königinmutter sprach leise auf ihn ein, so daß nur er verstehen konnte, was sie sagte. Er sollte 50 der besten Kämpfer auswählen, die alle treu zu Melkart hielten. Sie sollten sich sofort zum Abritt fertig machen. Wenn er dies alles angeordnet hatte, sollte er sich schnellstens im Arbeitszimmer der Königinmutter einfinden.

Eine halbe Stunde später trat Baal-Hanan bei Isebel ein. Er verbeugte sich ehrfürchtig vor ihr. Sie erzählte ihm von dem Fluch Jahwes gegen den König, und daß sie schon eine Schar ausgesandt hatte, um Elia zu suchen und zu fangen. „Doch diese erste Abteilung ist bis jetzt noch nicht zurückgekehrt", erklärte sie dem Soldaten. Dann sagte sie: „Blicke zu Melkart hin, der dort am Fenster steht."

Baal-Hanan gehorchte.

„Tritt näher zu ihm", forderte die Königinmutter. „Achte darauf, was Melkart dir sagen will."

Baal-Hanan trat nahe an die aus Stein gehauene Statue heran. Intensiv betrachtete er die breite Streitaxt, die Melkart über der Schulter liegen hatte und blickte dann fest in die großen Augen des Gottes.

„Nun öffne Melkart deinen Geist und deine Sinne", sagte Isebel.

Der Soldat tat, wie ihm gesagt wurde und fühlte sich bald ganz fest von der Überzeugung eingehüllt, daß Melkarts Macht größer sei als alles andere. Einige Minuten stand er so völlig bewegungslos, und die Königinmutter hinter ihm. Als er sich dann umdrehte, betrachtete Isebel seine Augen mit tiefer Befriedigung. Unbeugsame Entschlossenheit lag im Blick des Soldaten.

Sie ging zu einem in der Ecke stehenden Tisch und zog ein großes Tuch weg. Darunter lag der Helm eines Hauptmanns. Sie ergriff ihn und reichte ihn dem einfachen Soldaten. „Du bist ab sofort Hauptmann", sagte sie.

Baal-Hanan blinzelte überrascht mit den Augen, dann trat

er auf sie zu und kniete vor ihr nieder. Sie setzte ihm den Helm auf den Kopf, ohne ein weiteres Wort zu sagen.

„Ich werde dich bestimmt nicht enttäuschen, Königinmutter", stieß er hervor.

„Gewiß, du wirst Melkart nicht enttäuschen", antwortete sie.

Es war kurz vor Sonnenuntergang, als die ausgesuchten Soldaten Baal-Hanans voller Entsetzen vor den in krotesken Stellungen herumliegenden toten Körpern ihrer Kameraden standen. Baal-Hanan beobachtete seine Männer genau. Sie alle hatten vorher schon Tote und Verwundete auf den Schlachtfeldern herumliegen sehen und kannten die Schrecken des Krieges. Doch wie sollten sie sich das erklären, was sie hier sahen.

Der neue Hauptmann schrie jetzt, immer noch auf seinem Pferd sitzend, laut Elias Namen. Als sich nicht gleich etwas rührte, schrie er noch lauter: „Elia!"

Einen Augenblick später erschien der Prophet auf der Kuppe des Hügels. Elisa hielt sich dicht seitlich hinter ihm. Er blickte, ohne ein Wort zu sagen, auf die Soldaten hinab.

Baal-Hanan, dessen Zorn schon beim Anblick seiner toten Kameraden angestiegen war, schrie mit sich fast überschlagender Stimme: „Elia, du stinkender Prophet eines stinkenden Gottes, gehorche deinem König und komme sofort herunter!"

Da die untergehende Sonne genau hinter dem Propheten stand, konnten die Soldaten ihn nur ungenau erkennen. Der Hauptmann wartete nicht, bis Elia antwortete. In höchstem Zorn schrie er seinen Männern einen Befehl zu und sprang vom Pferd. Er zog sein Schwert, schwang es über sich und forderte seine Männer fluchend auf, ihm zu folgen.

Elia beobachtete sie, wie sie die ersten Schritte den Hügel herauf stürmten. Dann schleuderte er ihnen seinen Fluch entgegen, den sie aber, ihres eigenen Geschreis und des Zornes wegen, der sie gepackt hatte, gar nicht hörten.

„Wenn ich wirklich ein Mann Gottes bin, dann soll Feuer vom Himmel fallen und jeden von euch verzehren", rief der Prophet.

Es war schon dunkel geworden, als ein einziges leeres Pferd auf das Stadttor von Samaria zutrabte. Der Torwächter, der Ausschau hielt nach Baal-Hanans Truppe, befahl das Tor zu öffnen. Zwei Männer ergriffen das Pferd am Zügel und beruhigten es.

Isebel war ratlos. Sie mußte sich alle Mühe geben, ihre Aufregung zu unterdrücken und sandte nunmehr Boten zu dem Dorf, in dessen Nähe Elia auf dem Hügel wohnte, um zu erforschen, was geschehen war.

Es war um Mitternacht, als die Boten zurückkehrten. Sie fanden Isebel mit den Ärzten im Krankenzimmer des Königs. Ahasja verfiel immer schneller, und die Schmerzen nahmen rapide zu.

Es hatte Augenzeugen von den beiden Katastrophen gegeben, berichteten die Boten. Es waren neugierige Männer und Jungen, die in der Nähe lebten, wo auch Elia wohnte. Alle erzählten dieselbe Geschichte. Die Toten, die dort noch herumgelegen hatten, bestätigten die Wahrheit der Berichte. Die Boten hatten den Dorfbewohnern befohlen, die toten Soldaten auf Karren nach Samaria zurückzubringen.

Isebel nahm die Nachricht mit stoischer Ruhe zur Kenntnis. Ihre Selbstkontrolle war das Ergebnis vieler Jahre, in der sie diese praktiziert hatte. Sie preßte ihre Hände hinter dem Rücken zusammen, damit niemand sehen konnte, wie sie zitterten. Nachdem sie den Bericht zu Ende angehört hatte, gab sie den Boten mit dem Kopf ein Zeichen, sie jetzt allein zu lassen.

Ahasja hustete qualvoll und spuckte wieder Blut. „Nun siehst du, was du an deinem Melkart hast“, sagte er mit bitterer Ironie.

Isebel schwieg.

Sie preßte ihre Kinnbacken fest zusammen und hatte zornige Tränen in den Augen, als sie jetzt neben dem Bett niederkniete. Ahasja wußte, daß sie mehr darüber beunruhigt war, daß sie gegen Elia verloren hatte, als über den herannahenden Tod ihres Sohnes. Schwach schob er sie von sich. „Rufe die Diener herbei“, befahl er.

Die Königinmutter ging zur Tür und befahl den Wartenden mit einer Handbewegung, hereinzukommen. Ahasja winkte sie nahe zu sich heran.

,,Schickt eine Abteilung Soldaten zu Elia'', befahl er. ,,Aber dieses Mal nehmt Leute, die an Jahwe glauben.''

Isebel knirschte vor Zorn mit den Zähnen, sagte aber nichts.

Elia traf am nächsten Morgen im Palast ein. Die toten Soldaten waren schon beiseite geschafft worden, ehe die letzte Abteilung seinen Hügel erreichte. Der Hauptmann hatte anerkannt, daß Jahwe sein Gott und auch der seiner Soldaten sei und bat den Propheten: ,,Bitte, komme mit uns zum König. Jahwe wird dich dort genauso beschützen, wie Er es hier getan hat.''

Der Prophet wußte, daß der Hauptmann recht hatte, noch ehe er die Stimme in seinem Inneren vernahm, die ihn aufforderte, mitzugehen. Jahwe hatte einen weiteren großen Sieg errungen, und die Nachricht davon würde sich schnell in allen Städten und Dörfern des Landes verbreiten. Melkarts Rückgrat war gebrochen.

Ahasja blickte den Propheten mit verschleierten Augen an. Er hatte jetzt ununterbrochen Schmerzen, die ihm keine Minute mehr Ruhe ließen. ,,Gibt es keine Möglichkeit, das Wort Jahwes zu ändern?'' wollte er wissen.

Ruhig aber bestimmt antwortete Elia: ,,Nein, da gibt es keine Hoffnung. Aber du würdest dein Leben auch nicht wirklich ändern, wenn Gott es dir noch einmal für längere Zeit zurückgeben würde. Du hast dein Leben selbst in die Hand Baals gelegt und hast verloren. Und weil du dann auch noch Boten zu Baal-Sebub gesandt hast, genauso als gäbe es keinen Gott in Israel, wirst du sterben müssen.''

Ahasja schloß seine Augen, um die Tränen zurückzuhalten, die sich ihm aufdrängten.

Der König starb ohne Sohn. Sein Bruder Joram, ein fähiger Soldat, wurde nach ihm zum König gesalbt. Der neue König wurde vom Volk mit Freuden und von den Propheten mit Erleichterung begrüßt.

Weder Elia noch Micha gingen zu den Krönungsfeierlichkeiten. Sie blieben beide in Gilgal und warteten darauf, daß eine Gruppe jüngerer Propheten, die zu den Feierlichkeiten nach Samaria an den Hof gegangen waren, wieder zurückkehrten und ihnen davon berichteten. Elisa hörte schweigend zu, wenn die älteren Männer sich von den früheren Tagen unterhielten. Sie sprachen etwa so, als wäre ein großer Abgrund durch eine Brücke überwunden worden, und in Elisas Herzen wuchs ein Gefühl der Erwartung.

Etwa um die Mitte des Vormittags kamen die Propheten aus Samaria zurück, um zu berichten. Sie brachen förmlich durch die Tür herein, jubelten und jauchzten und konnten ihre Freude nicht zurückhalten. ,,Joram hat geschworen, die Altäre von Melkart und Aschera niederreißen zu lassen."

Die Propheten erhoben sich, um ihre jüngeren Gefährten zu begrüßen. In ihren Gesichtern spiegelten sich Überraschung und Freude wider. ,,Seid ihr sicher, daß die Nachricht stimmt? Woher habt ihr sie erhalten?" Die Fragen kamen schnell, und es entstand ein ziemliches Durcheinander, bis Micha die ganze Gruppe zur Ordnung rief und alle aufforderte, sich zu setzen und der Reihe nach zu berichten.

Erst als alles erzählt und auch die Fragen ausgiebig beantwortet waren, bemerkte Elisa, daß sein Herr die ganze Zeit schweigend dabeigesessen hatte. Er setzte sich neben ihn. Seine früheren Ahnungen bedrückten ihn jetzt schwer.

Elia zögerte noch ein wenig, als müsse er erst den richtigen Zeitpunkt abwarten, dann sagte er freundlich: ,,Elisa, ich muß jetzt nach Bethel gehen. Bleibe du hier."

Der jüngere Mann, der nun in der Mitte seiner Jahre stand und schon ein mächtiger Prophet durch seine eigenen Worte geworden war, weigerte sich. ,,Nein, ich werde nicht hierbleiben, denn ich befürchte, ich werde dich nicht wiedersehen. Ich werde mit dir gehen."

,,Aber ich möchte allein gehen."

,,Du möchtest immer allein sein, wenn du fühlst, daß Jahwe mit dir reden will", flüsterte Elisa dringend. Und dann schwor er einen doppelten Eid: „So wahr Jahwe lebt und so wahr du lebst, ich werde dich nicht verlassen."

Elia blickte ihn von der Seite an. Er war ein wenig verärgert über die Hartnäckigkeit des anderen. Doch er nickte trotzdem. Die beiden Männer verließen unbemerkt das Haus, da die anderen sich immer noch eifrig über die Ereignisse in Samaria unterhielten, und gingen von Gilgal fort.

Bethel lag etwa zehn Kilometer südwärts in Richtung Jerusalem. Sie bewältigten die Entfernung in rund zwei Stunden.

Eine Gruppe von Propheten stand vor der Tür des Gemeinschaftshauses und warteten, als hätten sie gewußt, daß der große Prophet kommen würde. Neugierig beobachteten sie Elia, als er sich näherte. Einer von ihnen zog Elisa beiseite. Schnell umringten ihn auch die anderen und fragten in bekümmertem Ton: „Weißt du nicht, daß Jahwe deinen Herrn und Meister hinwegnehmen wird?"

„Doch", antwortete Elisa, „ich weiß es. Aber wir wollen nicht darüber reden." Sie spürten, wie er selbst, daß Jorams Versprechen, die Baalsaltäre zu zerstören, das Siegel für das Leben Elias war. Seine Arbeit war getan.

Elia sprach etwa 40 Minuten lang mit der Prophetengemeinschaft von Bethel. Elisa dachte bei sich, diese Rede jetzt sei die beste gewesen, die Elia je gehalten hatte. Die Propheten lauschten ehrfürchtig und in dem Wissen, daß Gott diesen großen Mann bald von ihnen nehmen würde.

Der große Lehrer sprach von der Vergangenheit und von der Zukunft, von der Schlacht, die gewonnen war, und von den Kämpfen, die noch vor ihnen lagen. Er sprach von der Wahrheit, von der Nähe Jahwes und vom Hören auf Gottes Stimme inmitten des Durcheinanders der vielen Religionen. Er sprach von dem klaren Ruf, den ein Prophet empfangen mußte und wie töricht es war, mehr auf die Stimmen anderer Propheten zu hören als auf Gott. Er forderte sie auf, nicht so sehr nach Prophetenruhm zu streben, dafür aber viel mehr auf das Weinen der vielen verwundeten Herzen zu hören.

Als Elia seine Rede beendet hatte, ging er davon und ließ

eine Gruppe von Propheten hinter sich, die in ehrfürchtigem Schweigen verharrten. Elisa folgte ihm. Vor der Tür wiederholte Elia seine Bitte: ,,Bleibe hier, Elisa. Jahwe sendet mich nach Jericho. Ich möchte allein gehen."

,,Nein", sagte Elisa entschlossen. ,,Was ich gesagt habe, meine ich auch. Ich werde bei dir bleiben."

Elia antwortete nicht. Er wünschte allein zu sein, und doch wünschte er auch, Elisa bei sich zu haben. Die beiden Männer nahmen die Straße nach Südosten. Es waren fast 25 Kilometer bis Jericho, doch die beiden Männer bewältigten die Strecke in etwas mehr als drei Stunden. Kurze Strecken rannten sie, immer gerade so lange, wie der ältere Mann noch konnte.

In Jericho wiederholte sich fast alles genauso, wie es in Bethel gewesen war. Eine Gruppe von Propheten stand vor dem Tor und blickte ihnen erwartungsvoll entgegen. Sie schwiegen in tiefem Respekt, als der große Prophet das Haus betrat, und umringten dann Elisa mit ihren Sorgen.

,,Ja", antwortete Elisa auch ihnen, ,,ich weiß es. Jahwe wird ihn hinwegnehmen. Bitte stellt über diese Sache keine weiteren Fragen."

Während der große Prophet zu der versammelten Prophetengemeinschaft von Jericho sprach, beschäftigte sich Elisa in Gedanken mit seinem eigenen Schicksal. Er wußte, daß Elia nicht deshalb so geehrt wurde, weil er sich Mühe gegeben hatte, berühmt zu werden, sondern weil er Jahwe gegenüber treu gewesen war. Der berühmte Mann hatte tatsächlich niemals Ruhm gesucht, sondern immer nur Jahwes Wort. ,,Wenn ich an meinem Lebensende einmal so dastehen könnte", dachte Elisa, ,,wäre ich durchaus zufrieden."

Leises Murmeln ging durch die Versammelten und rief Elisa in die Wirklichkeit zurück. Elia hatte seine Ansprache beendet. Die Propheten verbeugten sich tief und richteten sich erst wieder auf, als Elia zur Tür hinausging.

,,Jahwe hat mich zum Jordan gerufen", sagte er zu Elisa und bat wieder darum, ihn allein gehen zu lassen.

,,Du gehst, um zu sterben", antwortete Elisa ruhig.

„Ja“, antwortete der Prophet, „Jahwe wird mich hinwegnehmen. Allein.“

Elisa bemerkte nun, daß sein Herr ihn durch sein Zögern auf die Probe stellen wollte. Sein Nachfolger sollte nicht sehen, wie er ging, wenn er nicht sicher war, daß Jahwe ihn dazu aufgefordert hatte. „Nein“, antwortete er bestimmt, „du sollst nicht allein gehen. So wahr Gott lebt, werde ich bis zum Ende bei dir bleiben.“

Die Männer machten sich auf den Weg zum Jordan und gingen etwa zwei Stunden schweigend nebeneinander her. Dann standen sie am Ufer des Flusses. Der Jordan führte in dieser Jahreszeit nur wenig Wasser, doch es floß schnell dahin, und der Fluß war trotzdem immer noch etwa zehn Meter breit.

Die Männer blickten in das schlammig-braune Wasser. Noch nicht zehn Kilometer weiter im Süden leuchtete das Tote Meer in strahlendem Blau. Im Norden erhoben sich die Berge wie eine Mauer und rechts und links vom Jordan gab es reichlich Vegetation. Doch hier waren die beiden Ufer so gut wie kahl, nur hier und da standen einige Dornbüsche.

Elia nahm den Mantel von der Schulter und rollte ihn zusammen. Dann trat er direkt bis an den Rand des Wassers. Weit ausholend schlug er mit dem zusammengerollten Mantel nun in das schmutzigbraune Wasser, so daß dieses hoch aufspritzte. Gleich darauf sah es so aus, als würde das Wasser zu kochen beginnen. Es rollte plötzlich wieder stromaufwärts und türmte sich auf gegen das weiter von oberhalb heranrollende Wasser und kämpfte gegen den unsichtbaren Schild des Atems Gottes, mit dem dieser das brausende Element zum Stehen brachte.

Die Männer gingen durch das nun leere Flußbett. Zu ihrer Linken tobte der Jordan gegen die unsichtbare Wand, und zu ihrer Rechten floß das Wasser immer weiter ab. Als sie das andere Ufer erreichten, schauten sie zurück. Die aufgehaltenen Wassermassen stürzten mit Macht zurück in das leere Flußbett und schossen in höchster Eile brausend südwärts. Elisa starrte seinen Herrn mit offenem Mund an.

Doch nicht nur die beiden Männer hatten das Wunder miterlebt. Auf der anderen Seite des Jordans standen 50 Propheten, die ihnen unbemerkt von Bethel und von Jericho gefolgt waren. Sie fielen jetzt auf den Boden und vergruben ihre Gesichter in der Erde, um sich zu schützen, wenn vielleicht Jahwe auch noch mit Seiner Herrlichkeit das Flußbett erfüllen sollte.

Elia zupfte seinen immer noch verwirrt dastehenden Diener am Ärmel und sagte freundlich: ,,Elisa, ich werde dich jetzt für eine Weile verlassen. Was möchtest du, daß ich für dich tun soll, ehe ich von dir genommen werde?''

Des Dieners Augen wurden groß, und seine Lippen zitterten. Er preßte die Zähne zusammen, um den Aufruhr in seiner Seele zu unterdrücken. Mit dem Ton großer Erwartung in der Stimme anwortete er: ,,Ich bin dein Sohn gewesen. Gib mir also von dem Geist, der in dir wohnt, das Erbteil des ältesten Sohnes.''

Sein Herr wandte sich wieder den östlichen Bergen zu und ging weiter. Elisa ging im gleichen Schritt neben ihm her. Nach einer ganzen Weile sagte Elia mit wohl abgewogener Vorsicht: ,,Mein Sohn, du hast etwas sehr Schweres erbeten. Es steht nicht bei mir, dir von meinem Geist zu geben; dieses Geschenk muß von Jahwe kommen.''

Elisa antwortete nicht, betete aber in seinem Inneren mit aller Kraft. Die beiden schritten weiter schweigend den Hügeln zu. Sie waren vielleicht einen weiteren halben Kilometer gegangen, ehe Elia wieder sprach. ,,Vielleicht wird Jahwe deinen Wunsch erfüllen. Wenn du mich siehst, wenn ich von dir genommen werde, dann hat Er deinen Wunsch erhört. Wenn du mich aber nicht siehst, will Jahwe dir nicht geben, was du gebeten hast.''

Vor ihnen im Norden stand der Berg Nebo. Die beiden Männer gingen immer noch über die flache Jordanebene und hatten diese etwa zur Hälfte durchquert, als der Schirokko sie packte. Dieser heiße Wind kam aus den großen östlichen Wüsten und preßte sich durch die Schluchten der vor ihnen liegenden Berge hindurch. Überall sprangen spiralige Staubwolken auf. Die Temperatur stieg schlagartig an.

Die beiden Propheten drehten dem Sturm den Rücken zu. Der Staub drang ihnen in Nase, Ohren und Mund. Sie schlossen ihre Augen, um diese vor dem Staub zu schützen und zogen die Kapuzen ihrer Mäntel über den Kopf und das Gesicht.

Während der heiße Wind den Staub in immer dicker werdenden Wolken zum Himmel emporblies, streckte Elisa seine Hand nach seinem Meister aus. Doch Elia war nicht da. Der Diener schlug seine Hände vor das Gesicht, um es zu schützen, und schaute durch schmale Schlitze, die er zwischen seinen Fingern ließ, hindurch. Das Brausen eines gewaltigen Windes ließ ihn seine Augen nach oben richten. In der roten Staubwolke sah Elisa die Umrisse eines von feurigen Flammen umgebenen Wagens, der von Pferden gezogen wurde, die auch von Feuer eingehüllt waren. Die Räder bildeten Feuerkränze, und die Zügel sahen aus wie feurige Ströme. Aus den Mähnen der Pferde schossen Flammen hervor, und von ihren Hufen sprühten breite Streifen von Feuerfunken. Und Engel, die von Feuerlohen umgeben zu sein schienen, lenkten den Wagen.

Elisa schrie nach seinem Herrn. „Mein Vater! Mein Vater!" Seine Stimme kämpfte mit der Furie des Sturmes. „Ich sehe sie! Es sind die Wagen und Reiter Israels! Ich sehe sie!"

Der rote Staub brannte in Elisas Augen, aus denen jetzt die Tränen so stark strömten, daß er nichts mehr sehen konnte. Immer noch schreiend fiel er zu Boden und verbarg sein Gesicht zwischen den Knien, um es vor dem Wind zu schützen.

Innerhalb weniger Minuten war das Schlimmste vorbei. Zwar blies der Schirokko immer noch, aber seine Macht war gebrochen. Elisa erhob sich, rieb sich den Staub aus den Augen und blickte sich um. Ein dunkles, mit Staub bedecktes Kleidungsstück hing nicht weit von ihm entfernt über einem Busch. Er ging dorthin. Sorgfältig hob er Elias Mantel von den Zweigen und schüttelte den Staub herunter. Dann legte er ihn über seine Schultern und ging zum Jordan zurück.

Epilog

Joram regierte zwölf Jahre in Israel. Er war ein fähiger König, aber nicht so tüchtig wie sein Vater Ahab. Krieg war das hervorstechende Merkmal seiner Regierungszeit. Die Schwierigkeiten mit Syrien gingen weiter, und König Mesa von Moab nutzte diese Gelegenheit, um einen großen Teil des israelitischen Gebiets jenseits des Jordans an sich zu reißen.

Elisa wurde zum größten Propheten Israels. Sein Ruhm drang weit über die Grenzen Israels hinaus, ganz besonders nach Syrien. Er war aggressiv, oft recht hart und mischte sich oft in die Politik seiner Zeit ein, darüber hinaus baute er Prophetenschulen, die beides waren, Wohngemeinschaften und Erziehungsanstalten.

In Erfüllung des Auftrags, den Elia einst erhielt, salbte der Prophet Hasael von Syrien zum König, weinte aber dabei, als er dies tat. Er wußte, wieviel Elend Ben-Hadads Nachfolger über Israel bringen würde. Hasael ging zu dem kranken Ben-Hadad, erstickte ihn mit einem nassen Bettuch und machte sich selbst zum König.

Jehus Salbung mußte noch warten, da Joram, vielleicht aus politischen Gründen bestimmt, etliche Sympathien für die Jahwe-Reform erkennen ließ. Doch Isebel war immer noch

Königinmutter und hatte in Israel großen Einfluß. Solange sie lebte, konnten Jorams Bemühungen nur wenig ändern, was immer er auch dabei beabsichtigte. Es kam zu einer weiteren Schlacht mit den Syrern vor Ramoth-Gilead. König Joram wurde verwundet, und während er sich noch in Jesreel von seinen Wunden erholte, sandte Elisa einen seiner Prophetensöhne auf das Schlachtfeld, um Jehu zum neuen König zu salben.

Der Feldherr wurde schnell von seinen Offizieren als der neue König anerkannt. Er gab den Befehl, daß nicht ein Wort von dem, was geschehen war, nach Jesreel gelangen durfte. Mit Soldaten auf Streitwagen fuhr er, so schnell er konnte, zum Sommerpalast, um seinen Staatsstreich auszuführen. Joram bemerkte die heranrückenden Truppen, während sie noch ein ganzes Stück entfernt waren und sandte ihnen einen Reiter entgegen, der herausfinden sollte, was diese Streitmacht beabsichtigte. Der Reiter aber stellte sich auf die Seite Jehus, und auch der nächste Reiter, den Joram sandte, tat dies. Da machte sich Joram selbst auf. Doch mittlerweile war Jehu schon nahe bei Jesreel, und die beiden begegneten sich in Naboths ehemaligem Weinberg.

Jehus Beschuldigungen gegen Joram waren hart. Er warf ihm vor, Isebel zu gestatten, weiterhin in Israel ihren Götzendienst durchzuführen. Der König, der Jehus Absicht erkannte und ohne Schutz war, versuchte zu entfliehen, doch Jehu schoß ihm einen Pfeil durchs Herz. Er befahl seinen Männern, den toten König liegen zu lassen und erfüllte so Elias Prophezeiung. Als die Soldaten weiterzogen, zerrissen wilde Hunde den Toten.

Der neue König fuhr schnell zum Palast in Jesreel. Inzwischen hatte Isebel die Nachricht von dem Staatsstreich erhalten. Sie blickte zu einem Fenster im Obergeschoß des Palastes heraus, als Jehu in den Palast einfuhr, und verfluchte Jehu von dort aus. Jehu hörte ihr gar nicht zu, sondern rief laut die Frage, wer es im Palast mit ihm halten würde. Einige Kämmerer aus dem Gefolge der Königin blickten ebenfalls aus den Fenstern und riefen Jehu zu, sie stünden zu ihm. Er befahl ihnen, Isebel aus dem Fenster zu stürzen. Die Männer packten Isebel und warfen die Schreiende auf das Pflaster hinunter. Ihr Körper schlug so hart auf die Steine auf, daß ihr Blut nach allen Seiten spritzte. Jehu ließ die Pferde der Abteilung dann auch noch über den zerschmetterten Körper hinwegtraben, so daß er völlig zertreten wurde.

Jehu betrat den Palast und ließ sofort das offiziell notwendige Festmahl für alle Hofbeamten und die führenden Leute der Stadt vorbereiten, in dem diese ihre Ergebenheit für den neuen König zu bekunden hatten.

Einige Zeit später erinnerte er sich daran, daß Isebels zerschmetterter Körper immer noch auf dem Hof liegen mußte. Er gab den Befehl, ihn von dort fortzuholen und zu beerdigen, da sie doch immerhin die Tochter eines Königs gewesen sei. Doch die mit der Aufgabe betrauten Männer kehrten bald zurück und berichteten, daß eine große Meute wilder Hunde in der Zwischenzeit Isebels Leiche gefressen hätten. Die Knochen und die Kleidung sei von den wilden Biestern fortgeschleppt worden, und nur der Schädel sowie die Knochen der Hände und Füße waren noch übriggeblieben. So erfüllte sich auch hier der Fluch Elias.

Der neue König handelte schnell und weitsichtig, um seine Regierung zu festigen. Er ließ, wie es in jener Zeit üblich war, alle Angehörigen der vorherigen königlichen Familie töten, 70 davon waren königliche Prinzen, und ebenso all jene Personen, die als enge Freunde der königlichen Familie galten.

Anschließend begann er einen gewaltigen Angriff auf die Baalsreligion. Zur Täuschung und als List ließ er verkündigen, er wolle Baal aus Dankbarkeit ein großes Opfer bringen. Dieses Fest sollte so wichtig sein, daß jeder Baalspriester oder Baalsprophet, der nicht daran teilnahm, der Todesstrafe verfallen würde. Als sich am bestimmten Tag alle Priester und Propheten Baals in einem Tempel versammelt hatten, um dieses Opferfest zu begehen, ließ Jehu sie erbarmungslos umbringen.

Das Volk, welches mit der Politik Ahabs und seiner Söhne schon lange nicht mehr zufrieden gewesen war, scharte sich mit Begeisterung um den neuen König, der auch von den Propheten

Jahwes unterstützt wurde. Jehu regierte 28 Jahre, und seine Dynastie blieb noch drei weitere Generationen bestehen.

Doch trotz aller Bemühungen Jehus, Elisas und ihrer Zeitgenossen wurde die Baalsreligion nicht völlig besiegt. Sie blieb immer eine Macht in Israel, einmal stärker, einmal schwächer, bis zur endgültigen Zerstörung der Nation durch die Assyrer im Jahre 721 vor Christus. Doch durch die gewaltigen Anstrengungen eines einzelnen Mannes, des Propheten Elia, war die entscheidende Macht der Baalsreligion in Israel doch zerbrochen worden. So Gewaltiges kann Gott selbst durch einen einzelnen Mann tun, wenn Er einen Menschen findet, der Ihm in allen Situationen auf Gedeih und Verderb die Treue hält und gehorsam ist.

Aktuelle Bücher — man muß sie gelesen haben!

GEISTERFÜLLTES TEMPERAMENT Tim LaHaye

Tim LaHaye, vielen schon bekannt durch sein Buch „Der Anfang vom Ende", zeigt in „Geisterfülltes Temperament" in gewohnter Meisterschaft, wie seelische Nöte und Probleme der Menschen (Zorn, Groll, Spannungszustände, Unruhe, Furcht, Depressionen usw.) ihre Ursachen oft im Temperament haben und wie in diesen Problemen auch die Wurzeln vieler physischer Krankheiten zu suchen sind. Doch das Buch bleibt hier nicht stehen, sondern zeigt auch den Weg, wie diese Probleme, unter denen die Menschheit vor allem in unserer Zeit so sehr seufzt, durch das Wirken des Heiligen Geistes im Leben des Menschen gelöst werden können. Gerade heute ist dieses Buch nötiger als je, denn es gibt Antworten, wo der Psychiater oft nur Feststellungen treffen kann.

Best.-Nr. 20 058 178 Seiten **DM 14,80**

KLIMAWECHSEL — ENDZEITZEICHEN? Arthur E. Bloomfield

Noch nie hat man so viel von ungewöhnlichen und extremen Wetterverhältnissen gehört wie in unserer Zeit. Wetterkatastrophen nehmen überall auf der Erde zu. Es gibt Rekordsommer und zu milde Winter usw. Menschen machen sich überall Gedanken, was die Ursachen dieser Klimaveränderung sein könnten. Atomexplosionen, der Ausstoß von zu vielen Schadstoffen oder noch anderes? Niemand weiß eine befriedigende Erklärung. Der Verfasser des Buches, ein bekannter Bibellehrer, geht der Frage nach, ob das unnormale Wetter etwas mit dem von der Bibel vorhergesagten nahen Ende unseres Zeitalters zu tun haben könnte. Er kommt von der Bibel her zu erstaunlichen Erkenntnissen, die auch Ihnen Antwort auf manche Fragen geben können. Sie werden das Buch mit Interesse und großer Spannung lesen.

Best.-Nr. 20 121 112 Seiten (Paperback) **DM 11,80**

OFFENBARUNG DES VERBORGENEN R. Douglas Wead

Ist es möglich, Informationen zu erhalten, die man durch die fünf menschlichen Sinne bzw. durch andere normale menschliche Möglichkeiten nicht bekommen kann? Wenn ja — wie ist es möglich? Durch übersinnliche menschliche Fähigkeiten? Durch dämonischen Einfluß und okkulte Praktiken? Durch Gott, der, wenn Er es nötig findet, dem Menschen Verborgenes offenbart, wie z. B. den Propheten im Alten Testament? Wenn Gott es heute noch tut, auf welche Weise tut Er es? Mit diesen und ähnlichen Fragen beschäftigt sich das Buch und zeigt dabei etwas von den Möglichkeiten der Gaben des Heiligen Geistes.

Best.-Nr. 20 066 148 Seiten **DM 9,95**

MIT DEM HEILIGEN GEIST AN'S ZIEL Georg Steinberg

Jeder Christ weiß, daß er in der heutigen so verwirrten Zeit ohne die Führung des Heiligen Geistes nicht auskommen kann. Dieses Buch zeigt uns anhand der Brautwerbung des Elieser für den Sohn seines Herrn in biblisch fundierter Weise, wie der Heilige Geist die Gemeinde Jesu führen kann und will, wenn wir uns Ihm anvertrauen. Die Notwendigkeit und Möglichkeit solcher Führung auch im Leben des einzelnen wird uns groß gemacht und auch gezeigt, wie der Heilige Geist uns ausrüsten will. Jeder Christ wird das Buch mit viel Gewinn lesen.

Best.-Nr. 20 095 110 Seiten (Taschenbuch) **DM 7,80**

Preisänderungen vorbehalten.